관광학개론

관광학개론

An Introduction To
Tourism

PREFACE

관광은 현대인의 정신적·신체적 활동으로 등장하여 그 중요성이 새로이 인식되고 있으며, 관광산업은 자국의 고유 관광자원을 활용하여 국가경제 발전에 크게 기여할 수 있기 때문에, 오늘날 세계 대부분의 국가가 관광산업을 국가전략산업으로 집중육성하고 있다.

특히 현대관광은 3차 산업의 꽃으로, '보이지 않는 무역', '굴뚝 없는 공장' 등으로 비유되는데, 이는 타 산업에 비해 부가가치가 높고 자원소모율이 낮은 무공해 산업을 의미한다. 또한 관광은 외국과의 문화교류 및 국제친선에 유용할 뿐만 아니라 자연과 문화재의 보호 및 보존, 균형 있는 국토개발에도 기여하고 있다.

한편, 세계의 관광현상은 소득수준의 향상, 교통수단의 발달 등으로 인해 관광자들이 더욱 빈번한 관광기회를 갖게 되었으며 생태관광, 역사·문화관광, 모험관광, 휴양관광 등과 같이 관광 참여자의 개성추구와 체험 중심의 다양한 대안관광으로 관광형태가 전환되고 있다.

우리가 관광에 대한 미래지향적인 방향성을 제시하기 위해서는 관광대상, 관광이벤트와 관광상품, 관광사업과 마케팅, 관광개발과 관광정보, 관광법규 및 조직 등에 대해 종합적인 관점에서 접근하는 것이 필요하며 현실적 인식을 토대로 관광현상의 본질과 구조에 대해 분석하고 끊임없는 연구와 활성화가 필요하다고 볼 수 있다.

본서는 관광과 관련되어 이해하기 쉽고 학습하기 쉽게 내용을 구성하려고 노력하였으며, 오류를 최소화하기 위해 계속적으로 수정·보완하겠다는 다짐을 한다.

구성은 총 11장으로 되어있으며, 제1장은 관광의 이해를 주제로 관광의 개념, 어원, 발달에 대한 내용으로 구성되었으며, 제2장은 관광의 구조 및 효과를 주제로 하였고, 제3장은 관광자 행동을 주제로 하였다.

제4장은 관광자원의 개념 및 분류를 주제로 관광지와 관광대상, 관광자원의 개념 및 특성, 분류 그리고 관광자원해설로 구성되어졌다.

제5장은 관광이벤트를 주제로 하여, 관광이벤트의 성장요인, 이벤트의 개념 및 특성, 관광이벤트의 분류, 이벤트의 효과로 구성하였다.

제6장은 관광상품을 주제로 관광상품의 개념, 기능 및 특성, 구성요소, 분류에 대한 내용뿐만 아니라, 관광상품기획, 한국관광상품의 문제점 및 개발전략에 대한 내용으로 구성하였다.

제7장은 관광사업을 주제로 관광사업의 개념 및 특성, 관광사업의 체계 및 등록, 관광진흥법상의 관광사업 분류, 종류별 관광사업의 내용에 대해 설명하였다.

제8장은 관광마케팅에 대해 다루었는데, 이에는 관광마케팅의 개념 및 기능, 관광마케팅 과정, STP 전략과 마케팅믹스, 고객만족에 대한 내용이 포함되어 있다.

제9장은 관광개발을 주제로 관광개발의 개념 및 목적, 대상, 유형에 대해 구성하였고 이와 더불어 관광개발의 권역화, 관광루트와 관광코스에 대한 내용도 포함되어 있다.

제10장은 관광정보를 주제로 관광정보의 개념과 중요성, 기능과 특성에 대한 내용뿐만 아니라 관광정보의 제공형태, 관광정보시스템에 대한 내용으로 구성하였다.

제11장은 관광법규와 조직에 대한 내용을 주제로 하여, 관광법규의 구조 및 특성, 변천과정에 대한 내용과 관광행정조직 및 관련단체에 대한 내용으로 구성하였다.

저자의 강의노트와 정부자료, 연구논문, 연구서등을 참고하였으며 많은 사람들이 관광에 대한 기본적인 이해를 하는데 도움이 되었으면 하는 바람이다.

저자 씀

CONTENTS

CONTENTS

CHAPTER
03 관광자의 행동

CONTENTS

CONTENTS

CHAPTER

06 관광상품

CONTENTS

CHAPTER 07 관광사업

CHAPTER

08 관광마케팅

CHAPTER

09 관광개발

CONTENTS

CHAPTER

10 관광정보

CONTENTS

CHAPTER

11 관광 법규와 자원

An Introduction To Tourism

Chapter 01
관광의 이해

Chapter 01
—

관광의 이해

I. 관광의 개념

1. 관광의 정의

현대사회가 고도로 전문화·분업화되고 인간이 마치 하나의 기계부품처럼 조직화됨에 따라 현대인은 물질만능의 풍조 아래 소외되고 단조로운 생활을 영위하게 되어 인간성과 자아의 상실이라는 사회병리적인 현상에 봉착할 위기에 처해 있다. 그러므로 현대인은 고도 산업사회에 건전하게 적응하기 위해 경제발전에 의한 물질적 부의 증대를 위해 노력하는 한편, 인간다운 삶을 추구하기 위한 여러 가지 노력을 경주하기에 이르렀다.

이와 같은 사회 환경 속에서 관광은 현대인의 정신적·신체적 활동으로 등장하게 되었으며, 오늘날 관광의 중요성이 새로이 인식되는 이유가 여기에 있다고 하겠다. 또한 관광산업은 자국의 고유 관광자원을 활용하여 국가경제 발전에 크게 기여할 수 있기 때문에 오늘날 세계 대부분의 국가가 관광산업을 국가전략산업으로 집중 육성하고 있다.

관광의 정의에 대해서는 현재에 이르기까지 학자에 따라 의견을 달리하고 있다. 그러나 일반적인 의미로서 "관광이란 인간이 일상생활권을 떠나, 다시 돌아올 예정으로 타국이나 타 지역의 문물 및 제도 등을 시찰하거나 풍물 등을 관상 또는 유람할 목적으로 여행하는 것이다"고 정의되었다. 즉, 관광은 여러 가지 인간의 욕구 중 변화를 추구하려는 일탈(벗어나고픔)의 욕구가 이동이라는 행위를 토대로 자기의 생활범주를 벗어나 새로운 환경 속에 놓임으로써 심신의 변화를 추구하고 그런 변화를 즐기는 인간 활동의 일체라고 할 수 있다.

▲ 러시아 상트페테르부르크

▲ 스웨덴의 스톡홀름

▲ 핀란드의 헬싱키

▲ 러시아의 모스크바

관광은 인간이 다시 돌아올 예정으로 자기의 일상생활권을 떠나는 행위로, 이는 인간이 일시적으로 자기가 거주하는 일상생활권을 떠나는 행위를 말한다. 일시적으로 일상생활권을 떠난다는 것은 타국 또는 타 지역에 '일정기간 체재할 목적'으로 떠나는 경우와 체재하는 일 없이 '당일로 돌아올 목적'으로 떠나는 경우로 구분할 수 있는데, 이 두 가지를 포함해서 관광이라 할 수 있다.

표 1-1 학자 및 기관별 관광의 정의

학자	관광의 정의
UNWTO (1982)	관광이란 인간이 일상생활권을 탈피하여 즐거움, 위락, 휴가, 스포츠, 사업·친구·친척 방문, 업무, 회의 및 회합, 건강, 연구, 종교 등을 목적으로 하여 방문국을 적어도 24시간 이상 1년 이내 체재하는 행위 Tourism is travel away from a person's usual place of residence for a period longer than 24 hours, primarily for a pleasure or recreation and frequently to multiple destinations. Tourism statistics, however, usually include people traveling for business or health, to visit friends and relatives.
Jafari (1989)	관광이란 일상거주지를 떠나있는 인간에 관한, 그리고 인간의 욕구에 대응하는 산업에 관한, 인간과 산업이 관광대상지의 사회적·문화적·경제적·물리적 환경에 미치는 영향의 총체
F. W Ogilvie (1933)	관광의 일상생활 복귀시간을 1년으로 한정, 관광의 조건으로 소비를 강조〈귀환예정소비설〉 "관광지란 1년을 넘기지 않는 동안 집을 떠나서 그 기간 동안 여행 중에 돈을 소비하되, 그 돈을 여행하면서 벌어들인 것이 아닐 것"
쯔다노보루 (津田昇) (1969)	관광이란 사람이 일상생활권을 떠나서 다시 돌아올 예정으로 타국·타지의 문물 및 제도 등을 시찰하고 또는 경치를 감상·유람하는 목적으로 여행하는 것
W. Hunziker (1942)	"관광이란 사람이 통상적인 거주지에서 딴 곳에 이동하며 머무른다는 일과 영리활동을 실행할 목적이 아닌 외래 관광객들의 체재로 인하여 발생하는 모든 관계 또는 현상의 총체적 개념"
이노우에 만주소 (井上万壽藏)	관광의 정신적 위안(recreation)을 중시, 관광을 동태적으로 파악, "사람이 다시 돌아올 예정으로 일상생활을 떠나, Recreation을 얻기 위해 이동하는 것"

자료 : 저자 정리

그리고 관광은 반드시 자신의 일상생활권으로 다시 돌아와야 한다는 조건이 있으므로 이민과 이사와 같이 자신의 일상생활권을 영구히 떠나는 이주(migration)는 '생활권의 이동'을 뜻하기 때문에 관광이라 할 수 없다. 그러나 여기서 주의할 것은 직업상 교통기관 종사자가 승무원으로서 일시적으로 일상생활권을 떠나는 행위나 직장에 정기적으로 통근하는 행위는 관광행위라 보지 않는 것이 일반적이다.

관광은 타국이나 타 지역의 문물 및 제도 등을 관찰하거나 풍물 등을 관상·유람할 목적으로 여행하는 것을 말하므로 취업이나 이주를 목적으로 한다든가, 군인이나 외교관과 같이 군복무나 국가임무의 수행을 목적으로 하는 여행은 관광이라 할 수 없다.

▲ 스웨덴의 베르겐

▲ 노르웨이의 게이랑에르

따라서 관광이란 인간이 일시적으로 일상생활을 탈피해서 다시 일상 생활권으로 복귀할 것을 전제로 견문확대, 문화교류, 즐거움, 위락, 휴가, 스포츠, 사업, 친구·친척 방문, 업무, 회의 및 회합, 건강, 연구, 종교 등을 목적으로 이뤄지는 여행의 형태라고 정의할 수 있다.

관광의 의의 및 목적

〈의의〉
① 공간적인 범위인 일상생활의 범주를 탈피　② 견문확대 도모
③ 위락적 관광행위　　　　　　　　　　　④ 경제적 소비행위
⑤ 내일의 건전한 생활을 도모
⑥ 국민교양의 향상, 사회복지 추구

〈목적〉
▶ 새로운 문물과 친숙해지고 유흥과 감상
▶ 새로운 지식 습득 및 육체적 단련과 정신적 위락충족
▶ 새로운 삶에 대한 준비로서의 정신적 투자를 위한 창조적 행위

관광의 의의 및 목적

① 인간으로서의 존엄성과 가치성 추구
　인간다운 생활, 인간다운 생존 -관광과 관련
② 행복성 추구
　관광을 통해 인간이 추구하는 새로운 세계를 발견함으로써 행복 추구
③ 자유성 ・행동자유권, 거주이전의 자유
　　　　 ・이동뿐만 아니라 자유롭게 휴식할 수 있는 여가의 자유 포함
④ 평등성
　관광의 기회 균등(누구나 관광해야 한다는 의미는 아님)
⑤ 인류의 평화 도모
　관광은 지역간의 평화에 이바지할 수 있는 역할을 하는 행위
⑥ 교육적 성격과 교양적 성격을 기초
　・견문을 넓힘(새로운 지식을 직접 체험, 습득)으로써 자아실현의 목표 달성
　・관광은 인간 삶에 긍정적인 의미에서 보탬이 되는 건전효과를 기대하기
　　위해 움직이는 과정(즉흥적인 만족이 아님)
⑦ 인간성 회복
　・현대사회의 인간은 변화욕구와 다양화와 풍부한 여가생활을 원함
　・여가시간 내에 행해지는 관광은 상실되어 가는 인간성과 에너지를 회복
　　시키는 중요한 수단

2. 관광의 어원

관광의 어원은 "관국지광 이용빈우왕"(觀國之光 利用賓于王 : 나라의 빛을 보러가는 것은 왕에게 귀한 손님으로 접대받기에 좋다.)이라는 주나라 〈주역〉의 한 구절에서 유래한 것으로 보이며, 한 나라의 훌륭한 문물(文物)을 관찰하거나 동시에 보여준다는 뜻을 담고 있다.

영어의 tourism은 tour에 학설, 주의, 사상 등을 의미하는 접미사 'ism'이 붙어 완성된 용어이다. tour의 어원은 라틴어의 'tornus'(순회하다)로, 여러 나라를 유람한다는 의미를 내포하고 있다. 관광현상이 사회발전과 경제발전에 따라 급속도로 현대사회의 한 현상으로 자리 잡게 되어 가는 과정에서 개별적인 의미의 Tour나 Tourist를 대신하여 Tourism으로 발전하게 되었다. Touring 대신에 Tourism을 사용한 것은 현대사회에서 관광이란 현상이 모든 사람들에게 중요하게 인식되고, 관광사업 및 시설이 체계화되면서 자연스럽게 발생된 용어라고 할 수 있다.

표 1-2 관광의 어원

	내용	의미
동양에서의 어원 〈동양〉	周易(易經) : 觀國之光　利用賓于王 (관국지광 이용빈우왕) 象傳(상전) : 觀國之光 尙賓也 (관국지광 상빈야)	- 타국의 광화를 보기 위해 여러 나라를 순회·여행하는 이동의 개념 - 타국을 순방하여 그 나라의 토지, 풍속, 제도, 문물의 관찰이라는 견문의 확대 의미 - 治國大道의 설계라는 행정목적
서양에서의 어원 〈서양〉	Tourism : 짧은 기간동안의 여행을 뜻하는 Tour의 파생어인 Tornus(돌다)에서 기원	- 다른 지역의 문화, 사회, 정치, 자연 등을 느끼고 배우는 견문확대의 개념 - 피로회복을 위한 휴양행위를 수반

자료: 저자 정리

3. 관광의 인접 개념

1) 관광관련용어

관광과 관련된 용어들을 살펴보면 다음과 같다.

- Tourism : 관광의 체계화 의미(관광사업, 기반시설 등), 사회적 현상으로의 관광개념
- Tour : 이곳에서 저곳으로 돌아다니다, 떠난 곳으로 다시 돌아오는 여행으로 탐승·시찰을 목적으로 하는 경우에 흔히 쓰며 안내원을 동반하는 목적여행을 말함(순회여행)
- Travel : Travail에서 파생된 용어로 원래는 고통스럽고 심한 노고를 의미, 현재는 대체로 즐거운 일로 장거리 여행 의미
- Trip : 짧은 단거리 여행
- Voyage : 공중 또는 해상의 장거리 여행
- Journey : 상당한 장거리의 육로여행
- Excursion : 하루이하 걸리는 즐기기 위한 짧은 여행, 할인왕복으로 하는 여행이나 인접도시의 나들이 및 쇼핑 등
- Cruise : 유람선 항해의 수일 또는 수주일의 해상여행
- Expedition : 탐험여행, 단체가 일정한 목적 성취를 위해 하는 여행
- Pilgrimage : 순례여행, 사원 등 역사 및 종교지역 여행
- Jaunt : 용무에서 벗어난 잠깐의 휴양, 놀이여행, 소풍, 들놀이 등
- Flight : 비행여행

2) 관광, 여행, 위락, 여가, 놀이의 관계

관광과 관련된 유사개념 중 비교적 체계적으로 개념 규정이 명확하게 이루어져 있고 그 대표성이 인정될 수 있는 여가(Leisure), 위락(Recreation)에

대한 상관성을 보면, 상호간의 개념적 한계가 공통성과 상이성을 동시에 가지고 있다.

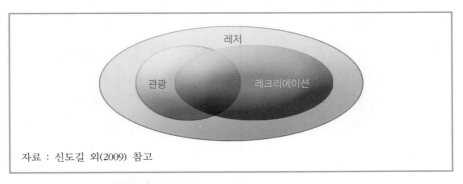

자료 : 신도길 외(2009) 참고

그림 1-1 관광 · 레크리에이션 · 레저의 상관도

관광과 유사개념들의 상관성과 핵심에 대한 범위를 보면, 놀이(Play)가 가장 본능적 개념이고, 이 개념에서부터 출발하여 규범적 · 제도적 · 공간적 · 활동적 범위에 따라 여가(Leisure)와 위락(Recreation)이 있다. 여행(Travel)은 이동과 활동을 포함하고 있고, 여기에 이동성, 즐거움, 교육적 의미, 상징적 상호주의 관점에서 관광(Tourism)이 모든 개념을 포괄하고 있다고 할 수 있다.

3) Leisure(餘暇)

Leisure(여가)는 라틴어 licere가 어원이며, 자유롭게 되다(to be free:의무가 없는 상태), 허락되다(to be permitted:자발적 선택), 평화, 조용함, 강제성 배제 등의 심리상태를 의미하며 '무료한 시간'은 이에 해당되지 않는다.

여가에 대해서는 시대와 환경에 따라 학자들의 견해가 다양하게 정의되고 있으나 일반적으로 시간 · 활동 · 상태 · 제도 등으로 구분하여 정의할 수 있다.

여가의 시간적 정의를 보면, 1일 24시간 중에서 노동, 수면, 기타 필수적인 활동에 바쳐진 시간을 제외한 잉여시간의 개념으로 자유롭게 쓸 수 있는 시간을 의미하며, 개인이 노동, 가족, 그리고 사회의 의무로부터 벗어나 휴식, 기분전환, 혹은 지식의 확대, 자발적 사회참여, 그리고 자유로운 창조력의 발휘를 위하여 이용되는 임의적 활동의 총체라고 할 수 있다.

여가의 상태적 정의를 보면, 경제적으로 자유시간의 영역에 속하며 참여자에 의하여 회상되고 잠재적으로는 모든 영역의 의무나 노력을 포함하여 자기계발을 하게 된다. 또한 여가의 활동적 정의를 보면, 타인에 대한 기여를 하게 되는 자율적 활동경험으로, 기본요건은 자발성과 임의성이며, 기능과 목적은 휴식, 기분전환, 자기실현이다.

여가의 제도적으로 볼 때, 노동의 영역 밖에 있으면서 사회적 의무도 아닌 현상이지만, 노동환경은 물론 사회체계에 변혁을 가져다 줄 기회를 내포하고 있다.

표 1-3 여가의 정의

구분	정의	비고
시간적 정의	(가용시간 : 24시간) - (생리적 시간+ 근로시간+ 근로관련시간)	S. R. Parker C. K. Brightbill
활동적 정의	여가활동 : 의무감에서 벗어나 자유롭게 즐길 수 있는 활동	J. Dumazdier A. Wylson
상태적 정의	자유정신, 자유의지 : 심리적 해방과 마음의 평화	Aristoteles, J. Pieper G. Dahl(철학, 심리학자)
제도적 정의	노동으로부터 해방과 재생산의 수단	M. Kaplan(사회제도와 가치패턴과 관계하여 설정)
포괄적 정의	가정생활, 노동 및 사회적 의무로부터 자유로운 상태 하에서 휴식, 기분전환, 자기계발 및 사회적 성취를 위하여 활동하게 되는 자유재량적 시간	N. P. Gist, S. F. Feva (활동 +시간) P. Weiss(시간 + 상태) *제도+상태+활동+시간

자료 : 신도길 외(2009)

여가의 개념은 〈표 1-3〉과 같이 네 가지 관점으로 정의할 수 있고, 이를 포괄적으로 수용하여, "24시간 중에서 노동, 수면, 생리적 필수시간을 뺀 잉여시간으로서 가정생활, 노동과 사회적 의무로부터 자유로운 상태 하에서 휴식, 기분전환, 자기계발 및 사회적 성취를 위하여 활동하게 되는 자유재량적 시간"이라고 정의하는 것이 바람직할 것이다.

4) Recreation(慰樂)

위락(Recreation)은 라틴어의 'Recreatio'가 어원으로 새롭게 하다(Refresh), 재생(Restore), 기분전환, 재건의 의미를 가진다.

위락이 이루어지는 영역은 시간적으로 여가시간에 행해지며, 정서적 조건이나 사회적 역할은 일을 위한 재창조 및 회복의 수단이며, 자발적으로 선택하는 활동지향적인 특성을 갖는다고 할 수 있다.

위락활동은 인간의 재생산 능력과 생활의 활력을 회복시켜 노동과 연결시키는 사회 기능적이고 교육적인 측면이 강하다. 즉, "위락은 노동으로부터 휴식을 취하고 기분전환하며 노동 재생산을 위한 활동"이라 정의할 수 있으며, 자발적 참여를 통한 만족과 즐거움을 경험하는 여가의 한 부분이라고 할 수 있다.

위락의 특징을 나열하면 다음과 같다.

〈특징〉

① 여가시간에 행해지는 동적활동이다.
② 여가시간에 영위되는 자발적인 활동의 총체로서 여가의 하위개념이다.
③ 육체, 정신 및 감정의 활동을 포함하므로 휴식과 구별된다.
④ 개인적 향락과 만족의 추구이므로 노동의 동기와 구별된다.
⑤ 자발적 의사에 의해 참여한다.
⑥ 시간, 공간, 인원 등의 제한이 없고 실행과 탐구라는 보편성을 지닌다.
⑦ 진지함과 목적의식 가진다.

⑧ 선택의 범위가 다양하다. - 운동, 게임, 음악, 무용, 일반적인 놀이, 무대예술, 창조적인 예술여행, 사냥, 캠핑과 같은 야외활동, 취미활동, 사회적인 활동과 봉사를 포함하는 광범위한 활동

⑨ 어떤 형태로든지 활동에 따르는 보상을 목적으로 하지 않으며, 활동을 통한 만족에 근본목적을 갖는다.

표 1-4 Recreation과 Leisure의 차이점

Leisure	Recreation
포괄적 활동범주 비조직적·조직적 포함 자유시간의 정적·동적 활동	한정적 활동범주 조직적 자유시간 내의 동적활동

5) Play

놀이는 인간의 본능적이고 무조건적인 욕구를 반영하는 행동을 의미하며. 라틴어로는 'Plaga(갈증)'이고, 독일어로는 'Spiel'이다. 놀이는 문화의 한 요소가 아닌 문화 이전의 것이며, 문화는 놀이의 성격을 갖고, 그 기원에 놀이의 요소가 존재하며, 인간의 생활양식 자체가 놀이형식을 취하므로 놀이는 인간과 밀접한 상관관계가 존재한다.

놀이의 특징은 자유롭고 자발적인 활동이며 시·공간의 한계가 없다. 또한 창조적이고 질서와 규율이 있으며 사회성과 상징성, 자기목적성을 가지고 있으나 불확실하고 비생산적 활동이다.

Ⅱ. 관광의 발달

현대의 관광은 3차 산업의 꽃으로 '보이지 않는 무역', '굴뚝 없는 공장' 등으로 비유된다. 이는 타 산업에 비해 부가가치가 높고 자원소모율이 낮은 무공해 산업으로 외국과의 문화교류 및 국제친선에 유용할 뿐만 아니라 자연과 문화재의 보호·보존과 균형 있는 국토개발에도 기여하고 있다.

관광은 고대부터 발달하기 시작했는데 일반적 발달단계를 보면, 관광활동이나 내용 등 관광 특성에 따라 투어시대(~산업혁명까지), 투어리즘시대(산업혁명~2차 세계대전), 대중관광시대(2차 세계대전~1990년대), 신관광시대(2000년대~) 등으로 구분할 수 있다.

1. 투어(Tour)시대

고대부터 1830년대 산업혁명까지의 시대까지를 투어시대라 할 수 있으며, 크게 고대 그리스와 로마시대, 중세시대, 르네상스시대 이후 산업혁명까지의 3개의 시대로 구분할 수 있다.

고대 그리스 시대의 관광은 체육, 요양, 종교의 세 가지 동기로 이루어졌으며, 여행자들은 민가에 숙박하는 것이 보통이었다. 그 시대의 여행자는 제우스신의 보호를 받는 신성한 사람으로 인정하여 환대하는 관습이 있었으며, 이 환대정신을 '호스피탈리타스'(Hospitalitas)라 하여 최고의 미덕으로 생각하였다. 이 시기에는 관광사업이 존재하지는 않았으나 당시 민박에서 제공하는 환대정신이 두드러진 현상이라고 볼 수 있다.

로마시대로 들어서면서 관광현상이 근대와 유사한 형태로 이루어지게 된다. 로마시대에는 관광활동이 번성했으며 관광동기나 관광목적은 종교, 요양, 예술, 식도락, 등산 등 다양하였다. 특권층에 한정되기는 하였지만 관광이 가능했던 이유는 군사용 도로의 정비, 치안 유지, 화폐경제 발전, 학문과 지식수준 발달에 따른 탐구욕 확대, 관광사업자(교통수단, 도로, 숙박시설)의 등장 등을 들 수 있다. 또한 로마시대의 미식관광을 즐기는 사람들을 가스트로노미아(식도락가)로 불렀으며, 미식에 따른 비만으로 인해 온천요양이 필요한 환자가 많아 요양관광이 중요한 관광형태의 하나로 자리 잡았다.

중세시대는 신과 교회의 권위를 중시하게 되면서 인간의 삶과 문화는 대혼란의 시기를 겪고 관광활동의 존재가치가 사라지게 되었다. 그러나 십자가 전쟁 이후 동서 교류의 계기를 마련하여 관광의 재도약이 가능하게 하는 기틀이 마련되었고, 동양에 대한 신비감과 함께 예루살렘은 종교관광의 최고 목적지가 되었다.

15~16세기 근대유럽은 르네상스 운동의 일환으로 견문확대를 위한 여행이 활성화되었고, 신대륙에 대한 탐험의 시대가 도래하게 되었다. 17~18세기 그랜드 투어(Grand Tour : 교양관광)시대로 접어들면서 유럽의 귀족, 시인, 문호들은 지식과 견문욕구를 충족시키기 위한 유럽순방에 참여하게 되었다. 또한 특권층의 유학이 일반화된 후 유학생들이 귀국하면서 유럽의 전역을 경유하는 여행이 활발해졌다.

2. 투어리즘(Tourism)시대

1830년 이후에는 산업혁명의 진전으로 유럽철도의 조기 완성에 따른 교통수단의 발달, 경제활동의 활성화, 소득 증대, 인적 교류 증대는 상용여행을 급증시켰으며, 봉건제도의 붕괴는 일반인의 관광 참여를 가능하게 하였다. 19세기에 들어와 숙박시설은 스타틀러(Statler), 힐튼(Hilton) 등으로 인해 호텔체인의 대형화 및 고급화가 이루어졌고, 여행업은 1841년 근대여행업의 아버지라고 일컫는 토마스 쿡이 영리를 목적으로 단체여행을 조직하였다.

또한 산업혁명의 성공으로 공업발달과 함께 대자본가가 양산되어 상용

여행자와 단체관광객이 급속도로 증가되었고, 대서양의 호화여객선 등장 등은 미국과 유럽 각국 간의 왕래를 활발하게 하였다.

근대관광의 특색은 Tourism 이념의 확립, 관광의 광역화, 관광시설의 완비, 교통의 비약적 진보, 관광조직의 확립, 관광의 대중화 등으로 나타나는데, 이를 구체적으로 살펴보면 다음과 같다.

1) Tourism 이념의 확립

1840년 초부터 제2차 세계대전 이전까지는 근대관광의 시대로, 고대나 중세와는 달리 종교적 동기보다는 지식욕이나 호기심이 주된 동기가 되었다. 산업혁명 이후, 관광은 귀족과 부유한 평민의 지식욕을 충족시키기 위한 형태로 발전하였는데, 이 시기는 이윤추구를 목적으로 하는 기업이 등장하게 되어 중간매체적인 서비스사업이 태동하게 되었다.

영국의 Thomas Cook은 여행알선업을 시작하여 영리를 목적으로 하는 단체여행을 추진하였다. 보통 토마스 쿡 이전의 관광시대를 'Tour'의 시대, 이후의 시대를 'Tourism' 시대라 부르고 있는데, Tourism이라는 용어는 1840년대 초기에 일어난 교통수단과 통신망의 경이적인 발달로 인하여 관광사업이 대규모화되고, 관광이 역사적이고 집단적인 사회현상으로 변하면서 사용하게 된 용어이다.

2) 관광의 광역화

토마스 쿡은 단순히 예약 업무에 머무르지 않고, 여행 그 자체를 알선하고 기획하여 여행객을 모집하는 여행알선업을 비즈니스로 행했던 최초의 인물이었다.

쿡의 가장 큰 공적은 "쿡의 법칙"이라 칭해지는 단체할인요금을 도입함으로써, 관광대중화의 계기를 만들었다는 점이다. 쿡은 단체할인요금을 도입하였는데, 이는 관광이 가격에 대한 수요의 탄력성이 높으므로, 요금을 낮추면 수요가 증가한다는 점에 착안한 것이다. 또한, 교통기관이나 숙박시설은 고정가가 높기 때문에 이용자를 늘리면 일인당 가격이 낮아져도 수익이 증가하므로 단체할인을 이용하면 이용자뿐만 아니라 교통업이나 숙박업도 만족할 수 있는 결과를 얻기 쉬울 것이라고 생각했다.

그리고 쿡은 많은 사람에게 여행을 권유할 목적으로 월간여행안내지를 발행하기도 하고, 호텔의 쿠폰제를 도입하기도 하여, 단체할인 제도를 점점 유효한 것으로 만들어갔다.

더 나아가 교통기관과 숙박을 세트로 한 여행을 판매하고, 투어 컨덕터의 배치, 팜플렛 제작, 수속 절차의 대행 등 현재의 여행업에서 하고 있는 많은 업무를 실시하였다.

3) 관광시설의 완비

19C중엽 「Inn」과 「Tavern」이 호텔로 변화되었고, 호화스런 「호텔」은 파리, 런던, 루쩨른, 바덴바덴, 니스 등에서 호화스러운 숙박과 음식 제공 장소, 사교장소로 이용되었다.

미국의 관광산업은 호텔이 그 중심역할을 하였는데, 버틀러 스타틀러 호텔이 "저렴한 가격, 최고의 서비스 제공"의 경영이념을 실현하였고, 힐튼호텔은 호텔의 대형화, 근대화, 체인화에 공헌함으로써 관광산업 발전의 근본적 역할을 하였다.

4) 교통의 비약적 진보

19세기에 들어와 산업 혁명의 소산물인 증기기관차가 등장해서, 육로에서 여행자의 대량 고속이동을 가능하게 한 것이 쿡에 의한 여행업 탄생의 출발점이 되었고, 또한 해로에서 기선이 등장함으로써 여행자의 고속이동을 보다 용이하게 하였다. 그리고 버스회사의 등장도 육상교통의 획기적인 발전을 이루게 하였다.

5) 관광조직의 확립

대중이 즐기기 위한 여행에 참가할 수 있게 됨에 따라 관광의 이용이 크게 확대되었는데, 유럽에 있어서 철도망의 급속한 확대는 사람들의 여행을 용이하게 만들었고, 산업화는 즐기기 위한 여행을 가능하게 하는 시간적·경제적인 여유를 가진 사람들을 등장하게 했다.

이와 같은 상황에서 토마스 쿡(Thomas Cook)은 대중이 즐기기 위한 여행을 새로운 형태로 전개시켰는데, 금주동맹 대회(1841)에 참가한 사람들 570명을 모아, 단체할인된 전세열차를 운행시켜 싼 요금으로 여행을 할 수 있게 하였다. 그 후 많은 사람들의 여행수배 의뢰로 1845년에는 단체여행을 조직화하여 교통기관과 숙박시설 알선을 전업으로 하는 「여행대리업」을 경영하였다.

6) 관광의 대중화

토마스 쿡이 시작한 여행알선업은 점차 비즈니스로서의 지위를 확립하게 되고, 그 업무내용도 여행자의 욕구를 더욱 충족시켜 줄 수 있게 되었다. 쿡은 "근대관광의 아버지"라 불리며 "즐기기를 목적으로 하는 여행"에 참가할 수 있는 사람들을 증대시켰다. 이에 따라 쿡의 등장 이후를 흔히 「근대관광시대」라고 하고 있다.

또한 여행대리업 최대 회사인 아메리칸 익스프레스(미국)가 설립되어 현재 사용되어지고 있는 것과 같은 구조의 「여행자수표」를 1891년에 발매해 '안전한 여행'의 보급에 크게 공헌했다.

3. 대중(Mass)관광시대

　　관광의 대중화는 2차 세계대전 이후 도시화, 공업화, 정보화 등으로 사회가 진화하고, 교통수단의 대형화와 정보의 공유로 한꺼번에 많은 관광객이 이동하는 시대가 되었다. 이러한 관광수요의 변화로 인해 관광공급부문에서도 지속적인 변화를 추진하여 관광수용태세를 완비하게 되었다.

　　관광동기 또한 과거의 지식욕의 충족 보다는 심신의 피로와 질병의 개선을 위한 보양과 즐거움을 찾는 경향이 더욱 강해졌다. 따라서 다양한 관광수요의 발생에 대응하기 위한 관광기업, 공공부문, 국가 등의 사업주체의 움직임은 보다 적극적으로 바뀌고 있다.

　　현대의 관광수요의 배경요인은 가처분소득의 증가, 여가의 확대, 자동차의 보급, 관광인식의 변화, 정보매체의 발달 등 사회 전반의 질적·양적 발전 등이며 이러한 배경은 사람들의 가치관을 변화시키며 재화나 시간의 사용방법, 이동방법 등을 개선시켜 소비행동에 지대한 영향을 미치게 하였다.

4. 신(New)관광시대

　　21세기 선진국의 3대 주요산업은 지식정보산업, 환경산업, 관광산업이며 이들은 가장 빠르고 각광받는 산업으로 분류되고 있다. 미래학자 존 나이즈비츠는 미래 산업의 흐름은 고도의 기술에 기초한 하이테크(high-tech)산업인 IT(정보기술)와 BT(생명기술), 그리고 고도의 감성에 기초한 하이터치(high-touch)산업인 CT(문화산업)와 TT(관광산업)이 주도할 것으로 예측하였다.

　　21세기 관광산업의 흐름은 관광주체의 변화측면에서 보고 즐기는 관광인 정적·수동적인 관광형태를 벗어나 동적·도전적·모험적·적극적으로 즐기고 직접 참여하고 행동하는 참여형 관광형태가 주를 이루고 있다.

UNWTO와 WTTC는 대량관광(mass tourism)으로 인한 무분별한 관광개발과 지구의 환경파괴를 방지해야 한다고 하였으며, 이에 대한 대안관광(alternative tourism)으로서 세계의 관광업계에서 SIT가 제시되고 있다. UNWTO에 의하면, SIT(Special interest Tourism :특수목적관광)이란 "특정관심사를 개발하고자 특정주제와 관련된 지역이나 장소를 방문하는 개별관광자 또는 단체관광자의 전문화된 관광"이다. 활동별 SIT유형으로는 문화관광(문화유산관광, 미식관광, 건축관광, 와인관광, 문화예술관광, 종족생활체험관광, 종교관광, 축제관광, 문학관광, 한류관광), 건강관광(의료관광, 온천관광, 스포츠관광), 환경관광(생태관광, 자연관광, 야생관광, 농촌관광, 전원관광, 녹색관광, 모험관광), 교육관광(수학여행, 워킹홀리데이, 인턴쉽, 기업교육·연수, 어학연수, 고고학 관광), 비즈니스 관광(MICE관광), 크루즈관광 등이 있다.

21세기의 관광추세를 관광상품 측면에서 보면, 문화적 가치가 높아지면서 문화관광상품에 더욱더 관심이 고조되고 있으며 실버관광(노인관광), 자연관광(그린 투어리즘), 교육관광, 체험관광(모험관광), 맞춤관광, 크루즈관광, 보상관광, 의료관광, 이벤트 관광 등이 활성화되고 있다.

과학기술이 발달하고 의료기술이 첨단화됨에 따라 평균수명이 연장되고 50~60대 조기퇴직과 연금수혜세대가 등장하면서 새로운 경제적 소비지출 계층이 등장하게 되면서 실버관광이 활성화되고, 환경의 질적 변화가 초래되어 환경의 질이 악화되면서 절대적으로 환경지향적인 자연관광과 자연 속에서 체험·학습하는 녹색생태관광이 대두되었다. 또한 특정 관심분야에 대한 배움의 욕구를 충족시켜 줄 수 있는 경험을 포함하는 교육관광은 문화에 대한 호기심, 미술, 음악, 건축, 민속 등 특정분야나 문화유산, 유적지의 매력을 제고하는 등의 기대효과가 발생하므로 활성화되고 있다.

또한 적극적인 여행자의 참여와 자연환경지역에서의 야외활동을 중심으로 하며, 도전, 현실 도피, 흥분, 자극, 새로움, 일상 탈출, 이탈, 상반되는 감정, 불확실한 결과, 위기, 모험 등을 바탕으로 하는 체험관광(모험관광)과 가족단위의 소규모 여행이 확산되면서 여행자들의 다양한 개성에 따라 가격이나 단체위주에서 여행일정을 직접 작성하는 맞춤관광이 활성화되고 있다.

그리고 여러 목적지를 감상하면서 호화로운 생활을 영위하고, 조직적이고 용이한 수하물 관리, 다양한 엔터테인먼트, 높은 수준의 식사 등 의 색다른 경험을 제공하는 크루즈관광과 회사가 직원들의 목표달성을 위해 현금 및 현물 이외에 포상으로 여행을 제공하는 보상관광 등이 활성화되고 있다.

이 외에 의료관광을 통해 성형수술과 교정·라식수술 등의 선택적인 미용시술 뿐 아니라 관절이식술, 골수이식, 심장우회수술과 같은 생사가 걸려 있는 주요수술을 받기 위해서 외국으로 나가고 있으며, MICE나 축제, 문화공연, 스포츠이벤트와 관련하여 이벤트에 참가하기 위해 관광을 하는 경우가 증가되고 있다.

관광학개론

An Introduction To Tourism

Chapter 02
관광의 구조 및 효과

Chapter 02

관광의 구조 및 효과

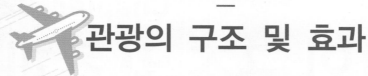

I. 관광의 범위

　현대인의 인간다운 삶을 추구하기 위해 등장한 관광은 그 범위를 다음과 같이 세 가지로 구분할 수 있다.

　첫째는 일상 생활권을 일시적으로 떠나 타 지역의 경관, 풍속, 관습 등을 보고, 듣고, 배우는, 다시 말하면 sightseeing을 주목적으로 하는 일련의 행동을 말한다. 이것을 우리는 관광에 대한 협의의 의미로서 관광여행이라 한다.

　둘째는 일상 생활권을 일시적으로 떠나 행하는 recreation활동이다. 이 활동은 신체활동이 중심이 되는, 다시 말하면 위락를 주목적으로 한 활동을 말한다.

　셋째는 상기의 행동을 행할 때 발생하는 일련의 사회적 현상이다. 다시 말하면 상기의 sightseeing과 recreation활동을 행함에 있어 부수적으로 발생하는 경제적 현상을 위시한 각종 사회적 현상을 모두 포함한 것이라 하겠다.

Ⅱ. 관광의 구조

현대사회에서 관광은 주목받는 사회현상으로 자리매김하였고 이 현상을 유지하고 존재시키는 구성요인은 크게 관광주체(관광객: Tourist), 관광객체(관광대상, 관광자원과 시설, 관광지: Tourism Attractions or Resource, Region), 관광매체(관광사업자: Tourism Media) 등 세 부문으로 구분된다. 특히 현대의 관광현상이 다양화됨에 따라 공공부문의 역할과 기능에 대한 중요성이 더해가고 있으며 새로운 관광구조로 성장하고 있다.

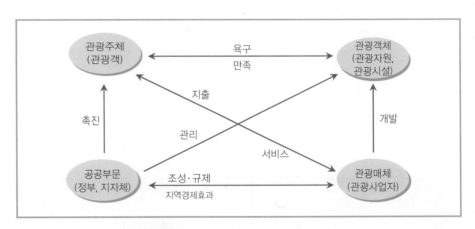

그림 2-1 고따니(小谷達人)의 관광구조

1. 관광주체

관광주체란 관광을 행하는 주체인 관광객을 의미하는데, 이들은 관광욕구에 따라 관광행동을 유발하는 관광의 수요자나 소비자이며, 관광수요시장을 형성하는 주체적 요소이다. 관광객은 일상생활로부터의 변화를 추구하는 욕구인 관광욕구를 갖게 되는데, 이는 심리적인 발생이며 본능적인 것이다. 관광행동을 일으키는데는 심리적 원동력과 심리적 에너지가 필요한데, 전자는 관광욕구, 후자는 관광동기라 할 수 있다. 이러한 관광욕구와 관광동기는 대다수 사람들의 심리에 자리 잡고 있으며 이를 근거로 관광수요시장을 형성하므로 관광선택에 있어 필수적인 것이다.

관광행위의 범주를 보면, 위안·가정 사정·건강상 이유의 여행행위, 회의출석, 과학·행정·외교·종교·스포츠 등에 참가하는 행위, 상용목적의 여행행위, 선박 순회 중 입국 행위, 교육기관 견학, 시찰 목적의 입국 행위 등이다.

2. 관광객체

관광객체란 관광대상을 의미하는데, 관광대상은 관광지나 관광자원과 관광시설 그리고 인적서비스로 구성되는 복합체를 의미하며, 관광욕구를 충족시키는 관광행동의 대상물 전체를 의미한다.

▲ 로마내에 자리잡은 바티칸

▲ 터키 이스탄불의 성소피아 성당

관광주체인 관광객이 관광행위를 하기 위해 관광목적지를 결정하는 일은 관광에 있어서 가장 기본적인 선행조건이다. 그런데 관광목적지가 충분한 흡인력과 매력을 갖지 못하고 있다면 훌륭한 관광대상이라고 할 수 없으며, 관광대상이 흡인력과 매력을 충분히 갖고 있더라도 관광객의 정보에 포착되지 못했을 경우, 이 또한 관광객의 의사결정 영역에 속하지 못하여 관광을 하지 못하게 되는 결과를 초래한다.

관광목적지는 관광자원을 경험하게 할 뿐 아니라 숙박시설, 음식시설, 위락시설, 문화활동시설 등 다양한 관광시설과 인적 서비스를 통해 관광객의 욕구를 만족시키게 된다. 따라서 관광목적지는 일상생활권과 다른 심리적 차이와 특별한 해방감을 느끼게 하면서도, 일상생활권과 같은 공간 기능을 수행할 수 있는 충분한 지원시설과 인적 서비스가 존재해야 한다.

3. 관광매체

관광매체는 관광주체와 관광객체 사이를 연결해주는 매개역할을 하는 것으로, 주체와 객체가 직접적으로 접근하던 자연발생적 관광시대인 tour시대를 지나 tourism시대에 들어서면서 그 기능이 발생하기 시작했다.

1) 관광사업

관광매체인 관광사업은 관광의 주체와 객체 사이에 존재하여 사업을 경영하는 인간 활동의 총체로서 관광주체의 관광행위 발생을 촉진시켜 관광현상을 지속적으로 창조하게 하였다. 또한 각종 구성요소의 적절한 조화와 발전을 도모하는 동시에 이용증대를 통하여 경제적·사회적 효과를 목표로 행하는 조직적 인간 활동이라고 할 수 있다.

즉, 관광사업은 관광객을 위하여 운송, 숙박, 음식, 운동, 오락, 휴양 또는 용역을 제공하거나 기타 관광에 부수되는 시설을 갖추어 이를 이용하게 하는 업으로서, 복합성과 입지의존성의 특성을 지니고 있으며 공익성과 기업성을 동시에 가지고 있다.

관광사업은 공적사업(관광정책, 관광행정 등)과 사적사업 (영리추구를 위한 사업적 활동)으로 분류할 수 있는데, 관광사업은 각종 관련사업 및 공공기관, 공적관광사업과 복합적으로 연계되어 있고, 관광자원이 있는 곳으로 이동해서 이루어지며, 기업목표인 이윤추구와 국민복지적 차원에서의 공익성을 동시에 고려해야 한다.

현대관광의 다양성으로 인해 또 다른 관광매체의 운영주체로 공공부문의 역할이 증대되고 있는데, 정부나 지방자치단체가 수행하는 관광행정 역시 관광매체의 역할을 수행하는 것으로 볼 수 있다.

영리목적의 민간기업이 담당할 수 없는 관광사업은 비영리부문인 공공부문이 직접 관광사업에 참여하거나 정책, 행정, 재정, 세제 등의 지원을 통해 관광사업의 목적을 달성하는 기능을 수행하고 있다.

관광매체로서 관광사업은 크게 시간적 매체, 공간적 매체, 기능적 매체로 구분할 수 있는데, 이들의 관광사업 생성의 기초요소는 다음과 같다.

표 2-1 관광매체의 분류

분류	요 소
시간적 매체	숙박업, 휴식업, 오락업
공간적 매체	교통업, 도로·항만업, 운송업
기능적 매체	여행업, 관광선전업, 관광알선업, 기념품판매업, 관광안내업

자료 : 저자 정리

2) 관광정보서비스

관광정보서비스(tourism information service)는 자원이용에 있어서 존재하는 제약요소들을 알려 주며 관광자와의 공개적인 의사소통을 유지하고 관광객의 관광자원 이용기회에 대한 인식을 일깨우기 위해 필요하다. 이는 관광지에 설치된 자원의 효율적인 이용을 위해 편의를 제공하고 관광객을 위한 정보를 제공하며 기타 방문객의 일반적인 복지를 증진하기 위함이다.

정보서비스는 지방 및 지역에 따라 다양한데, 지방정보프로그램은 목적지에 도달하기 전에 제공되고 지역정보프로그램은 방문객이 목적지에 도달한 후에 개인에게 알리는 것이다.

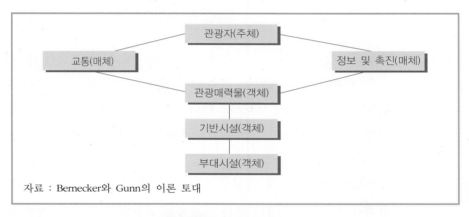

자료 : Bernecker와 Gunn의 이론 토대

그림 2-2 현대적 관광구조체계

(1) 지방정보시스템

지방정보시스템(regional information system)은 관광자의 여행계획과 관광활동 선택에 영향을 주므로 관광객이 여행을 계획하는 동안에 정보가 제공되어야 효과적이다.

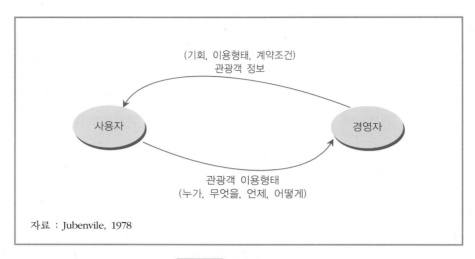

(기회, 이용형태, 계약조건)
관광객 정보

사용자   경영자

관광객 이용형태
(누가, 무엇을, 언제, 어떻게)

자료 : Jubenvile, 1978

그림 2-3 정보경영개념도

　효과적인 정보시스템을 위해서는 관광객이 쉽게 접근할 수 있어야 하며 모든 기관(공공과 개인)의 활동이 포함되어 있어야 한다. 편리한 접근성의 확보를 위한 시스템 확장과 신뢰성 확보를 위한 효과적인 정보서비스를 위해서는 정보경영(information management)이 이루어져야 하는데, 정보경영의 개념은 〈그림 2-3〉과 같다.

　정보는 관광객에게 끊임없이 새롭게 제공되는 최신화가 필수적이며 관광객의 자원이용 가능여부와 이용방법 제공이 중요하다. 이는 모든 관계기관들이 이용가능한 정보제공에 기여하고 관광객의 이용형태에 대한 피드백에 기여하게 된다. 피드백시스템은 관광객에게 정보를 최신화하고, 다른 프로그램들의 경영전략의 변화에 유용하다.

　피드백이 신뢰성을 부여하고 정당성을 제공하며 유용하게 하기 위해서는 정보를 다루는 데 있어 전문화된 컴퓨터 프로그램을 사용하는 등 관광객의 이용상황을 모니터링하는 보다 세련된 기술이 필요하며, 타당성 문제를 극복하기 위해서 모니터링하는 기술과 견본추출의 절차를 개선해야 한다.

(2) 지역정보시스템

지역정보시스템(area information system)은 대개 하나 이상의 기관의 관리하에 있는 특정지역에 대한 정보시스템이다. 지역정보시스템은 관광객에게 최신의 정보를 바르게 전달하고 관광객과의 접촉을 보다 용이하게 한다.

지역정보시스템의 유형에는 관광안내소, 지역표지판, 출판홍보물, 라디오 장치, 현장접촉 등이 있다.

① 관광안내소

관광안내소(visitors center)는 관광객에게 주변관광지에 대한 유용한 정보를 전달하는 전통적인 방법이며 현장접촉을 통해 그 지역의 주요 진입지에 위치하고 있다.

관광안내소는 비용 및 효과 면에 있어서도 정보를 보급하는 가장 효과적인 방법으로, 고정적이며 찾기 쉬운 장소에 있고 정보를 찾는 사람들이 손쉽게 이용할 수 있으나, 관광안내소에 관심이 없는 관광객에게도 방해되지 않고, 교통문제를 야기하지도 않는다. 관광안내소는 정보가 다른 관광객관리프로그램과 자원경영프로그램의 중요한 부분으로써 많은 사람들에게 전달되도록 주요 진입로에 위치하며 주위경관과 어울리는 시설로, 정보의 배분에 큰 역할을 담당한다.

또한 관광안내소의 시설들은 편안한 휴식, 긴급전화, 통역 프로그램, 숙박시설, 그리고 예약시스템 등과 같은 부가적인 서비스가 이루어져 관광객의 접근성을 증가시켜야 한다. 모든 운영프로그램의 성공 여부가 정보의 분배에 달려 있다고 볼 때, 보다 많은 경제적 투자와 노력을 정보서비스, 특히 관광안내소 프로그램에 투여하는 것이 바람직하며 관리요원의 안내 미숙이나 안내소의 문을 닫아 두는 것은 자원의 전체적 운영에 부정적 영향을 주게 되므로 주의해야 한다.

② 지역표지판

지역표지판(area signing)과 지도는 도로와 탐방로의 시스템, 이용 가능한 레크리에이션 기회, 개발된 시설들을 나타내며, 관광객에게 정보를 제공하므로 관광객이 그 지역에 익숙해지도록 주요 접근장소에 비치해야 한다. 지역정보표지판은 관광객에게 친밀감을 제공해 주며 관광객이 별 불편 없이 관광지에 대한 기본정보를 이해할 수 있게 한다.

표지판은 정보·교육·경고의 목적으로 사용되므로, 용도에 따른 디자인과 위치는 신중하고 치밀하게 작성되어져야 하는데, 유의해야 할 원칙은 다음과 같다. 첫째, 정보표지판이 관광객에게 혼란을 주어서는 안 되고 둘째, 의미는 가능한 한 단순하게 만들어야 하며 각각의 표지판은 오직 한 개의 뜻을 나타내야 하며 셋째, 곳에 따라서는 국제정보표지판을 사용해야 한다.

③ 출판홍보물

출판홍보물(publications)은 관광객에게 필요한 정보를 주기 위해 효과적이며 잘 만들어진 팜플렛을 제작하려면 총체적 외관, 매력적인 표지, 적당한 규격과 디자인, 간결성, 과장과 편견의 제거, 지방과의 연락 등의 사항들을 고려해야 한다.

총체적인 외관이 사용자에게 매력적이어야 하며, 잘 만들어진 표지는 팜플렛의 첫 인상을 좌우하므로 좀더 읽도록 촉진시킬 것이고, 적당한 규격과 디자인은 휴대를 용이하게 할뿐만 아니라 훼손을 방지할 수 있다. 또한 그림과 도표는 내용을 왜곡시키지 않고 이해하기 쉽게 하므로 필요한 시간의 양을 줄여 준다.

그리고 최소한의 단어를 사용하여 전달하고자 하는 메시지를 간단·명료하게 나타내야 하고, 기술적인 전문용어나 인위적인 장황한 문구를 제거함으로써 사실적이 되도록 해야 하며, 가능하다면 지방과의 연락을 원하는 사람들이 연락할 수 있도록 연락망에 대한 편의를 제공해야 한다.

④ 라디오장치

라디오 프로그램들은 주로 자동차 이용관광객에게 정보를 제공하기 위해 사용되는데, 자동차 라디오에 의해 멀리 떨어진 송신자로부터 정보를 받으며 일반관광객은 수신기를 통해 정보를 받는다.

⑤ 현장접촉

현장접촉은 매우 직접적이고 필요한 정보전달수단이지만 지역정보프로그램으로서 현장접촉은 비능률적이고 비효과적인 경향이 있다.

⑥ 기타 관광객 정보형태

관광안내소, 지역표지판, 출판홍보물, 라디오장치, 현장접촉 외의 지역정보시스템형태로는 단체접촉, 여론청취, 대중전달매체, 의사소통 등이 있다.

단체접촉(Group Contact)은 자연보호, 레크리에이션, 사업 또는 다른 집단과의 지속적인 접촉을 의미하며 효율적인 의사소통의 수단이다. 다양한 조직단체나 특별한 관심집단을 통해 관광동기나 관심을 이해하기 위한 시도로 공개적인 대화나 접촉을 유지하는 것은 중요하다.

여론청취(public hearings)는 객관적인 정보와 의견의 교환을 통해 편향된 관점을 완화시킬 수 있으며 대중매체(mass media)는 라디오, 텔레비전, 신문 등으로, 관여도는 높지 않지만, 보편적인 정보전달 방법이다.

의사소통(communications)은 지속적인 정보의 교환을 수반하며 프로그램과 행동양식 등을 재평가하고 조정하기 위해 관계기관과 관광객 모두에게 사용되어지는데, 공식적(여론청취 등) 또는 비공식적일 수 있다.

3) 교통

교통업은 관광기반시설인 교통시설을 이용하고, 관광매체 중 이동을 담당하는 공간적 매체이며 관광자원으로서 가치를 지닌 관광매력물은 교통시설을 통해 쉽게 접근할 수 있다. 교통시설의 결여는 관광객을 제한하는 장애요소로 등장하며 누구나 다양한 방법으로 용이하고 안전하게 접근할 수 있을 때 관광자원의 이용은 증대되고 가치도 발휘될 수 있다.

경유 또는 체재관광은 관광자원 자체에 의해 결정되지만, 교통수단의 발달 정도에 따라서 결정되기도 한다. 교통시설을 통해 관광자원간의 연계성을 높임으로써 보완성을 높일 수 있다.

관광자원은 이용가치를 극대화하기 위해 점적 이용과 선적 이용을 선택적 또는 공통적으로 하게 되는데, 한 개의 점적인 이용가치만을 가지고 있는 곳은 점적 이용을 자원간의 연계성에 의한 상호보완성이 요구되는 곳은 선적 이용을 하게 된다.

점적 이용이든 선적 이용이든 출발지와 목적지 사이의 연결 및 관광지 내에서의 관광활동을 위한 이동에 필요한 관광루트가 필요하며 간선 관광루트, 부간선 관광루트, 지선 관광루트, 역내 관광루트, 탐방로 등이 체계적으로 개설되어야 한다. 교통수단은 육상·해상·항공 등 빠르고 안전하고 쾌적한 접근수단으로 선택의 폭을 넓혀줌으로써 관광자원의 이용을 극대화할 수 있다.

Ⅲ. 관광의 효과

관광의 효과는 관광대상지역(국가), 관광객, 기업, 관광자원 등으로 구분하여 경제적, 사회·문화적, 환경적 측면에서 설명할 수 있다.

표 2-2 관광의 효과

분류	관광의 효과
경제적 측면	국제수지의 개선, 고용의 증대, 소득의 증가, 세수의 증가, 지역산업의 발달, 관련 산업의 도입
사회적 측면	교육적 효과, 지역문화 이해와 국민의 의식수준 제고, 국민총화와 협조, 국위를 선양하는 효과
문화적 측면	국제친선과 문화교류의 향상, 문화 이해와 수준에 관한 인식 개선, 역사적 유물과 유적의 보존, 지역문화 발전.
환경적 측면	자연보호 및 생태계 보전, 사적과 기념물 등의 보존 관광자원의 이용가치 증대(환경요소와 자연적 특성 이해)

1. 관광대상지역(국가)에 관한 효과

관광대상지역 또는 국가에 대한 관광효과는 경제적 효과와 사회적 효과로 구분할 수 있다.

먼저 경제적 측면에서 본다면 관광은 인간의 이동으로 이루어지므로 관광의 주체인 관광객이 찾아드는 지역과 국가에서는 반드시 그 지역주민 또는 국민과 여러 가지 형태의 교류 및 접촉이 이루어지게 된다. 그리고 이와 같은 과정을 통해서 관광객은 관광비용을 지출하게 되고, 이 비용은 곧 관광대상지역 또는 국가의 경제발전에 기여하게 된다. 다시 말해서 경제적 효과는 관광객이 관광지에서 지출하는 숙박비, 음식비, 토산품비, 오락비, 교통비 등에 의해 직접적으로 관광지에 파급된다. 이 경제적 효과는 국제수지의 개선, 고용의 증대, 소득의 증가, 세수의 증가, 지역산업의 발달, 관련산업의 도입 등과 같은 형태로 나타난다.

관광산업은 서비스 산업의 특성 때문에 외화획득률이 다른 어느 산업보다 월등히 높아 국제수지 개선에 크게 기여하고 있다. 관광산업은 또한 복합 산업으로서 관광객이 필요로 하는 서비스와 상품의 생산, 교통기관, 숙박시설, 여행알선을 비롯하여 식사비, 오락, 운동 등을 위한 각종 관련 산업을 유발하게 되고 이들로부터의 막대한 세수는 국가재정에 크게 기여하게 된다. 관광산업은 또한 서비스 산업으로서 타 산업에 비해 고용효과가 높은 산업이다. 고용증대 효과는 소득증대효과를 발생하게 하고, 소득의 상당부분이 가계소비지출을 통해 지역산업에 파급되어 최종적으로는 지역발전의 효과를 가져 오게 된다.

다음으로 사회·문화적 측면에서의 효과는 관광객이 관광지역 주민과의 인간관계 형성을 통해 상호 문화교류를 활성화함으로써 나타나는 제반효과를 말한다. 인간은 관광을 통해 관광지 주민과의 이해를 증진하여 상호 친밀해짐으로써 국민총화와 협조를 이룩할 수 있는데, 이는 국제간에서도 마찬가지로 관광객의 상호 왕래에 의해 국제친선과 문화교류의 향상에 크게 기여하고 있다.

또한 외국인 관광객에게 우리의 역사와 전통문화를 소개함은 물론 비약적으로 발전하고 있는 우리의 참모습을 보여줌으로써 국위를 선양하는 효과도 아울러 나타내고 있다.

2. 관광객에 대한 효과

인간은 관광을 통해 견문을 넓히며 문화를 교류하고 교양을 향상시킴은 물론 건강을 증진하는 등 인간의 기본적인 욕구를 만족시켜줌으로써 삶의 질을 향상시키는 사회·문화적 효과가 있다.

다시 말하면 관광을 통해 미지의 세계에 대한 전통, 풍속, 관습 등을 이해함으로써 새로운 지식을 습득하고 자기를 개발하는 효과를 거둘 뿐 만 아니라 심신의 단련과 피로회복 등을 통한 건강증진 및 노동재생산의 recreation효과를 기대할 수 있다.

3. 기업에 대한 효과

관광객의 소비는 앞서 기술한 바와 같이 지역주민에게 여러 가지 효과를 줄 뿐만 아니라 그 지역에 있는 관광관련 산업에도 큰 영향을 준다. 관광객의 소비는 지역주민의 소득증대를 가져오고 이 소득의 일부가 상품구매력을 촉진하여 기업의 이익을 가져오게 된다. 그리고 이익은 기업의 경영활동에 필요한 원자재 및 서비스의 구입과 이윤을 발생하게 한다. 따라서 사업활동을 위한 원자재 및 서비스의 구입은 이를 공급하는 관련산업을 발달시킨다. 그리고 기업이윤은 관련산업을 번영시키고 경영의 규모를 확대하는데 기여하게 된다.

4. 관광자원에 대한 효과

관광자원은 그것이 자연자원이든 인문자원이든 관광에 의해 새로운 가치를 발견하게 됨으로써 이용가치의 증대효과를 가져온다.

관광의 긍정적 효과와 함께 부정적 효과도 있는데, 관광사업의 지나친 의존에 의한 산업구조의 종속, 지역의 인플레이션, 지가앙등, 지역관습 및 문화 파괴, 문화적 예속, 교통 혼잡, 과소비, 관광지역의 과밀, 과다한 개발, 소음, 쓰레기, 생태계의 변화 등이다.

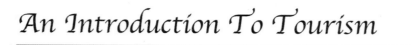

An Introduction To Tourism

Chapter 03
관광자의 행동

Chapter 03
—

관광자의 행동

Ⅰ. 관광자의 개념 및 유형

1. 관광자의 개념

관광자와 관광객은 동의어이지만 보는 관점과 견해에 따라 서로 다르게 해석할 수 있다. 곧 관광객은 관광경영학적인 측면에서 경제적 대상으로 바라보는 견해이고, 관광자는 관광을 하는 주체로서 인간의 행위를 연구과제로 하는 관광사회·심리학적 관점에서 보는 견해일 것이다.

관광의 개념규정을 준용하여 관광자의 정의를 규정하면 "관광자란 일상생활 영역(심리적 영역)을 떠나 다시 돌아올 예정으로 이동 및 체재를 하면서 정신적·육체적 즐거움을 추구하는 관광소비자"라고 정의할 수 있다. 관광자(tourist)는 여가시간에 즐거움을 추구하기 위한 순수 관광을 목적으로 하는 사람들뿐만 아니라 스포츠관광, 회의관광, 사업관광 등의 겸목적 관광을 목적으로 하는 사람들 모두를 포함한다.

관광자에 대한 정의는 국내·외 관광관련기구 및 단체에서 통계를 수립하기 위한 과정으로 관광자의 범위를 규정하기 시작하였는데, 그 정의는 국제기구의 실무적 성격, 정책차원과 국가 또는 지역 단위에 따라 다소간의 차이를 나타내고 있으므로 종합적인 관광자 통계처리를 위한 통일적인 관광자의 정의가 필요하다.

관광자에 대한 최초의 정의는 국제연맹의 국제노동기구(ILO : International Labour Organization)가 1937년 국제연맹 통계전문가 회의에 제출한 보고서에서 내린 정의로 "관광자는 24시간이나 또는 그 이상의 기간동안 거주지가 아닌 다른 나라를 방문하는 사람"으로 규정한 국제관광자가 있다.

이 정의의 특징은 통계상의 오류를 범하지 않기 위하여 관광자와 관광자가 아닌 자를 구체적으로 언급하고 있다.

먼저 관광자로 볼 수 있는 자를 보면 ① 즐거움·가족·건강 등을 위해 여행하는 사람 ② 회의·과학·행정·외교·종교·운동 등의 대표자격으로 여행하는 사람 ③ 사업상의 이유로 여행하는 사람 ④ 24시간 미만을 체재하는 사람이라도 해양선박으로 여행 중에 도착한 사람으로 규정하고 있다.

관광자의 범주에 포함되지 않은 사람은 ① 직업을 얻기 위해 또는 그 나라에서 어떤 사업 활동에 종사하기 위하여 일의 계약 및 계약 없이 도착한 사람 ② 그 나라에서 거주지를 마련하기 위하여 도착한 사람 ③ 기숙사 또는 학교에서 생활하는 유학생과 청소년 ④ 국경지역 또는 인접지역에 거주하면서 국경을 넘어 통근하는 사람 ⑤ 여행이 24시간 이상을 소요하게 되더라도 체재하지 않고 통과하는 사람으로 규정하고 있다.

- 경제협력개발기구(OECD : Organization for Economic Cooperation and Development)는 방문자(visitor)를 관광자(tourist)와 당일여행자(excursionist)로 구분하여 정의하고 있다(OECD, 1978).
- 관광자(tourist)는 방문국에서 적어도 24시간을 체재하는 일시 방문자로 여가(레크리에이션, 휴가, 건강, 종교, 운동)·사업·가족·업무·회의를 목적으로 여행하는 자
- 당일여행자(excursionist)는 방문국에서 24시간 미만 체재하는 일시적인 방문자(선박여행자 포함)

• 세계관광기구(UNWTO : United Nations World Tourism Organization)가 규정하고 있는 관광자의 정의는 많은 국가에서 관광자 통계자료의 기준으로 사용하고 있으며, 각국의 통계자료는 취합되어 전세계 관광자 통계자료로 이용되고 있는데 그 기준을 제시하면 〈그림 3-1〉과 같다.

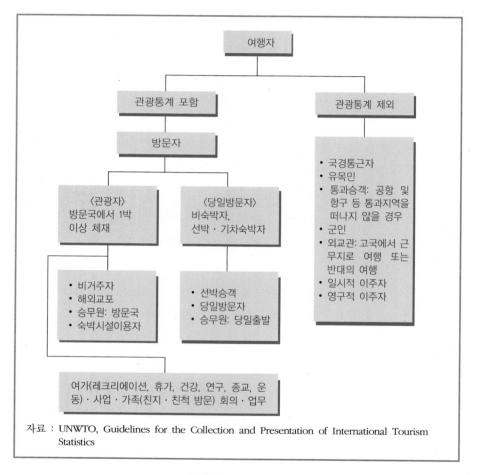

자료 : UNWTO, Guidelines for the Collection and Presentation of International Tourism Statistics

그림 3-1 관광자의 범주

2. 관광자의 유형

관광자를 유형화(typology)하는 기준은 점차 다양해지고 있으며, 일반적으로 성격(personality), 신기성과 변화에 대한 욕구, 동기 등에 따라 유형화하고 있으며 그 방법은 점점 정교화되고 있다.

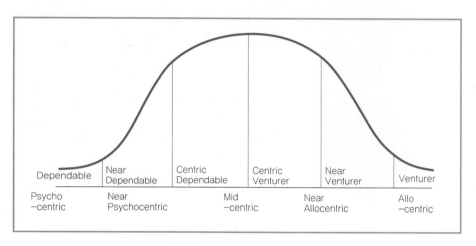

그림 3-2 Plog의 관광자 유형

Plog는 관광객의 성격에 따라 관광행동(tourist behavior)의 특성을 파악하였다. Plog는 성격을 기준으로 관광자들을 의존형관광자(Dependables), 중간형관광자(Centrics), 모험형관광자(Venturers)의 3부류로 나누고 다시 의존형관광자(Dependables), 준의존형관광자(Near Dependables), 중간의존형관광자(Centric Dependables), 중간모험형관광자(Centric Venturers) 준모험형관광자(Near Venturers), 모험형관광자(Venturers)의 6부류로 세분하였다. Plog는 관광객의 성격에 따라 목적지의 선택, 선호하는 교통편, 관광지에서의 활동, 숙박시설의 선택 등에 있어 다른 특성을 보여준다고 했다.

그러나 의존형관광객(Dependable : Psychocentric)과 모험형관광객(Venturer : Allocentric)은 그 수가 적은 편이며 중간형관광객이 일반적으로 많다.

의존형관광객과 모험형관광객의 관광행동의 특징을 정리하면 〈표 3-1〉과 같다.

표 3-1 의존형관광객과 모험형관광객의 관광행동 특징

	의존형관광객	모험형관광객
여행빈도	적다	많다
여행일정	짧다	길다
소비지출	적다	많다
교 통	차량이용	항공이용
관 광 지	유명한 곳 선호	독특, 미개발지 선호
활 동	소극적, 수동적, 정적	적극적, 능동적, 동적
활동성향	휴식, 휴양	체험, 신기성 추구
관광형태	패키지 관광	개별관광
방문형태	반복방문	새로운 관광지 추구

자료 : 저자 정리

〈그림 3-3〉은 미국 서남부지역의 Psychocentric, Mid-centric, Allocentric 별로 인기있는 관광지를 나타낸 것이다.

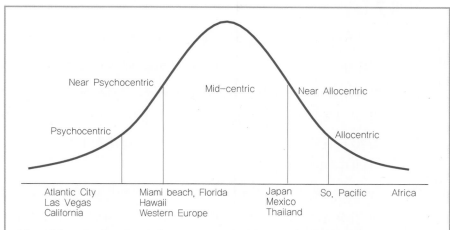

Adopted from Stanley Plog, "Why Destination Areas Rise and Fall in Popularity,"a paper presented to the southern California Chapter of the Travel Research Association October 10, 1972, as cited in Edward Mayo and Lance Jarvis, The psychology of leisure travel(Boston CBI Publishing Company, 1981)

그림 3-3 Psychocentric & Allocentric Types of Destination

Ⅱ. 관광의 발생

인간의 관광행동을 유발시키는 데는 여러 가지 요인이 작용한다. 이 중 관광행동을 발생하게 하는 가장 근본적인 요인은 인간이 갖고 있는 욕구 이다. 이 욕구 또한 여러 가지 요인에 의해 작용되며, 관광을 통해서 충족 되기도 한다. 관광욕구를 관광행동으로 나타나게 하는데는 크게 내적 요인 과 외적 요인으로 구분할 수 있다.

1. 내적 요인

1) 욕구

인간이 갖고 있는 욕구 중에는 생리적 욕구와 심리적 욕구 등 여러 가지 형태가 있다. 관광욕구는 인간이 태어날 때부터 갖고 있는 본능적인 것뿐 아니라 친교, 애정 및 소속에 대한 욕구, 자기자신의 존경, 개인적 성취감 및 타인으로부터의 인정욕구, 개인적 성장, 자아충실 및 자신의 가능성의 실현과 관련되어 있다. 따라서 관광욕구는 인간이 갖고 있는 가장 기본적인 욕구 중 하나이다.

Maslow의 욕구단계모델(hierarchy of needs model)은 동기를 연구하는 데 가장 넓게 사용되는 모델로 심리학자인 Maslow가 〈그림 3-4〉과 같이 생리적, 안전, 사회적, 존경, 자아실현의 5가지 범주로 분류하고 있다.

그림 3-4 Maslow의 욕구단계구조

2) 가치관

인간은 욕구를 충족시키려 할 때 가치관의 판단에 따라 그 수단을 결정하게 되는데, 개개인의 가치관은 개개인의 성격, 연령, 성별, 도시인과 지방인 등에 따라 다르며 문명의 발달, 자연의 변화, 주거환경의 악화 등으로 인해 시대변천에 따라 변화하기도 한다. 이와 같이 가치관의 차이 내지는 변화에도 불구하고 관광행동은 인간의 욕구를 만족시켜 주는 기본적 수단이 되고 있다.

2. 외적 요인

1) 시간

우리가 일상적으로 생활하는 시간(1일 24시간)을 대분하면 생활 필수시간(수면, 식사 등으로 생활에 없어서는 안 되는 시간), 구속시간(노동, 통근·통학 등 구속된 시간), 자유재량시간(생활필수시간과 구속시간 외의 개인이 자유로이 활동할 수 있는 시간) 세 가지로 분류할 수 있다. 그 중 개인이 자유롭게 활동할 수 있는 자유재량시간은 인간 개개인의 관광 의욕의 실현을 좌우하는 기본적인 요인이 되며, 자유재량시간의 장·단기에 따라 관광형태가 결정된다. 즉, 자유재량시간이 짧은 주말은 자연적으로 당일관광에 치중할 수밖에 없는 반면, 자유재량시간이 비교적 긴 하계휴가나 장기유급휴가기간의 관광형태는 장거리 숙박관광을 선택하게 된다.

이상과 같이 관광의욕의 실현은 시간개념과 밀접한 관계가 있음을 알 수 있다. 그런데 경제발전에 따라 개개인의 소득이 증가하게 되면 필연적으로 노동시간을 단축하게 마련이고, 또한 각종 휴가제도가 발전하게 되어 결과적으로 관광을 발생하게 하는 자유재량시간이 확대되게 된다. 따라서 관광은 노동시간의 단축과 각종 장기휴가의 제도적 마련에 따라 더욱 발전하게 될 것으로 전망된다.

2) 소득(가처분소득)

시간적 요인 다음으로 금전적인 문제가 관광욕구를 실현하는 요인이 된다. 여기서 말하는 금전적인 문제는 단순히 수입의 많고 적음을 말하는 것이 아니라 일상생활에 필요한 금전 외의 금전을 말한다. 즉, 소득 중에서 일상 생활비를 뺀 잔여소득이 관광욕구의 실현을 좌우하는 것이다. 생활비는 인간이 생계를 유지하는데 필요한 필수경비로서 관광비용에 지출할 수 없기 때문이다.

3) 생활환경

생활환경은 관광욕구를 유발하는 또 하나의 요인이 된다. 특히 도시인의 경우 각종 공해, 소음, 불결 등 생활환경의 악화로 인해 발생하는 일시적인 현장 도피욕구가 관광행위를 현실화시키는 경우가 많다.

이상과 같이 내적 요인에 외적 요인이 합해져서 관광행위가 발생한다. 그리고 관광현상이 발생하려면 관광욕구와 관광욕구를 받아들이는 대상(관광대상), 그리고 관광대상으로 유도하는 매체가 필요하게 된다. 이와 같은 요인들이 구비되어야 비로소 관광(관광행위)이 발생하게 되는데, 여기서 관광대상이란 관광자원, 시설 등을 말하며 관광대상으로 유도하는 매체란 교통, 관광사업(서비스), 정보 등의 관련사업을 말한다.

Ⅲ. 관광자 행동

1. 관광의사결정

1) 관광의사결정과정 영향요인

관광자들은 자신의 욕구를 충족시키기 위해서 관광을 하며 가처분소득이 증가하고 여가가 증가하면 자아실현의 욕구를 충족시키기 위해 개성화되고 자신들의 가치를 나타내주는 관광상품을 선택하게 된다. 다양하고 개성적인 관광자들의 욕구를 만족시킬 수 있는 마케팅 전략을 세우기 위해서는 관광자 행동을 체계적으로 이해하고 있어야 한다.

관광자 행동은 사회·문화적, 심리적 영향을 받아 이루어지며 관광자가 특정 관광상품을 선택하는 행위는 여러 가지 요인들의 영향을 받아 이루어진다. 그 요인들은 크게 문화적 요인, 사회적 요인, 인구통계적 요인, 심리적 요인, 마케팅 자극 등이 있다.

본서에서는 관광자의 의사결정에 영향을 미치는 요인을 환경적 영향요인과 개인적 영향요인으로 분류하여 설명하였다.

(1) 환경적 영향요인

환경적 영향요인은 문화, 사회계층, 준거집단, 가족, 상황적 요인과 같은 외부에서 관광자의 의사결정에 영향을 미치는 요인들이다. 관광자는 특정 사회의 문화와 그가 속한 사회계층의 영향을 받으며, 또한 가족 구성원 및 준거집단(reference group)의 일원으로서 영향을 주고 받는다.

① 문화

문화는 그 사회의 구성원들이 공유하는 정신적·물질적인 모든 것들로, 관습이나 가치관, 법률, 제도, 도덕, 의상 등이 문화적 소산이다. 문화는 인간들이 여러 시대를 거치는 동안 남겨놓는 사회적인 유산이며 한 사회 특유의 라이프스타일을 반영한다. 따라서 문화는 사회적으로 학습되고 사회구성원들에 의해 공유되기 때문에 욕구충족의 기준이 되고 행동의 규범을 제공한다. 문화적 가치는 한 문화 내의 가족이나 학교 등에서 사회적 상호작용을 통하여 학습되고 관광상품에 대한 사회구성원들의 반응을 표준화시킨다.

관광자는 어떤 문화적 배경 속에서 성장하고 살아가느냐에 따라 관광행동에 많은 영향을 받게 되므로 관광자들의 가치와 조화를 이룬 마케팅 전략이나 관광자들의 가치를 변화시킬 수 있는 프로그램이 필요하다.

② 사회계층

사회계층이란 사회의 구성원들을 유사한 가치관이나 관심사, 행동정도에 따라 구분지어 놓은 것이다. 동일한 사회계층 내의 사람들은 태도나 활동, 관심, 행동패턴 등에서 동질성을 띄며 계층별 차이도 두드러지게 나타난다. 그 예로 관광상품을 구매하는데 있어 하류층은 대부분 가격을 중시하나 상류층은 대부분 품질 및 디자인을 중시한다.

사회계층은 한 사회 내에서 동일한 지위를 가진 사람들로 구성되며 지위는 타인에 의해 지각된 서열을 의미하는 데 이를 결정하는 요소는 직업, 재산, 소득, 교육수준 등이다. 통계청의 사회계층 분류는 상상, 상하, 중상, 중하, 하상, 하하의 6계층으로 구분하고 있다.

관광자는 그가 속한 사회계층에 따라 가치관이나 행동에 영향을 받으며 서로 다른 계층의 사람들끼리는 구매행동도 다르다.

③ 준거집단

준거집단(reference group)이란 관광자의 행동에 직접적 혹은 간접적으로 영향을 미치는 모든 집단을 의미하는데, 사람들은 학교친구, 동창, 취미클럽, 직장동료, 종교집단, 지역사회에 이르기까지 다양한 집단에 관계되어 있다. 준거집단은 반드시 소속되어야 하는 것은 아니며, 소속되어 있지 않더라도 소속되길 원하거나 특별히 회피하고자하는 집단도 준거집단이 될 수 있다.

관광자는 어떤 집단에 소속되어 생활하느냐에 따라 각기 다른 관광의사 결정을 할 것이다. 관광자는 준거집단 구성원의 의견을 신뢰성 있는 정보로 받아들이는 경우가 많은데, 이를 준거집단의 정보적 영향력이라 하며 준거집단이 전문성이 있을 때 더 증가한다. 관광자들은 자아이미지를 강화 및 유지할 목적으로 준거집단을 이용하기도 하는데, 이는 특정집단과 자신을 심리적으로 연관시키는 욕구에서 비롯되며 이 때문에 특정집단의 가치, 규범, 행동을 긍정적으로 받아들이게 된다.

준거집단은 관광자가 관광정보를 수집할 때나 관광상품을 선택할 때 영향을 미치므로 마케팅믹스에 활용해야 할 것이다.

④ 가족

가족은 혈연집단으로, 가족공동용 제품과 개인용 제품의 구매행동에도 영향을 미치므로 관광자 행동 연구에서 중요하다. 가족의 구매행동을 의사결정단계에 따라 정보수집자, 의사결정자, 실제구매자 등으로 구분되며 관광상품 선택시에 정보수집, 상표평가, 구매결정, 구매후 평가 등 각 의사결정단계에서 가족들이 행하는 역할은 다르다.

따라서 관광광품에 대하여 정보수집은 누가 하고 상표는 누가 하며 구매는 주로 누가 하는지를 파악하여 마케팅 전략을 수행해야 할 것이다.

⑤ 상황적 요인

인간의 행동은 상황에 따라 변화하는데, 상황의 변화는 예측 가능할 수도 있지만 불규칙적이거나 예측 불가능한 경우도 많으며, 이러한 경우는 조사에 의해서 어느 정도 예측이 가능하다. 관광자는 상황적 요인에 따라 관광의사결정을 하게 되므로 관광마케터는 상황의 변화를 파악하여 마케팅전략을 구사해야 할 것이다.

(2) 개인적 영향요인

관광자가 관광상품을 선택할 때 사회문화적 영향을 받아서만 행동을 하지는 않는다. 즉 같은 상황에 있는 사람들이라도 그 개인만의 특성과 심리적인 요인에 의해 서로 다른 구매행동을 보이게 된다. 개인적 영향요인은 지각, 학습, 태도, 성격, 라이프스타일, 동기, 지식과 같이 관광자의 내부적인 요인으로, 이들도 관광자가 접하게 되는 정보를 처리하는 과정이나 의사결정에 영향을 미쳐 다양한 형태의 관광자행동을 나타나게 한다.

① 지각

지각은 외부세계의 자극에 대해서 고객이 느끼고 선택하여 해석하는 과정으로, 전체적인 인상과 이미지에 의해 결정된다. 지각은 관광자가 주어진 자극의 내용을 이해하고 해석하여 나름대로의 의미를 부여하는 것으로, 동일한 자극에 대해서도 관광자들은 각기 다른 해석을 한다. 이는 관광자가 자극을 해석할 때 지각적 부호화, 지각적 조직화, 지각적 범주화 현상을 갖고 있기 때문이다. 지각적 부호화는 자극내 요소들의 의미를 부여하는 과정이고, 지각적 조직화는 자극을 구성하는 여러 요소들을 전체적으로 지각하는 것이며, 지각적 범주화는 관광자가 유입자극을 기억 속의 어떤 대상에 대해 가지고 있는 정보단위와 관련시키는 과정이다.

관광자는 환경과 조건에 따라 지각과정을 거치며, 지각이 관광자 행동에서 활용되는 부분으로는 관광지의 거리, 관광지의 이미지, 항공사의 이미지, 광고 등이 있다.

② 학습

관광자들은 관광상품을 선택하면서 외부의 정보를 가지고 기존에 자신이 가지고 있던 신념, 태도 및 행동을 변화시키는데 이를 학습이라고 한다. 학습은 인간이 후천적으로 배우고 익혀서 장기간 굳어진 행동이며, 본능적이거나 일시적인 행동은 학습된 행동이 아니다.

학습의 연구방법에는 인지적 접근방법과 행동주의적 접근방법이 있는데, 전자는 관광자가 관광상품을 선택할 때 과거의 경험이나 외부정보를 기초로 하여 신념을 형성하거나 기존의 신념을 변화시켜 태도를 형성하게 된다는 것이고, 후자는 관광자가 관광상품에 대한 광고 및 홍보 등을 통해 좋은 이미지나 태도를 갖게 되면 관광상품 구매와 연결된다는 것이다. 따라서 관광마케터들은 관광자들에게 관광상품에 대한 정보를 제공하여 그 관광상품의 특성을 익히도록 하고 있다.

③ 태도

태도는 어떤 대상에 대해 일관성 있게 좋아하고 싫어하는 감정상태로 반응하려는 학습된 선호경향을 말한다. 관광자의 태도는 관광자의 평가이며 관광자들의 행동은 관광상품이나 브랜드의 태도에 강한 영향을 받는다. 특정 관광상품에 대한 태도가 좋은 관광자는 그 관광상품을 구매할 확률이 매우 높다.

어떤 대상에 대한 태도는 한번 형성되면 오래가고 변화하기가 쉽지 않으며 그 사람의 행동을 예측가능하게 해준다. 그러나 태도는 불변하는 것은 아니며 여러가지 요인에 의하여 변화하기도 하기 때문에 관광기업에 대해 관광객들이 부정적 태도가 형성되어 있으면 마케팅믹스를 개선하여 이것을 긍정적으로 변화시키기 위하여 많은 노력을 해야 한다.

④ 성격

성격은 자신의 삶의 환경에 개인이 어떻게 적응하는가를 보여주는 독특한 행동패턴으로, 개인이 다양한 주위환경에 대하여 비교적 일관성 있고,

지속적인 반응을 가져오는 개인의 심리적 특성이라고 할 수 있다. 이에는 사상과 정서 등이 포함되며 사교성, 자율성, 사회성, 적극성, 과시성 등 여러 가지 속성으로 설명된다.

특정한 성격특성과 특정한 관광상품을 선택하는 관광행동은 관련성이 있다. 관광객들은 성격특성별로 관광교통수단, 관광목적지, 계절별 선호도 등에 있어 차이를 보이고 있다.

⑤ 라이프스타일

라이프스타일은 행동과 의식을 연합한 생활양식이며 생활의 유형, 생활의 방법으로, 살아가는 방식을 말한다. 라이프스타일은 활동, 관심, 의견의 총체로 나타내지는데, 이는 자신의 시간을 어떻게 활용하고 있는가, 주위 환경에서 중요하게 생각하는 것은 어떠한 것들인가, 그리고 자신과 주위에 대해 어떻게 생각하고 있는가 등이며 이는 관광자의 행동과 밀접한 관련이 있기 때문에 마케팅 관리자의 입장에서 매우 중요하다.

라이프스타일은 전통적 알뜰형, 합리적 생활만족형, 진보적 유행추구형, 보수적 생활무관심형으로 분류되는데, 전통적 알뜰형은 레저나 취미생활, 쇼핑, 유행, 미용 등의 문화생활에 관심이 적고 사회생활에 있어서는 비사교적이고 혼자만의 안정을 추구하는 경향이 강한 독립형이고 보수적인 가치관을 가지고 있다. 합리적 생활만족형은 모든 면에서 적극적이고 첨단을 선호하지만 선도층은 아닌 추종자이며 가족적이고 결단성이 있는 노력형 온건보수집단으로 경제적 윤택한 생활에 관심이 많고 레저나 취미생활에 관심이 높다. 진보적 유행추구형은 전통적 가치를 거부하는 진보성향과 서구지향·예술지향 선도층으로 현실문제를 등한시하며 여가생활과 취미생활에 관심이 높다. 보수적 생활무관심형은 일상생활에 소극적·방관형이며 전통적 가치를 고수하는 보수적 성향을 띄고 관심분야는 건강이나 인간관계, 집안일이나 사회적 안정이다(채서일, 2004).

관광자들의 라이프스타일은 개인의 동기, 사전학습, 사회계층, 인구통계적 특성 등의 영향을 받으며, 관광상품을 선택하는 행동에 영향을 미친다.

⑥ 동기

동기는 인간이 행동을 하게하는 근원적인 힘 또는 강한 추진세력이라고 할 수 있는데, 인간이 행동하도록 충동시키는게 충분한 압력을 가하는 관광의 욕구가 증대하면 긴장이 일어나고 이 긴장을 해소하려는 힘이 동기이다. 따라서 관광마케터는 동기를 파악하여 대처하여야 한다.

내적요인인 관광욕구와 가치관은 외적요인인 비용, 시간, 정보와 같은 기본 조건에 부합하여 동기화 되고 관광행동으로 나타난다. 관광자들의 관광동기로 많이 언급되는 동기는 신체적·물리적·건강 동기, 문화적 동기, 사회적 동기, 지위·위신(status & prestige motivations), 휴식동기, 자아발전동기, 극복동기, 오락동기, 탈출동기, 비교동기, 신기성동기, 생존동기, 교육동기 등이 있다.

표 3-2 매슬로우의 5단계 욕구와 관광행동

욕구	동기	관광상품
자기실현욕구	자아발견, 삶의 의미 찾기, 정체성 찾기	SIT, 교육목적 투어, 배낭여행, 탐험투어
존경욕구	인정, 위신/존경, 평판, 성공, 남 따라하기	유람선여행, 해외골프여행, 일등석좌석, 귀빈전용서비스
사회적 욕구	뿌리찾기, 향수, 애정/유대관계 증진, 정체성 확인	친인척 방문, 성지순례, 가족관광, 참전용사관광
안전욕구	질서, 치안/보호, 안정	패키지관광, 호텔숙박, 여행사 이용
생리적 욕구	음식, 수면, 휴식 및 이완	식도락관광, 건강관광, 온천관광

⑦ 지식

지식이란 기억속에 저장된 정보로, 관광자 개인은 상품의 특성이나 이용에 대한 광범위한 정보를 가지고 있으며 언제, 어디서, 어떤 상품을 구입하며 어떻게 사용할 것인지를 알고 있다. 관광상품의 광고나 판매의 중요한 목표 중의 하나가 잠재관광객들에게 상품에 대한 정보나 지식을 제공하는 것이다.

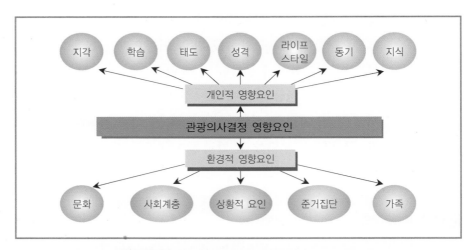

그림 3-5 관광의사결정에 영향을 미치는 요인들

2) 관광의사결정과정의 단계

관광자가 관광상품을 구매할 때 나타나는 5단계의 의사결정과정은 문제인식, 정보탐색, 대안의 평가, 의사결정, 구매 후 행동으로 분류된다.

의사결정과정은 잠재관광객이 문제나 욕구를 인식함으로써 시작되는데, 이러한 욕구는 내·외적 자극에 의해서 발생하며, 욕구가 발생된 잠재관광객들은 더 많은 정보를 탐색할 수도 있고 탐색하지 않을 수도 있다. 관광자의 정보원천은 개인적 원천(가족, 친구, 이웃, 친지), 상업적 원천(광고,

판매원, 포장 등), 공공적 원천(대중매체, 정부기관 등), 경험적 원천(조사, 사용)으로 나눌 수 있는데, 이 중 상업적 원천으로부터 대부분의 정보를 받지만 가장 효율적인 노출은 개인적 원천이다.

정보탐색 후 잠재관광객이 최종선택을 하기 위해서는 선택에 대한 정보를 처리하는 과정인 대안선택과정을 거쳐 의사결정을 하는데, 의사결정평가단계에서 잠재관광객은 대안상품 중에서 가장 선호하는 것을 결정하고 구매하게 된다. 그리고 관광상품을 구매한 뒤 관광객은 만족과 불만족을 경험한다.

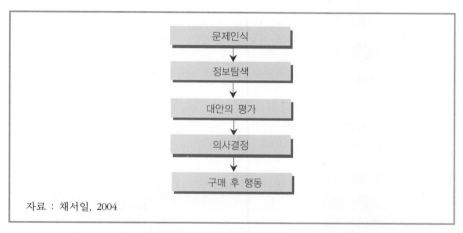

자료 : 채서일, 2004

그림 3-6 관광의사결정과정 단계

2. 관광행동

관광은 정적인 활동에서 동적인 활동에 중심을 둔 형태로 변화하고 있으며, 환경 및 건강에 중점을 둔 형태로 변화하고 있다. 이에 따라 관광자가 관광목적지에서 유명 관광지를 방문하여 관람을 위주로 하는 활동보다는 방문지에서 참여하고, 배우고, 체험하는 형태의 관광이 증가하고 있다.

개인소득과 여가시간의 증가로 인해 국제관광시장은 과거와는 다른 변화된 모습을 보여주고 있으며, 맞벌이 부부, 자식을 갖지 않은 부부, 독신층의 증가와 사회활동 연령의 확대 등의 변화에 따라 관광자의 유형과 욕구가 다양하게 변화하고 있다.

이와 같은 사회적 변화는 일반대중이 좀 더 많은 여행을 할 수 있는 환경을 조성하고, 늘 같은 형태의 관광활동이 아닌 새롭고 적극적인 활동을 모색하게 한다. 여기에 개인이 관심을 갖는 분야에 대한 활동욕구가 예술·문화·환경·자연·과학·스포츠 등과 관련된 관광활동을 증가시키고, 관광사업체는 이러한 관광자의 욕구를 충족시키기 위하여 체험형·활동형의 관광상품과 프로그램을 제공함으로써 특수목적관광(SIT: Special Interest Tourism)을 증가시키는 요인이 되는 것이다.

〈표 3-3〉은 관광자 성향, 관광동기, 태도, 관심에 따라 과거와 현재 및 미래의 관광자 유형의 특성을 구체적으로 보여주고 있다.

표 3-3 관광자 행동변화

과거의 관광자	현재 및 미래의 관광자
동질성, 신기함 추구	이질성 추구
정적 활동	동적 활동
소극적, 수동적, 조심성	적극적, 능동적, 모험적
소유·물질적(having)	존재·정신(being)
우월감(superiority)	이해·공존(understanding)
관광한 곳을 자랑하고 싶어함	여행자체를 즐김
일반관광	특수목적관광
패키지관광	개인관광

자료 : 저자정리

관광학개론

An Introduction To Tourism

Chapter 04
관광자원

Chapter 04
—
관광자원

Ⅰ. 관광지와 관광대상

    관광진흥법에서 관광지는 "자연적 또는 문화적 관광자원을 갖추고 관광객을 위한 기본적인 편의시설을 설치하는 지역"으로 규정하고 있는데, 이에 따라 관광지를 정의하면 "인간이 일상생활권을 떠나 다시 돌아올 것을 전제로 교육 및 휴양 등을 위하여 떠나는 곳으로, 관광자원과 관광시설을 갖춘 곳"으로 정의할 수 있다.

    관광대상은 관광욕구의 대상이 되고 관광행동을 만족시키는 가치를 지닌 유형, 무형의 모든 대상으로, 관광자원과 관광시설로 구성되며, 관광욕구를 충족시키고 관광객을 유인하는 관광행동의 대상물 전체를 가리킨다.

표 4-1 법률에 의한 관광지의 구분

법 률	구 분	
관광진흥법	(지정)관광지	자연 및 문화관광자원을 갖추고 있어 관광 및 휴양에 적합한 지역
	관광단지	관광산업 진흥을 촉진하기 위해 관광자원과 시설들을 중점적으로 개발하는 관광거점지역
	관광특구	자유로운 활동을 보장하여 외래관광객 유치를 촉진하고 관광진흥거점지역으로 육성하는 지역

관광대상은 소재로서의 관광자원과 자원의 가치를 부가하는 관광시설로 구성되는데, 관광자원만으로는 관광대상으로서의 매력성을 갖지 못하며 교통 및 숙박시설, 음식시설 등과 결합되었을 때 관광대상으로서의 가치가 있으며 관광객들의 방문이 증가하고 관광지로 인정받을 것이다. 관광목적이 다양화됨에 따라 관광시설의 역할이 증대되고 있다.

1. 지정관광지

지정관광지란 관광자원을 갖추고 관광시설과 편익시설을 갖춘 지역으로 관광진흥법에 의해 지정된 곳이라고 할 수 있다. 따라서 자연적 관광자원, 문화적 관광자원, 사회적 관광자원, 위락적 관광자원 등을 갖추고 있는 지역에 편의시설, 숙박·상가시설 및 운동·오락시설, 휴양·문화시설 등의 시설을 유치·개발하는 지역을 지정관광지라고 할 수 있다.

관광진흥법에 의해 지정된 관광지 현황은 〈표 4-2〉와 같다.

2. 관광단지

관광단지란 관광산업의 진흥을 촉진하고 국내·외 관광객의 다양한 관광 및 휴양을 위하여 각종 관광자원과 관광시설을 종합적으로 개발하는 관광거점지역(tourism operation base)을 말한다.

관광진흥법에 의하여 지정된 관광단지는 보문(1979.07),중문(1971.05), 해남오시아노(1992.10), 화양(2003.10), 감포(1993.12), 원주오크밸리(1995.03), 김천온천(1996.03), 휘닉스파크(1998.10), 평창용평(2001.02), 안동문화(2003.12), 동부산(2005.03), 알펜시아(2005.09), 광주어등산(2006.01), 성산해양관광단지(2006.01), 송도(2008.03), 홍천비발디파크(2008.11), 신화역사공

표 4-2 관광지 지정현황

시·도	지정개소	관 광 지 명
부산	5(1)	태종대, 황령산, 해운대, **용호씨사이드**, 기장도예촌
인천	2	서포리, 마니산
경기	13	대성, 용문산, 소요산, 신륵사, 산장, 한탄강, 산정호수, 공릉, 수동, 장흥, 백운계곡, 임진각, 내리
강원	40	춘천호반, 고씨동굴, 무릉계곡, 망상해수욕장, 화암약수, 고석정, 송지호, 장호해수욕장, 팔봉산, 삼포·문암, 옥계, 맹방해수욕장, 구곡폭포, 속초해수욕장, 주문진해수욕장, 삼척해수욕장, 간현, 연곡해수욕장, 청평사, 초당, 화진포, 오색, 광덕계곡, 홍천온천, 후곡약수, 석현, 등명, 방동약수, 용대, 영월온천, 어답산, 구문소, 직탕, 아우라지, 유현문화, 동해 추암, 영월 마차탄광촌, 평창 미탄마하 생태, 속초 척산온천, 인제 오토테마파크
충북	22	천동, 다리안, 송호, 무극, 장계, 칠금, 충온온천, 능암온천, 교리, 온달, 수옥정, 능강, 금월봉, 속리산레저, 계산, 괴강, 제천온천, KBS제천촬영장, 만남의광장, 충주호체험, 구병산, 늘머니과일랜드
충남	26	대천해수욕장, 구드래, 신정호, 삽교호, 태조산, 예당, 무창포, 덕산온천, 곰나루, 용연저수지, 죽도, 안면도, 아산온천, 마곡온천, 금강하구둑, 마곡사, 칠갑산도림온천, 천안종합휴양, 공주문화, 춘장대해수욕장, 간월도, 난지도, 왜목마을, 남당, 서동요역사, 만리포
전북	21	남원, 은파, 사선대, 방화동, 금마, 운일암·반일암, 석정온천, 금강호, 위도, 마이산회봉, 모악산, 내장산리조트, 김제온천, 웅포, 모항, 왕궁보석테마, 백제가요정읍사, 미륵사지, 오수의견, 벽골제, 변산해수욕장
전남	28(1)	나주호, 담양호, 장성호, 영산호, 화순온천, 우수영, 땅끝, 성기동, 회동, 녹진, 지리산온천, 도곡온천, 도림사, 대광해수욕장, 율포해수욕장, 대구도요지, 불갑사, 한국차소리문화공원, 마한문화공원, 회산연꽃방죽, 홍길동테마파크, 아리랑마을, 정남진 우산도–장재도, 신지명사십리, 해신 장보고, 운주사, **영암 바둑테마파크**, 사포
경북	32	백암온천, 성류굴, 경산온천, 오전약수, 가산산성, 경천대, 문장대온천, 울릉도, 장사해수욕장, 고래불, 청도온천, 치산, 용암온천, 탑산온천, 문경온천, 순흥, 호미곶, 풍기온천, 선바위, 상리, 하회, 다덕약수, 포리, 청송 주왕산, 대가야 역사테마관광지, 영주 부석사, 청도 신화랑, 울릉 개척사, 고령부례, 회상나루,문수
경남	22(2)	부곡온천, 도남, 당항포, 표충사, 미숭산, 마금산온천, 수승대, 오목내, 합천호, 합천보조댐, 중산, 금서, 가조, 농월정, 송정, 벽계, 장목, 실안, 산청전통한방휴양, **하동 묵계(청학동)**, **사천 비토**, 거가대교
제주	15	돈내코, 용머리, 김녕해수욕장, 함덕해안, 협재해안, 제주남원, 봉개휴양림, 토산, 묘산봉, 미천굴, 수망, 표선, 금악여성테마파크, 제주돌문화공원, 곽지
합계	226(4)	※ 진한글씨는 조성계획 미수립관광지

자료 : 문화체육관광부, 2016. 3월 기준

원(2006.12), 팜파스종합휴양(2009.01), 무릉도원(2009.09), 평택호(2009.10), 강동(2009.11), 마우나오션(2009.12), 여수경도해양(2009.12), 제주헬스케어타운(2010.01), 신영(2010.02) 등이 지정되어 있다.

관광지와 관광단지의 지정신청 구분기준을 보면, 관광단지는 공공편익시설(화장실, 주차장, 전기 및 통신시설, 상하수도 시설 또는 관광안내소)을 갖추고 관광호텔, 수상관광호텔, 한국전통호텔 또는 휴양콘도미니엄 등의 숙박시설 중 1종 이상의 필요한 시설을 갖춘 지역으로서 총 면적이 50만 제곱미터 이상인 지역을 말하며 관광지는 공공편익시설(화장실, 주차장, 전기 및 통신시설, 상하수도 시설 또는 관광안내소)을 갖춘 지역을 말한다.

3. 관광특구

관광진흥법 제2조에서 관광특구는 "외국인 관광객의 유치 촉진 등을 위하여 관광활동과 관련된 관계법령이 배제되거나 완화되고 관광활동과 관련된 서비스 및 안내체계, 홍보 등 관광여건을 집중적으로 조성할 필요가 있는 지역"으로 정의하고 있다.

관광단지와의 차이점을 살펴보면 관광단지는 해당 지역의 관광을 활성화하기 위해 관광 인프라 개발을 추진하는 것이고, 관광특구는 해당지역의 각종 법령 적용의 완화를 통하여 관광활동을 활성화하는 것이다.

2005년 관광진흥법 개정을 통해 관광특구지역 안의 문화·체육시설, 숙박시설 등 관광객 유치를 위해 필요하다고 문화체육관광부장관이 인정하는 시설에 대하여 관광진흥개발기금의 보조 또는 융자가 가능하도록 적극 지원하고 있다.

표 4-3 관광단지 현황

연번	단지명	위 치	규모 km²	개발주체	비고 (지정/조성계획)
1	보 문	경북 경주시 신평동, 천군동 일원	8.515	경북관광개발공사	'75. 4/'73. 5
2	중 문	제주 서귀포시 중문동, 색달동 일원	3.562	한국관광공사	'71. 5/'78. 6
3	해남 오시아노	전남 해남군 화원면 주광리, 화봉리 일원	5.073	한국관광공사	'92. 9/'94. 6
4	감 포	경북 경주시 감포읍, 대본리, 나정리 일원	4.019	경북관광개발공사	'93.12/'97. 3
5	강 동	울산 북구 산하동, 무룡동, 정자동 일원	1.356	미정	'09.11/수립예정
6	안동문화	경북 안동시 성곡동 일원	1.662	경북관광개발공사	'03.12/'05. 4
7	동 부 산	부산 광역시 기장군 기장읍 시랑리 일원	3.663	부산도시공사	'05. 3/'06. 4
8	알펜시아	강원 평창군 도암면 수하리, 용산리 일원	4.930	강원개발공사	'05. 9/'06. 4
9	광주 어등산	광주 광산구 운수동 어등산 일원	2.732	광주도시공사	'06. 1/'07. 4
10	신화역사공원	제주 서귀포시 안덕면 서광리 일원	4.000	제주국제자유도시개발센터	'06.12/'06.12
11	여수경도 해양	전남 여수시 경호동 대경도 일원	2.165	전남개발공사	'09.12/'09.12
12	제주헬스케어타운	제주 서귀포시 동흥동 2032일원	1.539	제주국제자유도시개발센터	'09.12/'09.12
13	창원 구산해양	경남 창원시 마산합포구 구산면 구복·심리 일원	3.008	창원시	'11. 4/수립예정
14	송 도	인천 연수수 동춘동, 옥련동, 학익동 일원	0.097	인천도시공사	'08. 3/'11.10
15	여수 화양	전남 여수시 화양면 장수리, 화동리, 안포리	9.989	일상해양산업주	'03.10/'06. 5
16	원주 오크밸리	강원 원주시 지정면, 월송리 일원	11.288	한솔개발주식회사	'95. 3/'96. 1
17	김천 온천	경북 김천시 부항면 파천리 일원	1.424	주식회사우촌개발	'96. 3/'97.12
18	휘닉스파크	강원 평창군 봉평면 면온리, 무이리, 진조리 일원	4.228	㈜보광	'98.10/'09. 3
19	평창 용평	강원 평창군 도암면 용산리, 수하리 일원	16.367	㈜용평리조트	'01. 2/'04. 3
20	웰리 힐리파크	강원 횡성군 둔내면 두원리, 우용리, 조항리 일원	4.842	신안종합리조트㈜	'09. 6/'12. 7
21	홍천비발디파크	강원 홍천군 서면 팔봉리, 대곡리 일원	7.053	㈜대명레저산업	'08.11/'11. 1

연번	단지명	위 치	규모 km²	개발주체	비고 (지정/조성계획)
22	팡파스종합휴양	제주 서귀포시 표선면 3196-2번지 일원	3.001	남영산업㈜	'08.12/'08.12
23	고흥 우주해양	전남 고흥군 영남면 남열리 일원	1.158	㈜태인개발	'09. 5/'09. 5
24	무릉도원	강원 춘천시 동산면 조양리, 홍천군 북방면 전치곡리 일원	4.985	㈜에이엠엘앤디	'09. 9/'09. 9
25	마우나오션	경북 경주시 양남면 신대리 일원	6.419	마우나오션개발㈜	'09.12/'09.12
26	신 영	강원 춘천시 동산면 군자리 산224번지	1.786	신영종합개발(주)	'10. 2/'10.5
27	설악 한화리조트	강원 속초시 장사동 11번지 외 101필지	1.314	㈜한화호텔앤드리조트	'10. 8/'10. 8
28	골드힐카운티 리조트	충남 천안시 서북구 입장면 기로리 일원	1.704	㈜골드힐	'11.12/'13. 6
29	성산포해양관광단지	제주 서귀포시 성산읍 고성리 127-2번지 일원	0.654	㈜보광제주,㈜제주해양과학관	'91. 6/'06. 1
30	예래휴양형 주거단지	제주 서귀포시 상예동 633-3번지 일원	0.744	㈜버자야제주리조트	'05.10/'07.12
31	고성 델피노 골프앤리조트	강원 고성 토성면 원암리 403-1번지 외 54필지	0.898	㈜대명레저산업	'12. 4/'12. 6
32	한원 춘천	강원 춘천 신동면 혈동리 산195번지 일원	0.743	㈜한원, ㈜한원개발	'12. 6/'12. 6
33	강화종합리조트	인천 강화군 길상면 선두리 산281-1번지 일원	0.645	㈜오션빌	'12. 7/'12. 7
34	평 택 호	경기 평택시 현덕면 권관리,기산리,대안리,신왕리 일원	2.743	미정	'09.10/수립예정
35	록인제주 체류형 복합관광단지	제주 서귀포시 표선면 가시리 622번지 일원	0.523	㈜록인제주	'13. 12/13.12
36	백제문화	충남 부여군 규양면 합정리	3,026	㈜호텔롯데	'15,1
37	원주 더 네이처	강원 원주시 문막읍 금촌리	1,444	㈜경인개발	'15,1
38	양양국제공항	강원 양양군 손양면 동호리	2,118	㈜새서울레저	'15,12
39	횡성 드림 마운틴	강원 횡성군 서원면 석화리	2,006	㈜케이앤드씨	'16,3

자료 : 문화체육관광부, 2016. 3월 기준

관광특구 지정 신청의 요건은 다음과 같다.

첫째, 지정하고자 하는 지역 안에 문화체육관광부령에 정하는 관광안내시설, 공공편익시설, 숙박시설, 휴양·오락시설, 접객시설, 상가시설 등이 분포되어 있어 외국인 관광객의 다양한 관광수요를 충족시킬 수 있는 지역이어야 한다.

둘째, 문화체육관광부장관이 고시하는 통계전문기관의 조사결과 당해지역의 최근 1년간 외국인 관광객이 10만 명(서울특별시의 경우 50만명) 이상이어야 한다.

셋째, 대상지역 내에 임야, 농지, 공업용지, 택지 등 관광활동과 직접 관련성이 없는 토지가 차지하는 비율이 특구 전체 면적의 10%를 초과하지 않아야 한다.

관광특구는 2015년 1월을 기준으로 전국의 13개 시·도에 있는데, 명동·남대문·북창, 이태원, 동대문 패션타운, 종로·청계, 잠실, 강남, 해운대, 용두산자갈치, 월미, 유성, 동두천, 평택시 송탄, 설악, 대관령, 수안보온천, 속리산, 단양, 아산시온천, 보령해수욕장, 무주구천동, 정읍내장산, 구례, 목포, 경주시, 백암온천, 문경, 부곡온천, 미륵도, 제주도 등이다.

표 4-4 관광특구 지정 현황

시·도	특구명	지정지역	면적(km²)	지정일
서울(6)	명동·남대문·북창	중구 소공동·회현동·명동 일원	0.87	2000.03.30
	이태원	용산구 이태원동·한남동 일원	0.38	1997.09.25
	동대문 패션타운	중구 광희동·을지로5~7가·신당1동 일원	0.58	2002.05.23
	종로·청계	종로구 종로1가~6가·서린동·관철동·관수동·예지동 일원, 창신동 일부 지역(광화문 빌딩~숭인동 4거리)	0.54	2006.03.22
	잠실	송파구 잠실동·신천동·석촌동·송파동·방이동	2.31	2012.03.15
	강남 마이스	강남구 삼성동 무역센터 일대	0.19	2014.12.18

시·도	특구명	지정지역	면적(㎢)	지정일
부산(2)	해운대	해운대구 우동·중동·송정동·재송동 일원	6.22	1994.08.31
	용두산·자갈치	중구 부평동·광복동·남포동 전지역, 중앙동·동광동·대청동·보수동 일부지역	1.08	2008.05.14
인천(1)	월미	중구 신포동·연안동·신흥동·북성동·동인천동 일원	3.00	2001.06.26
대전(1)	유성	유성구 봉명동·구암동·장대동·궁동·어은동·도룡동	5.86	1994.08.31
경기(4)	동두천	동두천시 중앙동·보산동·소요동 일원	0.39	1997.01.18
	평택시 송탄	평택시 서정동·신장1·2동·지산동·송북동 일원	0.49	1997.05.30
	고양	고양시 일산 서구·동구 일부 지역	3.94	2015.08.06
	수원화성	수원시 팔달구·장안구 일대	1.83	2016.01.15
강원(2)	설악	속초시·고성군 및 양양군 일부 지역	138.10	1994.08.31
	대관령	강릉시·동해시·평창군·횡성군 일원	428.26	1997.01.18
충북(3)	수안보온천	충주시 수안보면 온천리·안보리 일원	9.22	1997.01.18
	속리산	보은군 내속리면 사내리·상판리·중판리·갈목리 일원	43.75	1997.01.18
	단양	단양군 단양읍·매포읍 일원(2개읍 5개리)	4.45	2005.12.30
충남(2)	아산시온천	아산시 음봉면 신수리 일원	3.71	1997.01.18
	보령해수욕장	보령시 신흑동, 웅천읍 독산관당리, 남포면 월전리 일원	2.52	1997.01.18
전북(2)	무주 구천동	무주군 설천면·무풍면	7.61	1997.01.18
	정읍 내장산	정읍시 내장지구·용산지구	3.50	1997.01.18
전남(2)	구례	구례군 토지면·마산면·광의면·신동면 일부	78.02	1997.01.18
	목포	북항·유달산·원도심·삼학도·갓바위·평화광장 일원 (목포해안선 주변 6개 권역)	6.89	2007.09.28
경북(3)	경주시	경주 시내지구·보문지구·불국지구	32.65	1994.08.31
	백암온천	울진군 온정면 소태리 일원	1.74	1997.01.18
	문경	문경시 문경읍·가은읍·마성면·농암면 일원	1.85	2010.01.18
경남(2)	부곡온천	창녕군 부곡면 거문리·사창리 일원	4.82	1997.01.18
	미륵도	통영시 미수1·2동·봉평동·도남동·산양읍 일원	32.90	1997.01.18
제주(1)	제주도	제주도 전역(부속도서 제외)	1,809.56	1994.08.31
13개 시·도 31개소		–	2,636.47	

자료 : 문화체육관광부, 2016. 3월 현재

　자원은 정해진 기술과 사회적·경제적 조건 아래 인간이 유용하게 이용할 수 있는 자원과 환경·생태 시스템을 포함한다고 정의한다(Howe, 1979). 이러한 자원의 어원은 라틴어의 종교용어인 re-surgere에서 비롯되어 오늘날 영어의 resource가 되었다. 자원(resource)이란 한 가지 생성물을 생성하는 재료로서 그 이전에 창조된 사물을 가리켰는데, 20세기에 들어와서부터는 자산을 만드는 재료와 사물로서 자연과 노동력이라고 부르는 경향이 짙어졌다(石化田洋 외 1979: 55).

　따라서 자원(Resource)은 자연이 부여한 것으로 경제성을 지니고 있으면서 인간의 욕구를 충족시켜 주는 것으로서 생산적 활동에 이용되는 모든 것을 의미한다.

　관광자원은 관광시설과 함께 관광대상으로서, 관광자의 욕구를 일으키고 충족시켜 주는 목적물이다. 관광자원은 다양한 관광자의 욕구와 요구조건을 충족시킬 기회를 제공함으로써 관광활동을 촉진시키고 관광산업의 파급효과를 창출하는데 수반되는 유형·무형의 요인 및 요소의 총체를 말한다.

　쯔다노보루(津田昇)는 "관광자원이란 관광의 주체인 관광객이 그 관광동기 내지 관광의욕의 목적물로 삼는 관광대상이다."라고 했고, 김진섭은 "관광의 주체인 관광객으로 하여금 관광동기나 관광행동을 일으키게 하는 목적물인 관광대상이다"라고 했으며, 이장춘은 "관광자원이란 인간의 관광동기를 충족시켜줄 수 있는 생태계내의 유·무형의 모든 자원으로 보존, 보호하지 않으면 가치를 상실하거나 감소할 성질을 내포하고 있는 자원이다"라고 하였다. 따라서 관광자원은 관광객으로 하여금 관광행동을 일으키게 하는 것이기 때문에 관광객에 대하여 매력성과 유인성을 가진 것이라야 한다.

　관광자원은 관광객으로 하여금 관광동기나 관광행위를 유발하는 대상으로서의 자원이며, 범위는 관광의 다양화로 인해 무한정하다.

▲ 스위스의 산악관광자원(좌)과 내수면 관광자원(우)

따라서 관광자원의 특성을 정리하면 다음과 같다.

- 관광객의 욕구나 동기를 유발하는 매력성을 지니고 있다.
- 관광객을 끌어들이는 유인성을 지니고 있다.
- 개발을 통해서 관광대상이 된다.
- 자연과 인간의 상호작용의 결과이다.
- 범위와 대상이 무한정하다.
- 사회구조와 시대에 따라 가치를 달리한다.
- 보전, 보존, 보호를 필요로 한다.

관광자원은 관광대상의 소재가 되고 관광시설은 관광자원을 관광대상화하는 가치를 부여함으로써 그 자체가 유인력을 갖는다. 관광목적이 다양화되고 위락 및 스포츠 등이 증가하는 현대관광에서는 관광대상에 속하는 관광시설의 역할이 크게 강조되는 경향을 보인다.

관광시설은 관광지에 인위적·의도적으로 설치되는 접객상 필요한 시설을 통틀어서 일컫는 것으로, 이에는 숙박시설, 음식시설, 물품판매시설, 레크리에이션 시설, 문화 및 교육시설, 관광안내시설, 공공서비스시설 등이 포함된다.

▲ 모나코의 전경

또한 관광대상은 정보기능과 이동수단이라는 매개기능을 경유하여 관광지와 결합하게 된다. 잘 알려진 관광자원이라 할지라도 목적지에서 숙박시설의 예약이 되지 않고 교통편이 확보되지 않으면 관광행동으로 이행되기 어렵다.

관광자원은 관광수요의 증가로 인해 한층 가치가 향상되고 있다. 여가시간의 증대와 도시화 진행에 의한 생활환경의 악화, 반복적이고 기계적인 일상생활에 의한 긴장감의 증가 등은 관광수요의 증가원인이 되고 이는 관광대상인 관광자원의 가치를 높이고 있다.

관광자원은 일반자원과 마찬가지로 욕구충족의 극대화와 보존의 의미가 동시에 담겨있기 때문에 개념 파악에 있어 경제성장과 사회변화에 따른 자원문제를 먼저 검토할 필요가 있다.

Ⅲ. 관광자원의 분류

관광자원은 기본적으로 자연관광자원(유형·무형), 인문관광자원으로 구분할 수 있으며, 여기에 관광욕구를 충족시키기 위한 관광시설이 포함되어야 관광지로서의 역할을 할 수 있다. 그 위에 인간이 하는 서비스가 있어야 비로소 시설로서의 기능도 발휘할 수 있다는 점에서 관광대상에는 직·간접으로 인적요소가 포함되어 있다고 볼 수 있다.

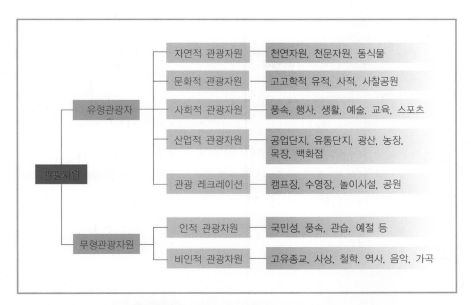

그림 4-1 한국관광공사의 관광자원 분류

관광자원을 합리적으로 이용·관리·보호하기 위해서 그 구성요소별로 구조화할 필요가 있다. 그런데 관광자원을 인식하거나 분류하는데 있어 기준은 국가나 지역마다 다종다양하여 분류방법도 학자나 연구기관 등에 따라 여러가지가 존재하는데, 그 중 자연적 자원과 그에 상대적인 대응관계에 놓여져 있는 인간이 만들어 낸 자원인 문화적, 사회적, 산업적, 위락적 등의 인문적 자원으로 나눠 설명하고자 한다. 자연적 자원은 자연상태의 소산으로 천연적인 것이고, 인문적 자원은 인간의 문화적 소산으로 매력성과 자력성을 지닌 인간이 창조해낸 자원이라 할 수 있다.

한국관광공사는 1983년에 관광자원의 유형을 크게 유형관광자원과 무형관광자원으로 구분하였다. 유형관광자원은 다시 자연적 관광자원, 문화적 관광자원, 사회적 관광자원, 산업적 관광자원, 관광레크레이션 자원으로 세분하고, 무형관광자원은 인적 관광자원과 비인적 관광자원으로 세분하고 있다. 그런데 이 분류는 관광자원을 유형관광자원과 무형관광자원으로 나누어 무형관광자원을 상대적으로 강조하려는 시도라고 볼 수 있으나, 무형관광자원은 대부분이 사회적 관광자원과 문화적 관광자원의 범주에 속하는 한계성을 지니고 있다.

津田昇(쯔다노보루)는 자연적 관광자원, 문화적 관광자원, 사회적 관광자원, 산업적 관광자원으로 나누었는데, 한국관광공사에서는 이 쯔다노보루의 방식에 기초하여 우리나라의 관광자원을 자연적 관광자원, 문화적 관광자원, 사회적 관광자원, 산업적 관광자원에 레크레이션 관광자원만 첨가한 것이다.

표 4-5 쯔다노보루의 관광자원 분류

자연적 관광자원	가. 기후 풍토 – 계절에 따른 기후 풍토 나. 풍경 – 산악, 고원, 평원, 산림, 목장, 도서, 하천, 호소, 계곡 다. 온천 – 각종 온천 라. 천연자원 – 안개, 눈 마. 동식물 – 식물, 조류, 물고기 바. 도시공원 – 도시미
문화적 관광자원	가. 유형문화재 – 건조물, 회화, 조각, 공예품, 서적, 고문서 나. 무형문화재 – 연극, 음악, 공예기술 다. 민속자료 – 의식주, 생업, 신앙, 연중행사, 의복, 기구, 가구 라. 기념물 – 패총, 고분, 유적, 명승지, 동식물, 지질
사회적 관광자원	가. 인정, 풍속, 행사 – 풍속, 전설, 신화, 전기 나. 국민성, 민족성 – 이종문화의 동화과정 다. 생활, 음식 – 고유생활, 각종 음식 라. 예술, 예도, 예능, 스포츠 –고전 및 근대적 예술 및 스포츠 마. 교육문화시설 – 대학, 의사당, 도서관, 문화연구소, 건조물, 고속도로, 고아원, 탁아소, 양로원, 공회당
산업적 관광자원	가. 공장시설 – 공장의 기계설비, 제조공정, 기술연구소, 후생시설 나. 농장 및 목장 – 과수원, 목장시설 다. 사회공공시설 – 항만, 댐, 운하, 고속도로, 교통시설 라. 견본시, 박람회, 전람회, 전시회

자파리(Jafari, 1974)는 관광자원에 대하여 바구니 개념을 적용했는데, 바구니에는 내용물과 그 바구니 자체가 있음을 전제하며, 내용물은 바구니에 담긴 제품, 즉 관광시설과 교통을 제시하고 있다. 그리고 바구니 자체는 관광목적지의 유인대상(Attraction)인 관광배경요소(Background Tourism Elements : BTEs)라 하고 그 배경요소를 세 가지로 나누었다.

첫째, 자연적 관광배경요소는 수자원, 기후조건, 숲, 산과 그 밖의 자연자원과 풍경자원을 총칭하여 말하는 모든 자연적 자원이다.

둘째, 사회·문화적 관광배경요소는 모든 사회·문화적 환경 또는 활동을 포함한다. 지역의 독특한 축제와 행사, 특정지역의 역사·종교·정치·예술 등을 예로 들 수 있다.

셋째, 인공적 관광배경요소는 역사적 건물, 기념물, 종교사원, 그리고 전통적 또는 현대적 건축물을 들 수 있다.

보통 이 세 가지의 관광배경요소는 자연적, 인공적, 사회·문화적자원에 있어서 매력 있는 관광지를 개발하기 위하여 서로 혼합되는 것이 일반적인 현실이다.

피어스(Pearce, 1982)는 관광자원은 관광객을 방문하게끔 끌어들이는 것이라 하여 관광자원을 자연자원과 인공자원, 인문자원으로 나누고 있다.

이상의 학자와 기관들의 관광자원의 분류를 참고하여 정리하면 〈표 4-6〉과 같다.

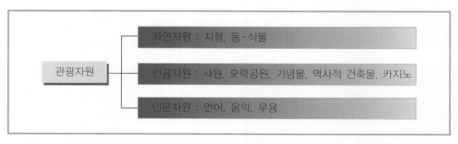

그림 4-2 피어스의 관광자원 유형

표 4-6 관광자원의 분류

분 류	내 용
자연적 관광자원	산악관광자원, 내수면관광자원, 온천관광자원, 동굴관광자원, 해안관광자원
문화적 관광자원	유형문화재, 무형문화재, 기념물, 중요민속문화재 등
사회적 관광자원	도시관광, 교육·문화·사회시설, 문화행사, 축제, 풍속 향토특산물과 향토음식, 민속마을, 생활양식 등
산업적 관광자원	공업관광(공장시설 및 기술 등), 상업관광(전시회, 백화점 등), 농업관광(농장, 목 장 등)
위락적 관광자원	테마파크, 카지노, 리조트, 스포츠시설 등

자료 : 김정옥(2007) 참고하여 정리

1. 자연적 관광자원

자연적 관광자원(Natural Tourism Resources)은 자연환경을 대상으로 하며, 여러 관광자원 가운데 가장 원천적인 것이라 할 수 있다.

지구상에는 기후조건에 따라 열대로부터 건조대, 온대, 냉대, 한대지방이 있고, 지형적으로는 산악에서 고원, 평지, 하천, 계곡, 폭포가 있으며, 지질구조상으로는 침식의 연대에 따라 빙하가 있고, 화산지형 등이 존재한다. 또 해양에는 섬이 있으며, 지상에는 각종 수목과 동식물이 서식하고 있고, 해양과 하천에는 많은 어류들이 살고 있다.

자연환경의 상태에 따라 지역차가 이루어지고 이러한 현상이 관광욕구를 충족시켜줄 수 있는 관광대상으로서 자연적 관광자원이 되고 자연적 관광자원의 가치는 도로와 교통

▲ 나이아가라 폭포

수단 등의 개발조건과 결합되어 관광자원으로 가치를 발휘하게 된다.

관광자원 가운데 가장 원천적인 것이 자연적 관광자원이며, 이에는 산악, 하천·호소, 해안, 도서, 계곡, 목장, 야원, 고원, 폭포, 온천, 동굴, 화산, 암석 등이 속한다.

표 4-7 법률에 의한 자연관광자원의 구분

법 률		구 분
자연 공원법	국립공원	우리나라를 대표할 만한 자연생태계 보유지역 또는 수려한 자연관광지
	도립공원	특별시, 광역시 및 도를 대표할 만한 자연경관지
	군립공원	시 및 군을 대표할 만한 자연경관지
도시 공원법	도시공원	도시계획구역 안의 자연풍경 보호, 시민의 보건·휴식 및 정서생활 향상에 기여하는 지역
산림법	자연휴양림	정상적 산림경영을 하면서 휴양수요를 충족하고 소득증대에 기여하기 위해 휴양시설을 조성한 사람
온천법	온천지구	온천지역을 중심으로 공공 이용증진과 온천이용시설 및 환경정비를 위해 지정된 지구
문화재 보호법	동굴관광지	신비로운 동굴경관을 천연기념물과 지방기념물로 지정하여 보호·관리하는 곳

1) 산악관광자원

산악관광자원의 이용목적 등산, 하이킹, 캠프, 스키, 피서, 보건, 휴양, 경관, 전망이고, 시설로는 호텔, 별장, 스키장, 캠프장, 온천장 등이 있다.

우리나라의 공원은 1980년 공원법이 자연공원법과 도시공원법으로 분리·제정되면서 자연공원(自然公園)과 도시공원(都市公園)으로 확립되었다. 자연공원은 자연생태계와 수려한 자연경관, 문화유적 등을 보호하고 적정하게 이용할 수 있도록 하여 국민의 여가와 휴양 및 정서생활의 향상을 기하기 위한 목적으로 조성된 관광지이다. 그 지정과 관리 주체에 따라 국립공원, 도립공원, 군립공원으로 구분하고 대상지역을 4개 용도지구별로 관리하고 있다. 이들은 대표적 산악관광자원이라고 할 수 있다.

▲ 미국의 그랜드 캐년

(1) 국립공원

국립공원은 우리나라의 자연생태계나 자연 및 문화경관을 대표할 만한 지역으로서 자연공원법의 규정에 의하여 환경부장관이 지정·관리한다. 세계 최초의 국립공원은 1872년 지정된 미국 옐로우스톤(Yellowstone) 국립공원이며, 우리나라 최초의 국립공원은 1967년에 지리산을 시작으로, 1968년에 경주 등 3개 공원, 1970년에 설악산, 속리산, 한라산의 3개 공원, 이밖에 1971~78년까지 내장산 등 6개 공원, 1980~88년까지 다도해 해상 등 7개 공원을 지정하는 등 22개의 국립공원을 지정하였으며 그 현황은 〈표 4-7〉과 같다.

우리나라 국립공원은 산악형(지리산, 설악산, 치악산, 한라산, 오대산, 속리산, 가야산, 계룡산, 내장산, 덕유산, 주왕산, 북한산, 월악산, 소백산, 월출산, 변산반도, 무등산, 태백산), 해상·해안형(한려해상, 태안해안, 다도해해상) 및 사적형(경주)으로 분류할 수 있다.

표 4-8 국립공원 지정현황

지정순위	공원명	위 치	공원구역		비 고
			지정년월일	면적(㎢)	
1	지리산	전남·북, 경남	'67.12.29	483.022	
2	경주	경북	'68.12.31	136.550	
3	계룡산	충남, 대전	'68.12.31	65.335	
4	한려해상	전남, 경남	'68.12.31	535.676	해상 408.488
5	설악산	강원	'70. 3.24	398.237	
6	속리산	충북, 경북	'70. 3.24	274.766	
7	한라산	제주	'70. 3.24	153.332	
8	내장산	전남·북	'71.11.17	80.708	
9	가야산	경남·북	'72.10.13	76.256	
10	덕유산	전북, 경남	'75. 2. 1	229.430	
11	오대산	강원	'75. 2. 1	326.348	
12	주왕산	경북	'76. 3.30	105.595	
13	태안해안	충남	'78.10.20	377.019	해상 352.796
14	다도해상	전남	'81.12.23	2,266.221	해상 1,975.198
15	북한산	서울, 경기	'83. 4. 2	76.922	
16	치악산	강원	'84.12.31	175.668	
17	월악산	충북, 경북	'84.12.31	287.571	
18	소백산	충북, 경북	'87.12.14	322.011	
19	변산반도	전북	'88. 6.11	153.934	해상 17.227
20	월출산	전남	'88. 6.11	56.220	
21	무등산	광주, 전남	'13 .3. 4	75.425	
22	태백산	강원	'16 .4. 25	70.46	
계	22개	종면적 : 6,726.706 (육지:3,972.997. 해면:2,753.709)			

자료 : 환경부·문화체육관광부, 2016

(2) 도립공원

도립공원은 특별시·광역시·도의 자연생태계나 경관을 대표할 만한 국립공원 이 외의 수려한 자연풍경지로서 시·도지사가 관리하는 공원이며 1970년 6월 경상북도에서 금오산을 최초로 도립공원으로 지정한 이래 1970년대에 13개소, 1980년대 7개소가 지정되었다. 1990년 5개소와 2000년 들어 6개소 등을 지정하였다. 도립공원위원회와 시·도 건설종합계획심의회 심의를 거쳐 환경부장관의 승인을 얻어 시·도지사가 지정한다. 그 현황은 〈표 4-9〉와 같다.

표 4-9 도립공원 현황

	공원명	위 치(시·군별)	면적(km²)	지정일
1	금오산	경북 구미, 칠곡, 김천	37,650(21,330+8,300+8,280)	'70. 6. 1
2	남한산성	경기 광주, 하남, 성남	36,447(25,600+6,600+4,200)	'71. 3.17
3	모악산	전북 김제, 원주, 전주	42,220(28,220+10,870+3,130)	'71.12. 2
4	덕산	충남 예산	21,024	'73. 3. 6
5	칠갑산	충남 청양	32,946	'73. 3. 6
6	대둔산(전북)	전북 완주	38,100	'77. 3.23
	대둔산(충남)	충남 논산, 금산	24,860(16,774+8,086)	'80. 5.22
7	낙산	강원 양양	8,665	'79. 6.22
8	마이산	전북 진안	17,221	'79.10.16
9	가지산	경남 양산, 울산, 밀양	105,429(61,103+30,199+14,161)	'79.11. 5
10	조계산	전남 순천	27,380	'79.12.26
11	두륜산	전남 해남	33,390	'79.12.26
12	선운산	전북 고창	43,700	'79.12.27
13	팔공산	대구, 경북 칠곡, 군위, 경산, 영천	126,080(30,593+30,146+21,695+10,608+29,038)	'80. 5.13
14	문경새재	경북 문경	5,300	'81. 6. 4
15	경포	강원 강릉	9,555	'82. 6.26
16	청량산	경북 봉화, 안동	48,760(40,600+8,160)	'82. 8.21
17	연화산	경남 고성	22,260	'83. 9.29
18	고복저수지	세종 연서	19,49	'90. 1.20
19	천관산	전남 장흥	7,606	'98.10.13
20	연인산	경기 가평	37,474	'05. 9.12
21	신안증도갯벌	전남 신안	12,824	'08. 6. 5
22	무안갯벌	전남 신안	37,123	'08. 6. 5
23	마라해양	제주 남제주군 대정읍, 안덕면	49,755	'08. 9.19
24	성산일출해양	제주 남제주군 성산읍	16,156	'08. 9.19
25	서귀포해양	제주 서귀포시 보목~강정동	19,540	'08. 9.19
26	추자 해양	제주 북제주군 추자면	95,292	'08. 9.19
27	우도해양	제주 북제주군 우도면	25,863	'08. 9.19
28	수리산	경기안양 2,551, 안산 0.116, 군포4.302	6,606	'09. 7.16
29	제주곶자왈	제주 서귀포	1,547	'11.12.30

자료 : 환경부·문화체육관광부, 2016년

(3) 군립공원

군립공원은 시·군의 자연경관을 대표할만한 국립공원과 도립공원 이외의 수려한 자연풍경지로, 시·군 및 자치구에서 지정 관리하며, 1981년 1월 전북 순창군의 강천산을 최초 군립공원으로 지정하였다. 군립공원위원회의 심의를 거친 후 도지사의 승인을 얻어 시장·군수가 지정한다. 그 현황은 〈표 4-10〉과 같다.

표 4-10 군립공원의 현황

	공원명	위 치(시·군별)	면적(㎢)	지정일
1	강천산	전북 순창군 팔덕면	15,800	'81. 1. 7
2	천마산	경기 남양주시 화도읍, 진천면, 호평면	12,461	'83. 8.29
3	보경사	경북 포항시 송라면	8,510	'83.10. 1
4	불영계곡	경북 울진군 울진읍, 서면, 근남면	25,140	'83.10. 5
5	덕구온천	경북 울진군 북면	6,060	'83.10. 5
6	상족암	경남 고성군, 하일면, 하이면	5,106	'83.11.10
7	호구산	경남 남해안 이동면	2,839	'83.11.12
8	고소성	경남 하동군 악양면, 화개면	3,134	'83.11.14
9	봉명산	경남 사천시 곤양면, 곤명면	2,645	'83.11.14
10	거열산성	경남 거창군 거창읍, 마리면	3,271	'84.11.17
11	기백산	경남 함양군 안의면	2,013	'83.11.18
12	황매산	경남 함양군 대명면, 가회면	21,784	'83.11.18
13	웅석봉	경남 산청군 산청읍, 금서, 삼장, 단성	17,960	'83.11.23
14	신불산	울산시 울주군 상북면, 삼남면	11,585	'83.12. 2
15	운문산	경북 청도군 운문면	16,173	'83.12.29
16	화왕산	경남 창원군 창녕읍	31,283	'84. 1.11
17	구천계곡	경남 거제시 신협읍, 동부면	5,871	'84. 2. 4
18	입곡	경남 함양군 산인면	0,995	'85. 1.28
19	비슬산	대구 달성군 옥포면, 유가면	13,382	'86. 2.22
20	장안산	전북 장수군 장수읍	6,274	'86. 8.18
21	방계계곡	경북 의성군 춘산면	0,880	'87. 9.25
22	아미산	강원 인제군 인제읍	3,160	'90. 2.23
23	명지산	경기 가평군 북면	14,027	'91.10. 9
24	방어산	경남 진주시 지수면	2,588	'93.12.16
25	대이리	강원 삼척시 신기면	3,660	'96.10.25
26	월성계곡	경남 거창군 북상면	0,650	'02. 4.25
27	병방산	강원 정선군 정선읍	0,500	'11. 9.30

자료 : 환경부·문화체육관광부, 2016년 현재

2) 내수면관광자원

내수면관광자원은 하천과 인공댐이 대표적이다. 우리나라의 내수면관광자원으로 이용되고 있는 대부분은 하천이며, 4대강 개발사업에 의해 조성된 다목적댐은 농업, 수력개발 등으로 이용되고 있으나, 댐의 수위와 경관이 아름다워 관광자원으로 많이 이용되고 있다.

(1) 하천과 댐

인간은 하천을 중심으로 고대문화를 꽃피웠고, 현대문명의 발달로 하천의 이용가치는 더욱 높아져 공업용수, 발전, 양어, 관광 등 다방면으로 이용하게 되었다. 육상이나 항공교통의 발전에 따라 하천교통은 쇠퇴해 가는 것이 일반적 경향이기는 하나, 라인강, 세느강, 다뉴브강 등은 관광루트로 각광을 받고 있다.

우리나라의 주요하천들은 주요산맥 사이를 흐르고 있어 산악관광자원과 연계되어 있을 뿐 아니라, 그 자체가 주요 경관을 이루고 있어 훌륭한 관광자원이 되고 있다. 우리나라의 경우 총 369개의 하천 중 국립 및 도립공원

▲ 미국의 라플린(네바다주)과 불헤드시티(아리조나주) 사이를 흐르는 콜로라도강

이나 관광지에 포함되어 있는 하천은 174개에 이르고 있고, 다목적댐 및 호수관광, 낚시 및 보트놀이 등은 하천에서 이루어지는 대표적인 관광형태이다.

하천은 관광과 밀접한 관계를 맺고 있으므로 형태적·경관적 측면에서 수자원을 관광자원화해 나가야 한다.

가. 한강

한강은 총길이가 497.25㎞로 본류인 남한강과 지류인 북한강으로 구분되는데, 4대 하천 중 가장 유역면적이 넓다. 한강종합개발사업은 한강을 본래의 기능으로 회복시켜 맑고 푸른 '물의 공원'으로 만들고 한강을 수상레저·스포츠의 여가공간으로 만들며 시민의 정서·순화에 기여하고 각종 운동장을 만들어 시민체력 증진을 도모하기 위해 한강변 좌·우안의 자연집적지를 고수부지로 조성하여 공원화하였다.

한강유역은 수도권을 포함하고 있어, 정치·경제·문화의 중심지를 이루고 있으며, 한강관광유람선이 운항되고 수상스키, 보트, 요트, 윈드서핑 등 스포츠 및 레크리에이션 활동의 공간이 마련되어 관광지로서 관광자원의 가치를 발휘하고 있다.

한강유역의 댐으로는 화천댐, 춘천댐, 소양강댐, 의암댐, 팔당댐, 충주댐 등이 있다.

나. 낙동강

낙동강은 총길이가 513.5㎞로, 강원도 태백산의 천의봉에서 시작하여 황지천이 되고 예안에서 동계천을 합하여 안동, 대구, 고령, 창령, 김해, 부산을 지나고 있다. 우리나라에서는 압록강에 이어 두번째로 긴 강이며 6·25 당시 낙동강 전투로도 유명하다.

낙동강의 하류에는 철새도래지로 유명한 을숙도가 자리잡고 있어 관광자원으로서 독특한 가치를 가지고 있다.

낙동강 유역의 댐으로는 안동댐, 진양호, 합천댐 등이 있다.

다. 금강

금강은 총연장길이 401㎞로, 전북 장수군 신무산계곡에서 시작하여 무주를 거쳐 충북 영동, 옥천을 지나 충남의 부강, 공주, 부여, 강경을 거치고 금강하구의 장항과 군산에 이른다.

금강의 관광자원으로는 금강 중류에 해당되는 대청댐이 있고 내륙의 바다로서 수상교통이 구비되어 있다. 또한 야생동물 보호, 담수어족 보존, 광대한 인공호수 주변에 여러가지 형태의 자연경관이 펼쳐져 있고, 본댐과 발전시설, 역조정지 등 위락적 자원으로서 호반 휴양지로서 큰 잠재력을 가지고 있다.

금강 유역의 댐으로는 대청댐과 금강하구언이 있다.

라. 섬진강

섬진강은 총길이 212㎞로, 전라북도 진안고원에서 시작하여 임실, 순창, 남원, 곡성 분지를 거쳐 북류하는 보성강과 합류하여 구례분지를 지나 광양만까지 이르고 있다. 섬진강은 하류가 경상남도와 전라남도의 경계가 되어 흐르며, 유역면적은 4,896㎢로 광대하고, 수량이 풍부하며, 급류가 많아 수력발전에도 용이하다.

섬진강은 인근에 화엄사, 쌍계사, 칠불암 등의 문화적 관광자원이 있으며, 남원과 지리산, 한려해상국립공원과 이웃하고 있다. 산악지대를 흘러 비교적 공해에 오염되지 않고 대도시를 관통하지 않아 강물이 맑고 깨끗하며, 관광자원의 이용에도 적합한 조건을 갖추고 있다.

섬진강 유역의 댐으로는 섬진강댐과 동복댐이 있다.

마. 영산강

영산강은 총연장길이가 138.75㎞이며, 전남 담양에서 시작하여 장성, 송정, 나주를 거쳐 영암과 목포 사이에서 남해로 유입한다. 영산강 유역은 타 지역에 비해 한해와 수해가 많으며 자연재해의 방지를 위해 상류에는 장성댐, 담양댐, 광주댐, 나주댐, 하류에는 하구언을 조성하여 홍수와 한해를 근본적으로 막고 풍부한 용수를 공급하고 있다. 또한 가까운 섬들을 육지로 만들어 국토를 확장시키고 있다.

(2) 호수

호수는 바다와 직접 연결되지 않고 사방이 육지로 둘러싸인 곳에 물이 고인 것을 뜻하고, 인류가 살아가는 데 필요한 물을 대주는 젖줄일 뿐 아니라 관광지 역할, 담수어 제공, 정신적 심미안 제고, 수력발전, 교통로, 상수도원 등 여러가지를 인류에게 제공해 주고 있다.

호수는 생성원인, 형태, 염분, 순환 등에 따라 여러 형태로 나눌 수 있는데, 생성원인에 따라서는 자연호와 인공호로 나누어진다.

가. 자연호

우리나라는 대부분의 하천이 노년기 산지의 저산성 구릉지대를 흐르고 있으므로 자연호는 많지 않은 편이고, 그 중의 대부분은 석호이다. 석호는 후빙기 해면상승으로 해안이 침수되어 생긴 만의 입구를 사주가 가로막아 형성된 호수인데, 북한의 함북 경흥군의 서번포, 동번포, 만포, 광포, 소동정호, 시중호와 남한의 경포호, 영랑호, 청초호, 화진포호, 백록담, 천지호, 삼일포호, 송지호 등은 모두 석호이다.

이러한 석호는 잔잔한 호수와 울창한 송림 그리고 깨끗한 백사장인 사구와 사빈이 한데 어우러져 낚시터 및 해수욕장을 수반하는 경우가 많아 과거부터 관광자원으로 중요시되었다.

화산성 자연호로는 천지(칼데라호), 백록담(화구호), 장연호(언지호) 등을 들 수 있는데, 이들은 모든 주변의 산악경관과 어울려 훌륭한 관광지가 되고 있다.

나. 인공호

인공호는 하천의 중류나 상류를 막은 댐형과 하천이 바다와 만나는 하류

입구를 가로 막아 생긴 하구언형으로 크게 나눌 수 있는데, 댐형 인공호로는 한강수계의 파로호, 춘천호, 의암호, 청평호, 충주호, 팔당호, 소양호, 금강수계의 대청호, 영산강수계의 담양호, 장성호, 나주호, 광주호, 섬진강수계의 섬진강댐호, 수어댐호, 낙동강수계의 안동호, 진양호, 합천호 등을 들 수 있다. 하구언형 인공호로는 삽교호(삽교천), 아산호(안성천), 남양호(남양만), 금강호(금강), 영산호(영산강), 낙동호(낙동강), 석문호(역천), 대호(대호지만) 등을 들 수 있다.

인공호는 상수원, 관광, 홍수조절, 교통용, 관개용, 공업용수 등을 공급하기 위한 다목적으로 건설되고 있고 유람선, 수상스키, 보트놀이, 윈드서핑, 요트 등 수상스포츠와 각종 동적인 활동이 이루어지고 있다.

관광지로서의 호수의 역할은 중요하며, 또 다양하게 이용되고 있다. 그 예로서 우리나라 주요 자연호인 송지호, 경포호, 화진포 호반은 해수욕장으로, 인공호인 소양호, 충주호, 대청호, 진양호 등은 호상 유람관광지로, 경주 보문호 및 서울 석촌호는 대규모 숙박시설을 갖춘 관광유기장으로 이용되고 있다.

3) 온천관광자원

온천은 국민들의 심신휴양, 건강증진 등에 크게 기여하고 있는 귀중한 자원으로서 일반 지하수와는 달리 온천자원에 대한 적절한 보호와 효율적인 개발·이용 및 관리를 도모함으로써 공공의 복리증진에 이바지하기 위하여 1981년 온천법을 제정하였다. 이 법에 의한 온천의 정의는 "지하에서 용출되는 25도 이상의 온수로 성분이 인체에 해롭지 아니한 것"으로 하고 있다.

온천지구란 온천을 관광자원화하여 온천관광객 유치에 필요한 관광시설을 갖추어 온천법으로 지정항 곳이다. 우리나라의 온천지구는 1981년까지 부산 동래와 해운대, 대전 유성온천, 경기 이천온천, 온양온천, 도고온천, 수안보온천, 덕구온천, 오색온천, 부곡온천, 백암온천, 탑산온천 등이 있다.

4) 동굴관광자원

동굴은 지중(地中)에 형성된 일정공간을 점유한 공동(空洞)이며 생성원인에 따라 인공동굴과 자연동굴로 구분한다. 인공동굴이란 인간목적에 의해 굴착된 동굴이며, 자연동굴은 지형 형성영력에 의해 형성된다. 우리나라의 동굴관광지는 고생대 조선계층에 발달한 석회동굴(Limestone Cave), 신생대 화산지형에 나타나는 제주도의 용암동굴(Lava Tunnel), 해안과 도서에서 볼 수 있는 해식동굴(Sea Cave) 및 하천 주변에서 국지적으로 나타나는 하식동굴 등이 있으며, 육지에서 볼 수 없는 특이한 자연환경으로 인해 관광객들에게 매력물로 작용한다.

▲ 미국 버팔로의 루레이 동굴

우리나라에는 약 1,000여개 동굴이 분포하고 있으나 그 중에서 규모가 큰 것은 약 300여개로 파악된다. 이 중 국가·지역적으로 아름다운 동굴을 골라 문화재보호법에 의한 천연기념물과 지방기념물로 지정하여 보호·관리하고 있다. 천연기념물로 지정된 대표적 동굴로는 단양 고수동굴(천연기념물 256호), 영월 고씨굴(219호), 울진 성류굴(155호), 삼척 대이리동굴

(178호), 단양 노동굴(262호), 단양 온달동굴(261호), 제주 만장굴(98호), 제주 당처물동굴(384호), 제주 용천굴(466호) 등이 있다.

5) 해안관광자원

해안관광의 형태는 크게 두가지로 대별된다. 하나는 해안경관을 보고 감상하는 것과 다른 하나는 해안이나 바다를 활용한 관광활동으로 구분 지을 수 있다. 해안경관감상이란 자연경관 감상과 어촌·어항·등대 등 인공물 또는 무형문화재 등의 인문자원의 감상을 말하며, 해안 및 해양을 이용한 관광활동은 해수욕, 낚시, 요트, 스킨스쿠버 등 그 활동이 매우 다양하다.

해안관광자원은 대부분 자원중심적 성격이 강한 자원으로 대체로 숙박형 또는 체재형 관광유형으로 구분할 수 있고, 이용시기는 연휴·휴가기간에 이용되며, 크고 넓은 지역에 분포하고 있다. 해안관광자원으로는 해안형관광지, 해수욕장, 해상국립공원, 도서관광지 등이 있다.

해안관광자원은 활동유형에 따라 스포츠형, 레저형, 체험 및 유람형의 3가지로 구분하기도 한다. 스포츠형은 다소 역동적인 보트, 모터보트, 수상

▲ 미국의 산타모니카 해변

스키, 제트스키, 윈드서핑, 스노클링, 스쿠버다이빙 등과 선박을 이용한 바다낚시가 이에 속한다고 할 수 있다. 레저형은 주로 해변가를 중심으로 하는 휴식과 레저를 겸하는 것으로서 해수욕, 파도타기, 모래찜질, 해변캠프, 임시바다학교 등이 속한다.

해안관광자원은 해안형 관광단지, 해안형 자연공원, 해수욕장, 도서관광지로 분류할 수 있다.

▲ 미국 산타바바라의 해변

2. 문화적 관광자원

문화적 관광자원(Cultural Tourism Resources)은 민족문화의 유산으로서 보존할 만한 가치가 있고 관광매력을 지니고 있으며 역사적 가치와 예술적·학술적 가치가 높아 관광객의 관광욕구를 충족시키는 자원이다.

이는 문화재 자원과 박물관 자원으로 대별할 수 있는데, 문화재 자원은 조상들의 슬기와 예술성, 그리고 민족정신과 철학 등이 담겨진 역사의 실증자료로 다른 어떤 기록보다도 더 많은 의미를 함축하고 있고 민족의 전통이 되기에 충분하며 민족문화창조의 기반과 모체가 되는 것을 가리킨다.

박물관자원은 박물관에 소장되어 있는 조상들의 문화유산을 의미하는 것으로 세계문화역사의 흐름 속에서 민족의 위상을 알릴 수 있는 문화관광의 산 교육장으로서의 역할을 한다.

문화재는 인위적·자연적으로 형성된 국가적·민족적·세계적 유산으로서 역사적·예술적·학술적·경관적 가치가 큰 것으로, 유형문화재, 무형문화재, 기념물, 민속자료 등이 포함된다.

▲ 이탈리아 밀라노 성당(좌)과 이탈리아의 피사의 사탑(우)

▲ 이탈리아의 콜롯세움

1) 유형문화재

유형문화재(Visible Cultural Assets)는 건조물, 전적, 고문서, 회화, 조각, 공예품, 기타 유형의 문화적 소산으로서 우리나라의 역사상 또는 예술상 가치가 큰 것과 이에 준하는 고고자료를 말한다. 우리나라는 사찰, 고대예술작품 등의 유형문화재를 많이 보유하고 있는데, 이들 중에서 국가가 중요하다고 인정되는 것은 국보와 보물 등의 중요문화재로 지정하고 있다. 국보와 보물은 관광자원성이 높을 뿐만 아니라 관광객 유치에도 큰 도움을 주고 있는데, 이에 대한 구체적인 내용은 〈표 4-11〉과 같다.

2) 무형문화재

무형문화재(Invisible Cultural Assets)는 연극, 음악, 무용, 공예기술, 기타의 문화적 소산으로서 역사상·예술상 가치가 큰 것을 말한다. 우리나라에서는 이 중 중요한 것을 선택하여 중요무형문화재로 지정하고 그 보유자

표 4-11 문화재의 지정기준

유형문화재	보물	유형의 문화적 소산으로 역사상·예술상·학술적으로 가치가 큰 것 1호 – 흥인지문, 2호 – 보신각종, 3호 – 원각사비, 4호 – 중초사지 당간지주 5호 – 중초사지 3층석탑
	국보	보물에 해당되는 문화재 중 역사적·학술적·예술적 가치가 큰 것 1호 – 숭례문, 2호 – 원각사지10층석탑, 3호 – 북한산 신라진흥왕순수비, 4호 – 고달사지 부도, 5호 – 법주사 사자석등, 6호 – 중원탑평리 7층석탑, 7호 – 봉선인경사찰
중요무형문화재		연극(인형극, 가면극), 음악(제례악, 연례악, 대취타, 가곡, 가사 또는 시조의 영창, 산조, 농악, 잡가, 민요, 무악, 범패), 무용(의식무, 정재무, 탈춤, 민속무) 1호 – 종묘제례악, 2호 – 양주별산대놀이, 3호 – 꼭두각시놀음 4호 – 갓일, 5호 – 판소리, (기타 – 통영 오광대, 고성오광대, 강강술래, 은신별신제, 나전장, 농악, 강릉단오제, 한산모시짜기, 북청사자놀음, 봉산탈춤)

를 인정해 인간문화재로 지정하고 정부에서 전수비와 발표회보조금을 지급하고 있다.

3) 기념물

기념물 (Monuments)은 역사상·예술상·학술상 또는 관광상 가치가 큰 것을 말하며, 패총, 고분, 성지, 궁지, 요지, 유물포함층, 기타 사적지와 명승지, 동·식물, 광물 등이 이에 속한다. 기념물은 역사적 기념물과 천연적 기념물로 구별한다.

역사적 기념물은 패총, 고분, 성지, 궁지, 요지, 유물포함층, 기타 사적지 등이 이에 속하며 이 중 중요한 것이 사적으로 지정되고 천연적 기념물은 경승지, 동·식물, 광물 등이 이에 속하며 이 중 중요한 것이 명승 또는 천연기념물로 지정된다.

4) 민속문화재

민속문화재(Folk Customs Materials)는 국민생활의 추이를 이해하는데 있어서 불가결한 것을 말하며, 의식주, 생업, 신앙, 연중행사 등에 관한 풍습, 습관과 이에 사용되는 의복, 기구, 가옥 등이 있다. 민속자료 무형의 민속자료와 유형의 민속자료로 구별한다.

무형의 민속자료는 의식주, 생업, 신앙, 연중행사 등에 관한 풍습, 습관 등이 속하며, 이 무형민속자료는 지정대상이 되지 못하기 때문에 기록을 작성하여 보존한다.

▲ 한국의 한복(좌)과 일본의 기모노(우)

유형의 민속자료는 의복, 기구, 가옥 등이 속하며 이 중 중요한 것이 중요민속자료로 지정된다.

관광자원 형태에 의한 분류

① 유형관광자원(Visible tourist resource)
  - 하나의 현상(phenomenon)으로서 시각을 통해 접근이 가능
  · 자연관광자원
    : 산지, 하천, 평야, 호수, 해안, 계곡, 폭포, 도서, 온천, 공원, 기후, 기상, 토양, 동식물
  · 인문관광자원
    : 문화관광자원 - 민족의 고유한 전통적 문화를 반영해 주는 눈에 보이는 문화재와 인위적으로 개척한 보양지, 휴양지
    : 산업관광자원 - 다목적댐, 산업시설, 대규모의 공업단지

② 무형관광자원(Invisible tourist resource)
  - 하나의 현상(phenomenon)으로서 시각을 통해 접근이 불가능
  · 人的관광자원
    : 민족성, 풍속, 습관, 전통적 고유기술, 언어, 인심, 예절 등 국민이 생활하여 오는 동안 정립되어진 인간생활의 규범가치
  · 非人的관광자원
    : 인간생활의 문화가치의 성격을 띤 것으로 한 나라의 고유한 종교, 철학, 사상체계, 고유문학, 전통음악 등

③ 복합관광자원
  - 인문환경과 자연환경이 복합된 관광자원
    ex: 에버랜드, 남한산성, 서울대공원, 용평리조트

3. 사회적 관광자원

사회적 관광자원(Social Tourism Resources)은 문화를 배경으로 창조한 역사와 전통, 그리고 과거의 생활상을 더듬어보고 현재의 발전상을 이해할 수 있는 사회규범적인 무형의 생활양식이라고 할 수 있다.

관광자원에 있어 문화적 관광자원이 시각적으로 감상할 수 있는 유형적인 용구문화(用具文化)의 속성이라고 하면 사회적 관광자원은 그 용구문화를 창조해 낼 수 있었던 사회규범적인 무형의 생활양식을 뜻한다. 따라서 유형문화재인 용구문화는 사회규범적인 생활양식의 결과적 소산이 되는 것이다.

오늘날의 관광자들은 단순한 감상만이 아니고 사회적 관광자원에의 접근을 통하여 지구상의 수많은 민족이나 사회집단의 문화의 다양성과 특수성뿐 만 아니라 인류문화로서의 보편성을 발견하게 되고, 다른 문화에 대한 객관적 이해의 경험을 바탕으로 자아확대욕구를 충족시키고자 한다.

사회적 관광자원에는 도시의 문화환경(도시관광), 생활문화, 지역의 역사와 민속 및 풍습, 사람들의 소박한 인정, 국민성과 이에 따른 생활자료, 그리고 각종 제도와 사회공공시설(박물관, 문화·교육·사회시설) 등이 포함된다.

표 4-12 문화적 관광자원과 사회적 관광자원

문화적 관광자원	사회적 관광자원
■ 민족문화의 유산으로서 보존할 만한 가치	■ 문화를 창조한 배경
■ 관광매력을 지닐 수 있는 자원	■ 한 나라의 역사와 전통 과거의 생활상 확인
■ 역사적 가치와 예술적·학술적 가치	■ 현재의 발전상을 이해
■ 관광객의 관광욕구충족이 가능	■ 사회규범적 무형의 생활양식

또한 역사와 전통, 민족성, 세시풍속, 연중행사, 통과의례, 절기와 생활, 환대(hospitality) 및 인정, 예절, 생활양식, 사회형태, 전통예술(음악, 무용), 교육, 종교·민간신앙, 사상 및 철학, 신화·전설·민담, 전통적 스포츠, 향토축제, 향토특산물 및 음식, 전통주 등이 속한다.

1) 도시관광

도시관광의 대상은 도시 자체가 지니고 있는 매력과 자연적·인문적 자원, 각종 위락시설 및 서비스 등을 포함한다. 도시관광은 관광객, 관광자원, 관광기업, 도시주민 등이 도시라는 공간 내에서 상호작용하는 가운데 이루어지는 총체적 현상이라고 할 수 있는데, 도시의 기능 및 자원·시설 등의 성격에 의해 상업도시, 문화도시, 행정도시 등으로 구분될 수 있다.

모든 도시들은 그 형성과정이나 수행하는 주기능, 보유시설 등에 의해 독특한 인문관광자원 또는 자연관광자원을 어떤 형태로든 보유하고 있으며 특별한 관광자원이 없었더라도 창의적인 아이디어와 지속적인 관광상품개발 노력으로 자원성을 보완하거나 특성화시켜 관광객의 방문동기를 유발하고 있다.

박물관, 공원, 극장, 역사적인 장소, 최신식 건물, 쇼핑, 식사, 도시경관 등 우수한 관광자원을 보유하고 있는 도시들은 런던, 파리, 샌프란시스코, 서울, 도쿄, 로마, 베이징 등이 있는데, 이들은 농어촌지역과 같은 비도시지역이 제공할 수 없는 독특하고 다양한 여가, 관광, 레크리에이션 기회를 제공하고 있다.

▲ 그리스 아테네의 모습

▲ 에스토니아 탈린의 전경

▲ 이탈리아 로마의 애탄분수

스페인의 톨레도, 세고비아, 독일의 하이델베르크, 에스토니아의 탈린, 그리스 아테네 등의 도시들은 역사적인 건축물이나 기념물 등의 문화관광자원이 풍부하여 오래전부터 세계 각국으로부터 많은 관광객을 유치하고 있고, 미국의 라스베가스, 올랜도 등의 도시는 특별한 자연적 관광자원이나 문화적 관광자원은 없지만 인위적인 관광시설을 개발하여 외래객을 유치하고 있으며 독특한 관광위락 서비스, 문화예술, 이벤트 서비스 등을 관광객에게 제공하여 경제적·사회적·문화적으로 급속한 발전을 하고 있다. 이와 같은 도시들은 자기 도시 내의 관광숙박시설이나 관광위락시설들, 도시 전체의 경관과 거리모습이 타도시나 지역보다 훨씬 더 매력적이 되도록 주안점을 두고 도시행정의 방향, 공공사업의 운영을 추진해 가고 있다.

▲ 캐나다의 퀘백

도시관광자원은 도시의 구조형태, 기능, 이미지의 측면에서 여러 형태로 분류할 수 있는데 도시의 구조형태란 하드웨어로서 도시를 구성하는 자연자원, 각종시설, 건축물, 도로, 공원, 녹지 등을 의미하며 하와이의 호놀룰루, 캐나다의 밴쿠버와 퀘백, 호주의 시드니 등은 이를 적절히 활용하여 도시의 아름다움을 크게 한 도시이다.

도시기능과 관련된 관광자원으로는 박물관, 미술관, 음악관, 역사유적지, 문화재, 주요 이벤트, 스포츠 행사, 축제, 전통토산품, 전통예술공연, 민속, 풍속 등의 문화적·사회적 자원을 들 수 있으며, 대표적인 예로는 미국 뉴욕시의 맨하탄내 사우스 스트리트 씨포트지역, 브로드웨이거리, 동경시의 하라주쿠거리, 비엔나 음악의 거리, 런던의 피카데리지구 등이 있다.

▲ 뉴욕의 모습(엠파이어스테이트 빌딩)

도시의 이미지를 결정짓는 요소들은 도시가 가지고 있는 특성이나 개성, 도시공간 전체에 대한 통일성, 슈퍼그래픽, 랜드마크, 관련시설, 각종 안내 사인판, 조명시설 등이다. 이들은 어느 한 도시를 다른 도시와 분리시켜 낼 수 있는 특징으로 인식되어지는데, 예를 들면 샌프란시스코는 금문교, 뉴욕은 엠파이어스테이트빌딩과 자유의 여신상, 스위스는 알프스, 싱가포르는 깨끗한 거리풍경, 홍콩은 고층빌딩군, 파리는 에펠탑 등이 그러한 사례이다. 관광객을 창출하기 위해서는 기존의 도시 이미지에 의해 그곳의 매력을 느끼고 방문할 수 있도록 도시의 이미지를 가꾸어 나가야 할 것이다.

2) 교육·문화·사회시설

교육·문화·사회시설로는 대학교, 국회의사당, 공항, 성당, 문화회관, 미술관, 스포츠 경기장 등이 이에 해당한다.

▲ 미국 워싱턴 D. C.의 국회의사당(좌)과 백악관(우)

▲ 미국 보스톤의 하버드대학교

3) 문화행사

문화행사는 민속놀이나 만속문화행사 등 역사적 의미가 있는 전통문화 행사뿐만 아니라 현재 우리가 공유하고 있는 생활양식 전부를 포함하는 모든 행사를 뜻하며 문화적 가치를 표현하거나 내재하고 있는 모든 행사를 총칭한다.

문화행사는 단순한 행사의 유형을 넘어 인간의 정신과 물질세계 모두를 포함하는 총체적 개념을 바탕으로 타 지역의 생활양식이나 전통적 행동양식을 체험하는 행위의 총체라고 할 수 있다. 관광행사는 일단 관광객의 요구 및 취향을 만족시키기 위해 여러가지 유형의 행사로 기획되고 있으며 가장 궁극적인 목적은 관광매력물을 창조하는 것이다.

관광행사는 '대체관광'의 새로운 형태로 자리잡고 있으며 그 기능을 보면 관광목적지의 매력도 제고, 관광비수기 극복, 관광의 지역적 확대, 관광시설의 활성화, 잠재적 관광지로서의 이미지 조성, 관광시설 확충, 도시개발 촉진, 관광수입 증대, 자연자원의 보존 등이 있다.다.

우리나라의 주요 문화행사로는 강릉단오제, 백제문화제, 신라문화제, 진도영등제, 이천도자기축제 등이 있으며 안동국제탈춤축제, 보령머드축제, 인사동의 거리축제 등이 있다.

▲ 중국의 민속공연(좌)과 빙등제(우)

4) 향토특산물과 향토음식

관광기념품에는 공예품류와 특산식품으로 분류할 수 있는데, 정부에서는 전통공예품으로 상품의 가치가 있고 개발이 가능한 것은 관광특산품이라 하여 품목을 선정해서 중점 육성하고 있다. 이러한 특산품은 지방의 특색을 살린 쇼핑관광으로 유도되어야 할 것이며, 지역성과 밀착된 특산물의 산지를 알리고 생산과정의 견학 등을 상품화해야 하며, 심미성·실용성 등을 고려하고 디자인·포장 등의 연구개발에도 관심을 가져야 한다. 또한 날로 발전하는 식품 가공 기술 및 포장기술을 발판으로 많은 종류의 특산식품이나 향토요리들이 보존 및 운반이 가능한 관광기념품으로 판매되고 있다.

역사적·문화적 가치를 지니는 향토음식과 향토주를 지역문화의 차원에서 보존하며, 지역의 관광상품으로 개발하기 위해 노력하고 있는데, 미식추구 및 식도락 여행, 미식탐방여행의 증가추세로 홍콩과 싱가포르 요리축제 등은 이미 익숙한 관광상품이 되어 있다. 관광객이 관광지의 생활을 직접 체험하고 대화를 나누며 음식물을 접하게 되면 서로간의 이해를 돕고 한층 친밀감을 갖는 계기가 될 수 있기 때문이다.

5) 민속마을

민속마을과 민속촌은 그 나라의 민속적인 삶을 종합적으로 재현하고 있는 곳으로 많은 관광객들이 찾고 있다.

우리나라의 민속마을을 보면, 용인의 한국민속촌, 제주민속촌, 고성의 왕곡민속마을, 안동하회마을, 성읍 민속마을 등이 있다.

4. 산업적 관광자원

산업적 관광자원(Industrial Tourism Resources)이란 농업·임업·수산업·공업·상업 등 각국의 각종 산업시설을 말하며, 부가가치가 다른 부분보다 월등히 높기 때문에 선진국들은 산업·기술·국력을 대외적으로 홍보하고 있는데, 관광관련기관과 협력하고 여행사를 통해 해외선전을 강화하고, 외국의 관광객을 유치하고 있다.

▲ 프랑스 파리의 쁘렝땅 백화점(좌)과 라파예뜨 백화점(우)

▲ 미국 LA의 파머스 마켓

각국들은 관광객에게 산업적 관광자원인 농업, 임업, 수산업, 공업, 상업 등 각종 산업시설의 견학·시찰·체험 등을 통해 그 나라의 산업수준에 감동을 받고, 교양 및 자기지식 확대의 욕구를 충족시킬 수 있게끔 시설, 기술, 생산공정, 생산품을 시찰하게 하고 있다.

농림관광자원에는 농장, 목장, 관광농원, 농어촌휴양단지, 주말농장, 농어촌민박 등이 포함되고, 임업관광자원의 대표적인 예로는 산림의 휴양기능을 부각시키기 위해 조성된 자연휴양림을 들 수 있는데, 이곳에서는 쾌적한 분위기에서 휴식을 할 수 있다. 어촌관광자원에는 어장, 다기능어항, 어촌관광단지 등이 포함되고, 상업관광자원에는 박람회, 전시회, 견본시장, 일반시장, 쇼핑, 백화점, 과일시장, 파시, 재래시장, 현대시장 등이 속하며, 재래시장의 구체적인 장소로는 담양의 죽세공품시장, 강화의 화문석시장, 성남의 모란장 등이 있고, 현대시장으로는 남대문시장, 동대문시장, 인사동, 이태원, 압구정동 로데오거리, 명동 등이 있다.

공업관광자원으로는 수출자유지역, 수출산업공업단지, 지역공업단지, 민간공업단지, 중화학공업단지, 제철공장, 자동차공장, 가전공장, 방직공장, 목공예, 맥주공장 등의 공장시설, 기술, 생산공정, 생산품, 후생시설 등이 속하고, 산업공공시설로는 항만, 발전용댐, 하이웨이, 철도 등이 있다.

산업관광은 선진국들이 실시하는 특수목적관광으로 프랑스 등의 선진국들은 산업관광자원을 통해 산업, 기술, 국력을 대외적으로 과시 또는 홍보하여 고부가가치를 창출하고 있다.

일반관광이 위락·휴양을 주내용으로 하는 반면, 산업관광은 기술과 지식습득을 주내용으로 하므로 관광객의 지적수준이 높으며 체재기간 길고, 주로 선진국이 후진국을 대상으로 판매한다.

5. 위락적 관광자원

위락적 관광자원(Recreational Tourism Resources)은 독특한 위락서비스와 인위적인 관광시설을 갖추고 관광객들에게 자주적 또는 자기발전을 할 수 있으며, 생활의 변화추구라는 인간의 기본욕구를 충족시켜 주는 관광자원으로서 그 비중이 점차 높아지고 있다.

최근의 관광추세는 '보다 높은 삶의 질'을 추구하는 방향으로 다양화·고급화되고 있고, 급속한 도시화와 산업화로 인해 여러 형태의 위락적 관광상품이 필요에 의해 개발되고 있다.

리조트(Resort), 테마파크(Theme Park), 카지노(Casino), 골프장, 스키장, 수영장, 놀이시설, 워터파크, 캠프장, 카누장, 승마장, 경마, 경륜, 레저타운, 수렵장, 낚시터, 보트장, 나이트클럽 등이 이에 속한다.

1) 리조트

리조트는 "일상생활권에서 벗어나 여가를 즐기기 위하여 일정 장소에 음식, 숙박시설, 오락시설, 민속 문화자원시설, 관람시설, 농어촌 휴양시설, 레저시설 등의 적합한 시설을 갖추고 재방문을 유도하는 종합휴양지"라고 정의할 수 있다. 즉, 리조트는 일정규모의 지역에 레크레이션, 스포츠, 상업, 문화, 교양, 숙박 등을 위한 시설들이 복합적으로 갖추어져 있으며 스키장, 골프장, 온천(수영장), 놀이시설 등 고객유치를 위한 4계절형 시설들이 집적된 종합휴양지를 말한다.

관광진흥법에서는 관광객 이용시설업이 그 기능을 대신하고 있는데, 관광객 이용시설업은 "관광객을 위하여 음식, 운동, 오락, 휴양, 문화, 예술 또는 여가 등에 적합한 시설을 갖추어 이를 관광객에게 이용하게 하는 업"으로 규정하고 있다.

2) 테마파크

테마파크는 일정한 테마로 전체 환경을 만들면서 쇼와 이벤트로 공간전체를 연출하는 레저시설을 말하며, 특정의 주제를 중심으로 한 비일상적인 공간창조를 목적으로 시설과 운영이 배타적이면서도 통일적으로 이루어지는 위락공원이 대표적이다.

테마파크는 재래의 다양한 놀이시설이나 환상·과학 등을 중심으로 한 주제공원 뿐만 아니라, 하나 또는 두 가지 이상의 뚜렷한 주제하에서 문화·오락·교육·여가선용 등의 목적을 적극적으로 달성하기 위하여 조성된 공원은 모두 테마파크라고 할 수 있다.

예를 들어 예술작품의 전시·감상을 목적으로 한 조각공원, 어린이들의 질서·안전교육을 위한 교통공원, 특별한 매력요소를 주제로 도입한 물의 공원, 자연환경학습장이 되도록 조성한 환경생태공원 등이 테마파크에 포함될 수 있다.

새로운 레저랜드, 리조트의 한 형태로 주제를 전면에 내세워 통일된 정책 아래 전개되는 테마파크에는 폴리네시안 민속촌, 월트디즈니월드 등이 대표적인데, 특히 1955년 등장한 디즈니랜드는 연령·성별·국적을 불문하고 많은 사람들의 호응을 얻음으로서 기존의 유원지형태로부터의 전환점을 갖는 역사적 의미를 지니고 있다.

3) 카지노

카지노는 '여러가지 오락활동을 즐길 수 있는 연회장'으로, 최근에는 세계적인 확산추세로 가속화되어지고 있고, 대형화·테마파크화되는 추세이다. 세계적으로 유명한 카지노로는 미국의 라스베가스와 아틀란타시의 카지노를 비롯하여 몬테카를로(모나코왕국)의 카지노, 남프랑스의 칸느와 니스, 우루과이의 몬테비데오, 푸에르토리코의 샌환카지노 등이 있으며, 오

▲ 미국 카지노 도시 라플린의 호텔 및 카지노

늘날 대부분의 국가들은 카지노사업을 합법화하여 첨단관광사업으로 장려함으로써 외화획득, 고용창출, 세수확보, 지역발전 등의 경제활성화를 도모하고 있다.

따라서 카지노는 관광산업의 발전과 크게 연관되어 있으며, 특히 관광호텔 내에 위치하여 관광객에게 게임·오락·유흥을 제공하여 체재기간을 연장하고, 관광객의 지출을 증대시키는 관광산업의 주요부문이라 할 수 있다.

Ⅳ. 관광자원해설

월즈(Y.E.Wals)에 의하면 관광자원해설은 정보 서비스, 안내 서비스, 교육적 서비스, 여흥 서비스, 선전 서비스, 그리고 영감적 서비스 등이 적절히 조합된 것으로 자원해설을 통하여 관광자에게 새로운 이해, 새로운 통찰력, 새로운 열광과 흥미를 불러일으킬 수 있다.

관광자원해설은 자연자원과 문화 및 사회자원 등을 관광객에게 알려주는 활동으로, 관광객이나 관광지의 입장에서도 의미 있는 일이다. 관광자가 방문지역에 대해 보다 깊은 인식과 감상 및 이해를 가질 수 있도록 돕는 것이고, 관광자원의 관리기관과 운용 프로그램에 대해 관광객의 이해를 촉진시킬 수 있으며, 관광자가 방문지에서 적절한 행동을 하게끔 고무함으로써 자원관리의 목표를 달성하고자 하는 것으로 할 수 있다. 또한 훼손 지역이나 위험지역에서는 특정한 행동을 하지 못하도록 안내함으로써 관광자원에 대한 인간의 영향을 최소화시킬 수 있다.

틸든(F. Tilden)은 자원해설의 원칙을 다음과 같이 요약하고 있다.

① 자원해설은 방문자의 경험 또는 개성과 관련성이 있어야 한다.

② 자원해설은 정보를 기초로 이루어지지만, 정보만을 제공하는 것이 아니다.

③ 자원해설은 과학적·역사적·건축학적인 많은 소재들을 결합시키는 기술이다.

④ 자원해설의 주요목적은 교육이 아니라 자극에 있다.

⑤ 자원해설은 부분보다는 전체를 나타내도록 해야 한다.

⑥ 자원해설은 연령층에 따른 별도의 프로그램을 준비해야 한다.

1. 자원해설의 기본모형

자원해설은 자연현상이나 문화적 사실에 대한 이해를 돕기 위해 필요하므로 일정한 원칙이 지켜져야 하는데, 자원해설이 이루어지고 있는 공간인 관광지에서 이루어지는 자원해설 프로그램의 효과는 관광지 밖으로 확산되는 것이 바람직하다.

자원해설의 기본모형은 〈그림 4-3〉과 같다.

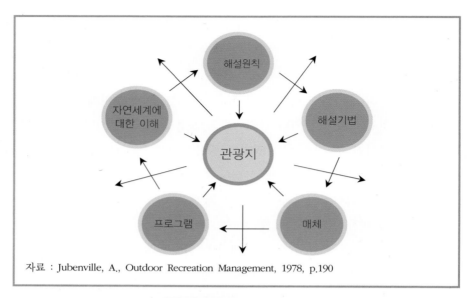

자료 : Jubenville, A., Outdoor Recreation Management, 1978, p.190

그림 4-3 관광자원 해설모형

정교한 매체들이 관광객을 위한 자원해설 프로그램 매체로서의 역할을 하고 있는데, 이는 많은 관광객이 자원을 올바르게 이해하고 자원해설을 통해 얻은 정보를 그들의 생활에 관련시킬 수 있을 때 더욱 바람직하다.

2. 자원해설의 방법

관광자원해설은 관광객에게 관광경험을 풍부하게 해 주고 학습욕구도 충족시키며 자원의 보존을 위해 필요하다. 적극적인 관광의 동기를 유발하고, 관광객에게 실제적으로 도움이 되기 위한 것이므로 관광객들에게 너무 많은 것을 전달하려고 하여 부담을 주거나 강요함으로써 기분을 손상시켜서는 안 되며 관광객의 호기심을 불러 일으켜야 한다. 자원해설방법은 안내자 서비스기법, 자기안내기법, 전자장치 이용기법 등이 있다.

1) 안내자 서비스기법

안내자 서비스기법 (personal service)은 일정한 자격을 갖춘 자원해설자가 방문자와의 의사소통을 효과적으로 하기 위해 현장에서 해설을 하거나, 특정 프로그램을 가지고 적절한 장소에서 효과적인 기법을 적용하여 상황을 재현해 보이는 등의 활동을 함으로써 방문자와 직접적으로 의사소통하는 것을 말한다. 이는 말을 주고받는 담화(talks), 현장감을 불러일으키는 재현(demonstrations), 함께 걷는 동행(walks)이 포함된다.

담화(talks)는 말을 하거나 말에 대신하는 몸짓 등을 통하여 관광객들을 이해시키고 일정한 반응을 유도하는 것을 말한다. 자원해설자의 감수성과 이용자들의 이해 정도가 높은 수준에 있을 때에 목적을 달성하는데, 이를 위해서는 청중이 무엇을 요구하고 있는가를 분석하고 자원해설자 자신의 이미지를 좋게 해야 하며 자원해설내용의 중요부분을 충분히 이해할 수 있도록 담화의 골격을 구성해서 이용해야 한다. 전단계(pretalk period)에서는 도착하는 이용자들을 맞으면서 잡담도 주고받으며 준비단계(warm-up period)에서는 모인 이용자들에게 인사 및 소개를 한다. 담화단계에서는 해설할 내용의 주체가 무엇인가를 알려 주고 해설을 시작하고 끝내면서도 해설한 내용에 대하여 간략하게 정리 및 강조해 준다.

재현(demonstration)은 다루고자 하는 주제를 보다 잘 이해시키고 인식시키는 방법으로 역사적 시기·생활·사건들을 관광자가 직접 참여해 보이는 것이다. 재현은 이해를 빠르게 할 수 있다는 이점이 있으나 준비시간이 많이 걸린다는 단점도 있다.

동행(walks)은 관광객들과 함께 걸으며 자원을 해설하는 방법이며 직접 경험하고 질문할 수 있기 때문에 가장 효율적이다. 시간관리가 철저해야 하며, 해설내용을 명확하게 하고 분명한 끝맺음이 중요하다.

자원해설자는 용모, 성격, 공손한 태도의 세 가지를 갖추고, 조직의 기능과 대중상대에 능숙하며, 사무능력과 시간 활용능력 그리고 인내심과 자신감이 있어야 한다.

인적 서비스를 제공에 적절한 장소는 출입구, 방문자안내소, 캠프장, 사무실 등이 있다.

2) 자기안내기법

자기안내기법(self-guiding)은 자원해설자가 없이 유인물이나 해설간판을 이용하여 특수경관, 환경변화, 특이식물 및 동물 등에 대해 관광자 스스로 읽어 보고 그 내용을 이해할 수 있도록 고안된 방법이다.

3) 전자장치이용기법

전자장치이용기법(electronic gadgetry)은 전자장치에 자원해설내용을 실어서 관광객(방문자)에게 들려주는 방법으로, 대사 작성과 음향효과를 고려하여 녹음을 해야 한다.

스미스-화이트(J. Smith-White)는 이 방법의 장점으로, 인쇄물이나 해설간판보다 미적·시각적 폐해가 적고, 방문자들이 전시물, 축소모형, 풍경 등에 시선을 집중할 수 있으며, 자주 반복해야 하는 경우 다른 기법보다 효과적이다. 단점으로는 기계이기 때문에 고장이 날 수 있고 반복되는 것이기 때문에 몇 번 들은 사람에게는 짜증스러울 수 있다.

관광학개론

An Introduction To Tourism

Chapter 05
관광이벤트

Chapter 05

관광이벤트

Ⅰ. 관광이벤트의 성장요인

　관광이벤트는 특정한 주제를 가진 행사를 통해 관광객에게 특이한 경험을 제공하는 관광 프로그램의 일종으로, 관광객의 특화된 요구 및 욕구를 충족시키기 위한 축하행사와 제전을 포함하는 특이(unique)한 순간을 제공하므로(Goldblatt, 1991) 특정지역에 많은 수의 관광객을 불러들일 뿐만 아니라 관광이미지를 창출할 수 있다(Richard, 1988).

　관광이벤트는 여러가지 형태의 미디어를 통하여 그 지역의 광고 기회(promotional opportunities)를 제공하므로, 관광지 마케팅에서 중요한 부분으로 점차 인식되어져가고 있다.

　관광을 국가의 중심산업으로 하고 있는 많은 서구국가의 경우 1980년대부터 이벤트를 통해 더욱 적극적으로 관광객을 유치하고자 하는 노력을 경주하고 있으며, 1990년대 들어서는 이러한 경향이 더욱 뚜렷이 나타나 아시아 국가에서도 이벤트 개최가 증가하는 현상을 보이고 있다. 선진국의 경우를 볼 때 스페셜 이벤트의 증가는 경제성장 및 여가활동의 증가와 비례관계를 나타내고 있다.

전 세계적으로 이벤트 개최가 증가하고 활발한 이벤트 활동이 진행되는 요인으로 크게 경제적 영향요인, 문화적 영향요인, 사회적 영향요인 및 인구통계적 영향요인을 들 수 있다. 경제적 영향요인을 보면 가처분소득의 증가, 여가시간의 증가, 지역경제 활성화 등을 들 수 있고 사회적 영향요인에는 교육수준의 향상, 국제교류의 증가, 정보교류의 장 필요 등을 들 수 있다. 또한 문화적 영향요인에는 여가선호의 다양화, 관광형태의 변화, 개인·조직·국가의 개성화를 들 수 있고, 인구통계적 영향요인에는 직업분포의 변화, 국가의 민족다원화 등을 들 수 있다.

Ⅱ. 이벤트의 개념 및 특성

이벤트(event)란 용어는 사전적으로 "현존(現存)하고 있는 것과는 다르게 무언가 발생되는 일(anything that happens(Simpson, 1998) distinguished from anything that exists)"이라는 의미를 갖는다.

그러나 우리가 일반적으로 사용하고 있는 이벤트라는 용어의 현상적 의미는 사전에 나타난 의미와 달리 "사람들이 모이도록 모임을 개최하여 정해진 목적을 실현시키기 위해서 행해지는 행사"라는 뜻을 내포하고 있다고 할 수 있다.

서구에서는 이벤트(event)라는 용어에서 자연발생적인 의미를 없애고 인위적으로 발생시키는 일이라는 제한적인 의미를 지니고 있다는 것을 강조하기 위해 이벤트라는 용어 대신에 스페셜 이벤트(special event)라는 말을 사용하기도 한다.

스페셜 이벤트란 "긍정적인 개최목적을 지니고 인위적으로 계획된 비일상적인 행사"라는 의미로, 우리나라나 일본에서 사용하고 있는 이벤트

(event)와 동일한 의미를 지니고 있는 용어이다.

이벤트란 "주어진 시간에 특정 목적을 달성하기 위하여 인위적으로 행해지는 계획된 행사"라는 개념을 지니고 있다. 이는 자연적으로 발생하는 일을 이벤트라고 부를 수 없는 이유이기도 하다. 따라서 홍수, 지진 등과 같이 자연적으로 발생하는 사건을 이벤트라고 칭할 수 없으며, 운동경기나 축제 등과 같이 인위적으로 특별히 계획된 활동인 '특별한 이벤트(special event)'만을 이벤트라고 부를 수 있는 것이다.

또한 인위적 계획성을 가진 이벤트 중 부정적 의미의 사건(affair)이나 사고(accident)가 아닌, 즐거움, 좋은 일에 대한 축원, 또는 발전지향 등의 긍정적 개념을 바탕으로 발생되는 긍정적 의미의 특성을 지닌 이벤트를 말한다. 예를 들어 치밀하게 계획된 전쟁, 범죄로 계획되어 발생한 싸움이나 화재, 회사의 부도 등과 같이 부정적인 의미를 지니고 발생되는 일이 아닌, 실제 사회에서 통용되고 있는 '이벤트'라는 용어의 개념은 긍정적 의미를 바탕으로 발생되는 일이라고 할 수 있다.

그리고 긍정적인 개념과 인위적으로 계획된 개념을 지니고 있다 하더라도 일상적으로 행해지는 활동이거나 일상생활 주변에서 늘 접할 수 있는 것이라면, 이는 일반적으로 통용되는 이벤트의 범주에서 벗어난다고 할 수 있다. 이러한 개념은 우리가 '출퇴근'이나 매일 접하게 되는 '일상적인 아침식사', 또는 '일상적인 업무처리'로 이벤트라고 부를 수 없는 이유이다. 따라서 이벤트는 일상생활과 구별되어 빈번히 발생되지 않는 개념의 일 또는 행사라고 할 수 있으며, 매일매일 부딪히게 되는 일상적인 활동은 이벤트로 간주할 수 없기 때문에 비일상적인 특성을 지니고 있다.

이벤트의 구성요소와 특성을 참고하여 이벤트를 정의하면 "주어진 기간 동안 정해진 장소에 사람을 모이게 하여 사회·문화적 경험을 제공하는 행사 또는 의식으로서 긍정적 참여를 위해 비일상적으로 특별히 계획된 활동"이라고 할 수 있다.

메가이벤트(mega-event)

- 전세계의 매체로부터 주목을 받을 수 있는 이벤트
- 방문객수 100만명 이상, 자본비용 5억$ 이상으로서 반드시 관람하고 싶은 행사라는 명성을 지닌 이벤트
- 규모와 중요성에 있어 특별히 높은 수준의 관광, 매체커버리지, 명성, 또는 개최지 및 지역사회에 경제적 영향을 창출하는 이벤트

홀마크이벤트(hallmark event)

- 개최지의 상징적 중요자원으로 개최지 특성 표현
- 개최지와의 연관성을 분리할 수 없는 이벤트
- 리오카니발, 뮌헨10월축제, 에든버러축제, 삿뽀로눈축제
- 개최지의 장단기 인지도, 매력 및 수익성 향상을 목적으로 일회 또는 반복적으로 정해진 기간 동안 개최되는 이벤트
- 전통, 매력도, 이미지 및 퍼블리시티에 있어 중요성을 지니고 반복적으로 개최되는 이벤트
- 행사지(venue)에 경쟁우위를 제공하는 이벤트

Ⅲ. 관광이벤트의 분류

세계 각국에서 개최되는 이벤트의 종류가 다양한 만큼 이벤트의 분류도 매우 다양한 방법으로 행해지고 있다. 이벤트의 분류형태를 결정하는 중요한 요인은 이벤트를 어떤 개념으로 접근하느냐에 따라 달라질 수 있다.

관광이벤트의 종류는 크게 전통적 민속이벤트, 지역축제, 스포츠이벤트, 문화예술이벤트, 국제회의 이벤트, 전시·박람회형 이벤트 등으로 분류할 수 있다.

관광효과와 상관없이 이벤트를 분류해 보면 축제, 전시회, 박람회, 회의, 문화이벤트, 스포츠이벤트, 기업이벤트, 정치이벤트, 개인이벤트 등으로 분류할 수 있다.

공연, 퍼레이드, 연회, 파티, 게임 등은 그 자체가 이벤트가 될 수도 있으

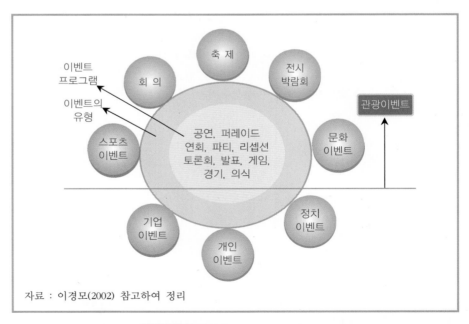

자료 : 이경모(2002) 참고하여 정리

그림 5-1 이벤트의 유형과 관광이벤트

나, 주로 이벤트를 수행하기 위해 설정된 내용물로서, 이벤트 실행의 구성 요소 또는 도구라고 말할 수 있다.

또한 이벤트의 주최자와 개최목적에 따라 공적(公的) 이벤트와 사적(私的)이벤트로 구분할 수 있는데, 공적 이벤트는 정부 또는 공공기관에서 일반국민을 대상으로 실시하는 이벤트로 공공(公共)이벤트(public event)이며 지역의 진흥과 활성화, 지역의 이미지 고양, 지역주민의 단결, 커뮤니티 의식의 고취, 산업·기술의 진흥과 교류 등을 목적으로 하는 경우가 많다.

사적 이벤트는 기업이나 단체가 개최하는 이벤트로서 주로 기업이나 단체의 이미지 고양과 PR, 기업이익의 사회 환원과 고객서비스, 고객의 조직화, 상품·서비스의 판매와 촉진, 조직의 활성화와 인센티브 등의 목적으로 실시되고 있다.

1. 축제

1) 축제의 개념

축제는 '경사스러운 날'과 '제사 드리는 날'의 합성어로 경사스러운 날을 기념하는 예술적 요소가 포함한 포괄된 문화현상이라고 할 수 있다.

축제는 인간이 소망하는 일이 이루어지기를 바라는 제사·의식 및 행사를 의미하며 예술적 요소가 포함된 제의를 일컫는다고 할 수 있다.

축제(祝祭)는 "경축하여 벌이는 큰 잔치나 행사를 이르는 말"로 정의할 수 있고, 전통축제뿐 아니라 문화제, 예술제, 전국 민속예술 경연대회를 비롯한 각 지역의 문화행사까지 범위를 확대시키고 있다. 따라서 현대적 의미의 축제란 공동주제와 관련된 이벤트의 연속이며, 공공 주제적인 행사로, 문화적인 활동의 다른 양상을 포함하고 있는 행사를 의미한다.

지역의 다양한 문화현상을 포괄하고 있는 축제는 지역의 문화유산을 축제화한 것이며 나아가 문화제, 예술제, 전국 민속예술 경연대회 등 문화행사 전반을 포괄한다. 축제는 종합예술로써 관광상품화되어 지역의 개성을 보여주고 관광객은 개성 있는 관광을 하게 된다(심상도, 1998).

2) 축제의 특성 및 기능

축제는 고의적 과잉성, 축의적 긍정성, 대국성, 비이동성·비소모성의 4가지의 특성을 가지고 있는데, 이를 구체적으로 보면 다음과 같다(이경모, 2003).

첫째, 고의적(故意的) 과잉성(過剩性)이란 축제에 참가할 때에는 일상생활의 궤도에서 벗어나 지나친 행동을 하게 되고, 과거와 현재의 속박에서 벗어나 기묘한 복장과 행동들을 보여주는 것을 말한다.

둘째, 축의적(祝儀的) 긍정성(肯定性)이란 축제참가자의 생에 대해 긍정하는 자세와 성취감, 기대감에 대한 축하 등을 의미한다.

셋째, 대국성(對局性)이란 과잉적 요소와 뚜렷한 대조성을 보이는 것으로, 축의적(祝儀的)인 과잉성을 함축하면서도 일상생활의 작업관례 및 중요성과 관련시키는 것을 의미한다.

넷째, 비이동성과 비소모성이란 축제가 지역문화를 종합적으로 보여주는 상징화된 행사로서, 일정장소에서 무형의 인적서비스와 함께 제공되기 때문에 갖는 특성이라 할 수 있다. 축제는 관광행동을 촉발할 만큼의 매력을 갖고 지역을 관광 상품화하는 것이므로 보전이 필요하다.

축제는 역사·사회·문화의 산물로서, 그 기능은 원초적 제의성의 보존, 지역주민의 일체감 조성, 전통문화의 보존, 경제적 의의, 관광적 의의 등이 있다.

축제의 기능을 보면 억압된 인간의 감정과 행동표현의 기회를 제공하고 인간 본연의 위치를 발견하게 하는 기능을 수행하며 사회 비판적인 기능을 갖고 있다. 또한 사회적·종교적 목적의 활동수단이 되고 지역·국가

간의 문화교류의 가교역할을 하며 취약한 경제력을 향상시키는 기능을
한다. 그리고 지역의 선전·홍보 및 지역민과 관광객 간의 교류증진 기능
을 한다.

▲ 스페인 뷰놀의 토마토축제   자료 : naver.com

3) 축제의 분류

축제는 크게 개최기관별, 프로그램별, 개최목적별, 자원유형별, 실시형태
별로 구분할 수 있다.

이 중 축제의 개최목적에 따른 분류로서 문화관광축제는 문화와 관련된
축제 및 행사를 관광에 초점을 둔 것으로서, 관광산업의 발전과 관광객 유
치를 통한 지역경제 육성을 목적으로 하는 축제를 말한다.

산업축제는 비교적 빈도가 높게 나타나는 관광축제를 제외한 다른 산업
분야, 즉 농·림·축산업, 어업, 상업 등의 발전을 목적으로 개최하는 축제
를 말하고, 특수목적축제는 환경보호 또는 역사적 인물이나 사실을 추모하
거나 재현하는 것을 목적으로 하여 개최하는 축제 등을 포함한다.

▲ 브라질 리오카니발의 퍼레이드행렬　　　　　　　　　자료 : naver.com

　　이 밖에 실시형태별 분류로서, 페스티벌, 카니발 등의 용어가 사용되는
데, 세계적으로 유명한 축제로는 영국 스코틀랜드의 에든버러 축제
(Edinburgh Festival), 독일 뮌헨의 10월 축제(Octoberfest) 등이 있다.

　　카니발(Carnival)은 13세기의 이탈리아에서 시작된 것으로, 우리말로는
'사육제(謝肉祭)'가 적당하며, 사순절이 시작되기 직전을 가리킨다. 프랑스
의 니스 카니발, 이탈리아의 베니스 카니발, 브라질의 리오 카니발이 세계
3대 카니발로 꼽힌다.

▲ 프랑스의 니스카니발

자료 : naver.com

4) 우리나라 축제의 문제점 및 향후과제

축제는 관광산업과 밀접한 관계를 가지고 있고, 관광적 효과를 비롯하여 경제적 효과, 사회·문화적 효과 등을 유발하기 때문에 국가적 또는 지역적 차원에서 발전·육성시켜야 한다.

우리나라 축제의 문제점과 과제를 살펴보면 다음과 같다.

첫째, 우리나라의 축제는 유사한 프로그램의 구성으로 인해 방문객들의 새로운 흥미를 유발하지 못하고 있는 것이 사실이다. 그러므로 다른 축제와 구별되는 독창적이고 모방할 수 없는 특징적인 프로그램을 구성하여 주제와 관련된 참여·체험형 프로그램을 개발하고 방문객들의 참여공간을 확대시켜야 한다. 축제와 관련된 각종 프로그램의 발굴은 해당지역 및 축제와 관련한 모든 자료들을 수집하여 활용가능한 요소들을 발굴하는 일이 선행되어야 하며, 독특한 축제 프로그램의 구성을 통하여 독창적인 대표 이미지를 구축하여야만 한다.

둘째, 우리나라의 축제는 행사 프로그램 외에도 개최지 주변의 숙박, 음식, 교통시설 등의 방문객 시설 및 서비스가 미흡하므로, 축제방문객을 위

표 5-1 2019년도 문화관광축제

	글로벌 육성 축제	대표축제	최우수축제	우수축제	유망축제
서울					
인천 경기			이천쌀문화축제 안성맞춤남사당바우덕 이축제	수원화성문화제 시흥갯골축제	인천펜타포트음악축제 여주오곡나루축제
강원	화천 산천어축제			평창효석문화제 원주다이내믹댄싱 카니발 춘천마임축제	횡성한우축제 강릉커피축제 평창송어축제
충북					괴산고추축제
충남	보령 머드축제				논산강경젓갈축제 부여서동연꽃축제, 서산해미읍성축제 한산모시문화제 음성품바축제
전북	김제 지평선축제	무주 반딧불축제		임실N치즈축제	완주와일드푸드축제
광주 전남			담양대나무축제 진도신비의바닷길축제, 광주추억의충장축제 보성다향대축제	강진청자축제 정남진장흥물축제	순창장류축제 고창모양성제 영암왕인문화축제
대구 경북	안동 탈춤축제	문경 찻사발축제		봉화은어축제	포항국제불빛축제 대구치맥페스티벌 대구약령시한방문화축제 영덕대게축제
경남	진주남강 유등축제	산청한방 약초축제		통영한산대첩축제	밀양아리랑대축제, 고령대가야체험축제,
제주			제주들불축제		

※글로벌 육성 축제(대표등급을 5회 연속 유지하여 문화관광축제를 졸업한 명예축제)

한 화장실, 주차공간, 공중전화, 벤치 등 다양한 편의시설 및 휴식 공간 등을 충분히 확보하여 행사장의 무질서, 환경적 오염 등의 부작용에 대한 충분한 대책을 수립하고, 방문객을 위한 각종 편의시설 및 안내시설 등 시설적인 면을 개선하며, 진행요원 및 자원봉사자 등의 서비스에 대한 사전교육을 향상시켜야 한다.

우리나라 축제의 문제점과 과제를 살펴보면 다음과 같다.

첫째, 우리나라의 축제는 유사한 프로그램의 구성으로 인해 방문객들의 새로운 흥미를 유발하지 못하고 있는 것이 사실이다. 그러므로 다른 축제와 구별되는 독창적이고 모방할 수 없는 특징적인 프로그램을 구성하여 주제와 관련된 참여·체험형 프로그램을 개발하고 방문객들의 참여공간을 확대시켜야 한다. 축제와 관련된 각종 프로그램의 발굴은 해당지역 및 축제와 관련한 모든 자료들을 수집하여 활용가능한 요소들을 발굴하는 일이 선행되어야 하며, 독특한 축제 프로그램의 구성을 통하여 독창적인 대표 이미지를 구축하여야만 한다.

둘째, 우리나라의 축제는 행사 프로그램 외에도 개최지 주변의 숙박, 음식, 교통시설 등의 방문객 시설 및 서비스가 미흡하므로, 축제방문객을 위한 화장실, 주차공간, 공중전화, 벤치 등 다양한 편의시설 및 휴식 공간 등을 충분히 확보하여 행사장의 무질서, 환경적 오염 등의 부작용에 대한 충분한 대책을 수립하고, 방문객을 위한 각종 편의시설 및 안내시설 등 시설적인 면을 개선하며, 진행요원 및 자원봉사자 등의 서비스에 대한 사전교육을 향상시켜야 한다.

셋째, 우리나라의 축제는 유사한 주제의 축제가 중복 개최됨으로써 경쟁력이 약화되고, 이는 국가적으로도 막대한 손실이다. 따라서 이러한 문제의 해결을 위해 국가행정 차원에서 다양한 주제들을 개발하고 지역차원에서 작고 부실하게 개최되는 축제들을 선택하고 통합하여 집중적인 지원을 해야 한다.

넷째, 우리나라의 현행 축제 중 대다수가 매년 9~10월과 4~5월의 4개월에 집중적으로 개최되는데, 이는 낭비이므로 축제의 개최시기를 분산하여 개최할 수 있게 하고 지역별로나 인근 지역간에는 중복을 피할 정도로 개최시기를 조정할 필요가 있다.

▲ 한국의 춘천마임축제(좌)와 안동국제탈춤축제(우)　　　　　　자료 : 축제사이트

2. 문화이벤트

1) 문화이벤트의 개념

향후 미래사회는 문화가 주도할 것이라고 예측하고 있는데, 이처럼 문화가 주목을 받고 있는 이유는 현대사회가 점차적으로 성숙사회로 이행되면서 물질적 충족보다는 정신적 충족에 대한 욕구를 추구하고 있기 때문이다.

문화이벤트는 문화적 측면과 공연 측면으로 구분할 수 있다. 문화적 접근의 이벤트는 다시 거시적 측면과 미시적 측면으로 나눌 수 있는데, 거시적으로는 지역간 또는 민족간의 다른 문화를 경험할 수 있는 지역축제·유적·민속물·풍습의 전시, 문화예술의 전시, 패션쇼 등도 포함되고 미시적으로는 음악·연극·무용·미술과 관련된 공연이나 전시가 주축이 된다. 그리고 공연 측면의 이벤트분야는 텔레비전과 매체의 공개프로그램, 대중예술 공연 및 각종 콘서트 등이 그 접근대상이 된다.

공연예술이란 음악·무용·연극 등 기타 예술적 또는 오락적 관람물로, 무대 또는 공개된 자리에서 연주·상연·가창(歌唱)되거나 그 밖의 방법으로 연출되는 것이다. 대표적인 공연예술인 연극은 종합예술로, 무대장치(미술)·조명·음향효과·안무·음악 등 인접하는 여러 예술의 참여가 필요하다.

따라서 문화이벤트란 공개된 장소에서 공연자와 참여자가 짜여진 프로그램을 통하여 그 경험을 공유하는 행사이며 동질성을 지닌 민족, 집단, 구성원들의 다양한 문화활동이라고 할 수 있다.

문화이벤트는 기업적 성격과 공공적 성격으로 접근할 수 있다. 현대사회는 그 어떠한 분야보다도 문화 분야에 대한 중요성이 강조되고 있다. 기업은 제품을 생산하고 제공하는 종래의 단순한 기능에서 벗어나 현대인들의 문화적 욕구를 충족시킴으로서 기업의 사회적 역할과 이미지 제고를 꾀하는 수단으로 문화이벤트를 선호하고 있다. 또한 자치단체와 공공단체의 경우도 문화이벤트를 통해 지역주민들과의 커뮤니케이션을 구축하고 지역문화를 육성하는 한편, 지역활성화를 위한 수단으로 이용하고 있다.

또한 지역주민들과의 커뮤니케이션 구축과 지역문화 육성 그리고 지역활성화를 위한 수단으로 활용되고 있는 문화이벤트는 주로 음악, 연극, 미술, 영화 등의 문화행사를 이벤트화 한 사례가 많다.

프랑스의 칸느 영화제, 이탈리아의 싼레모 가요제, 미국 브로드웨이 뮤지컬은 세계적으로 정평이 나 있는 문화행사인 동시에, 이 행사의 개최지는 유명한 관광명소로 세계인들의 뇌리 속에 인지되고 있다. 국내의 경우 광주비엔날레, 부산국제영화제, 전주소리축제 등도 훌륭한 문화이벤트라 할 수 있다.

많은 자치단체 및 공공단체가 문화이벤트를 개최하고 있는데, 이를 통해서 얻을 수 있는 이점을 보면 첫째, 대민관계를 개선할 수 있고 둘째, 문화적 자긍심을 고취할 수 있으며 셋째, 지역의 이미지 제고와 경제활성화에 기여할 수 있다. 그리고 넷째, 지역주민의 화합과 연대감을 조성할 수 있다.

한편, 문화이벤트의 결과는 그 의도와 대상에 따라 다양하게 나타날 수 있는데, 바람직한 이벤트를 개최방법은 첫째, 이벤트의 목적과 의도를 명확히 해야 하고 둘째, 대중매체를 효과적으로 활용할 수 있어야 하며 셋째, 문화이벤트가 장기적으로 지속 전개되어야 한다. 마지막 넷째로는 자치단체나 공공단체의 경우 행사의 중심에 주민을 참가시켜야 한다.

2) 문화이벤트의 분류

한국문화예술진흥원에서 발행한 문예연감에 의하면 문화행사를 문학, 예술, 국악, 양악, 연극, 무용, 민속축제의 7가지로 분류하고 있는데, 문화공연이벤트란 〈표 5-2〉에서 제시된 행사 중 문학과 미술 및 민속축제를 제외한 국악과 양악, 연극 및 무용의 범위를 의미한다.

표 5-2 한국문화예술진흥원의 문화행사분류

분 류	내 용
문 학	시낭송회, 시화전, 문학의 밤, 백일장, 기타 관련행사
미 술	회화, 공예·디자인, 조각, 판화, 서예, 사진, 건축, 종합 미술행사
국 악	연주회, 극음악, 사물놀이, 민속종합공연, 국악감상 및 강좌 등
양 악	작곡, 기악, 성악, 오페라 등
연 극	정극, 뮤지컬, 마임극, 창극, 마당놀이 등
무 용	현대춤, 발레, 한국춤, 행사용 춤 등
민속축제	종합 향토축제, 역사·제의 축제, 민속놀이 축제, 예술제, 경연대회 축제 등

자료 : 한국관광공사

이러한 문화공연이벤트는 각각 문화의 주제가 정해져 있고, 경쟁이 있는 것 과 없는 것으로 구분해 볼 수 있다. 문화주제별로는 방송·연예, 음악, 예능, 연극, 영화 등으로 다시 세분할 수 있고, 경쟁 유·무별로는 경연대회, 발표회, 콘서트 등으로 다시 분류할 수 있다.

3) 문화이벤트의 구성요소

문화공연 이벤트의 구성요소는 크게 주요소와 기타요소로 분류한다. 주요소는 문화공연 이벤트가 이루어질 수 있는 공연장, 관객, 공연자, 프로그램을 본질적 요소라고 할 수 있으며, 기타요소는 극적인 연출을 위한 부수적 첨가요소인 무대장치, 조명, 음향, 소품 등이라고 할 수 있다.

(1) 주요소

가. 공연자

공연자는 공연을 구성해 가는 인적요소인 배우와 연출자로 문화공연 이벤트의 핵심이다. 배우를 대신해 인형이나 꼭두각시가 배역을 대신하는 경우도 있고, 가면이나 탈을 쓰고 공연하기도 한다.

▲ 러시아 민속공연단의 공연모습

나. 공연장

공연장은 배우의 공연이 이루어지는 장소로써 공연이벤트에서 없어서는 안될 중요요소이이다. 종류로는는 옥외의 놀이판, 굿판 및 현대식 극장무대에 이르기까지 매우 다양하다.

문화공연이벤트 공연장의 형태는 대극장(좌석수가 1,000~2,000석 이상), 중(전용)극장(좌석수가 500석 전후), 소극장(좌석수가 200~400석 미만), 가설무대, 다목적 공간의 5가지로 분류할 수 있는데, 가설무대는 야외경연이나 간이공연에 주로 사용되는 무대이며, 다목적 공간은 정식 극장의 형태를 갖추고 있지는 않지만 공연이 가능한 공간으로 교회, 강당, 백화점 문화공간 등이 이에 해당된다.

다. 관객

관객(audience)은 문화공연이벤트의 참여자로, 무대에서 연기하는 공연자에 적극 협력하여 훌륭한 이벤트를 만들어낼 수 있도록 공연자와 함께 호흡하며 공연에 창조적으로 참여하는 경우부터 단순한 관람자에 이르기까지 다양하다. 공연자와 관객의 호흡은 공연의 성과를 좌우하므로 매우 중요하다.

라. 프로그램

프로그램은 관객입장에서 문화공연 이벤트의 실체적인 상품이라 할 수 있는데, 방송·연예, 음악, 예능, 연극, 영화 등 분야에 따라 매우 다양하며, 분야별로 상이한 프로그램과 경험이 제공된다.

(2) 기타 구성요소

문화공연 이벤트를 행하기 위해 필요한 주요소외에 기타요소(신일수, 2000)로는 무대장치, 조명, 음향, 소품 등이 있으며, 이는 이벤트의 부수적 첨가요소로서 연출에 있어 중요한 항목이라고 할 수 있다.

가. 무대장치

무대장치는 공연이벤트에서 매우 높은 비중을 차지하며 4가지 면에서 공연에 기여한다. 첫째, 극 행위의 시·공간적 사실과 환경, 인물의 성격, 인물간의 관계 등을 포함한 정보를 전달하고, 둘째, 극에서 성장·발전하는 감정에 대한 반응을 강화하며. 셋째, 표현의 특정 스타일을 극 행위의 관점으로 유도한다. 그리고 마지막으로 높낮이, 색상, 적절한 틀, 시각적 명확성 등을 통해 연기자를 부각시키고 역동성을 유발하기도 한다.

나. 무대조명

무대조명의 역할 또한 중요한데, 이를 살펴보면 첫째, 조명은 무대 위에 빛을 제공해 줌으로써 관객으로 하여금 무대 위의 어느 곳을 보아야 할지 알려주는 가시화 기능을 말한다.

둘째, 조명은 공연의 내용시점이 하루 중 어느 때인지, 계절은 언제인지, 날씨는 어떠한지 등을 관객에게 전달하는 물리적인 환경을 조성한다.

셋째, 조명은 관객이 무대 위의 상황을 보다 잘 이해할 수 있도록 도와주고 관객의 감성적 반응을 자극하여 작품에 깊이 몰입할 수 있도록 공연의 분위기를 조성한다.

넷째, 조명은 배우가 연기하는 공간과 동선을 빛에 의해 한정시킴으로써 배우가 움직이는 공간을 설정해 준다.

다섯째, 조명은 빛의 방향별 특성을 활용하거나 여러 방향의 빛을 잘 조화시킴으로써 무대 위의 사물이나 배우를 입체적으로 보이게 한다.

여섯째, 조명의 변화, 즉 조명 큐의 전환은 공연에 리듬을 제공하는데, 조명은 극의 분위기 전환, 배우의 동선 변화, 무대장치의 전환, 음악의 변화 등에 영향을 준다.

일곱째 조명은 공연 전체의 스타일을 강조하여 관객으로 하여금 작품의 주제를 이해할 수 있도록 도와준다.

다. 음향

음향이란 소리 울림에 관련된 사항을 다루는 기술 분야로, 공연에서 중요한 요소이다. 음악은 소리의 예술이고 무용은 음악을 바탕으로 하는 몸짓의 예술이며, 연극은 언어와 행위의 예술인데 이들의 무대에서는 음악이나 효과음은 절대적으로 중요한 위치를 차지한다. 무대에서의 소리는 예술적으로 조화롭게 들려야 한다는 점에서 일상생활에서의 소리와 구분된다.

라. 소품

소품은 크기, 용도, 기능에 따라 가구소품, 손소품, 장치소품으로 구분할 수 있다.

가구소품은 가장 큰 무대소품들이며 주로 무대 위의 가구, 카펫, 부엌, 벤치, 나무, 바위, 숲 등이 이에 속한다. 손소품은 손으로 들고 다닐 수 있는 소품들을 말하며 연기에 필요한 편지, 연필, 책, 우산, 접시 등이 이에 속한다. 장치소품은 무대를 보다 완벽하게 장식하기 위한 소품들로, 커튼, 그림액자, 거울 등을 말한다.

3. 회의 및 컨벤션

1) 회의 및 국제회의의 개념

회의란 미리 정해진 목적이나 의도를 성취하고자 하는 비슷한 관심을 가진 사람들이 한 곳에 모이는 것으로, 어떤 문제에 대한 상호 의견 교환을 통해 해결 또는 개선방안을 모색하기 위하여 의사소통(Communication)의 기회를 마련하는 것이라 할 수 있다.

회의에 대한 정의는 다양하게 나타나 있는데, Getz(1996)는 "회의란 다양한 목적을 위한 사람들의 모임을 의미한다."라고 정의한 바 있고, Montgomery & Stick(1995)의 경우에는 "정보교환의 목적으로 사람들을 모이게 하기 위한 컨퍼런스, 워크숍, 혹은 기타의 이벤트를 의미한다."라고 정의하였다. ICCA 의 정의에 의하면 회의란 "다수의 사람들이 특정한 활동을 수행하거나 협의하기 위해 한 장소에 모이는 것을 일컫는 일반적인 용어"라고 정의하고 있다.

이러한 학자 및 단체들의 정의를 바탕으로 일반적인 정의를 내려보면 회의(meeting)란 "다양한 참가의 목적(교육, 정보교류, 친목 등)을 가지고 개인·단체·국가를 대표하는 참가자들이 자신이 대표하는 개인·단체·국가의 이익을 도모하기 위해 만남의 기회가 제공되는 행사의 총체를 의미한다."고 정의할 수 있다.

국제회의(International Meetings)는 단어가 의미하고 있는 그대로 회의의 참석자가 단일 국적 혹은 국가로 이루어지지 않고 둘 혹은 그 이상의 국적과 국가로 구성되어진다는 것이다.

국제협회연합 (UIA : Union of International Association)은 국제회의를 다음과 같이 정의하고 있다.

〈Type A〉 국제기구가 주최하거나 또는 후원하는 회의로 50인 이상

〈Type B〉 국제협회의 국내지부에 의해 조직된 전국적인 규모의 회의로 서, 회의 참가자가 300명 이상, 외국인 40%이상, 참가국수 5개 국 이상, 회의기간은 3일 이상의 조건을 갖춘 회의

〈Type C〉 국제협회의 국내지부에 의해 조직된 전국적인 규모의 회의로 서, 회의참가자가 250명 이상, 외국인 40% 이상, 참가국 5개국 이상, 회의기간은 2일 이상의 조건을 갖춘 회의

또한 국제회의협회 (ICCA : International Congress & Convention Association) 는 국제회의를 다음과 같이 정의하고 있다.

① 최소한 참가자 수가 50명 이상

② 회의는 주기적으로 개최되어야 하고 일회성 회의는 포함되지 않고 최소한 3개국 이상 순회하면서 개최하는 회의

결론적으로 국제회의란 "다양한 개최의 목적(교육, 정보교류, 친목 등)을 위하여 개인, 단체, 국가를 대표하는 다국적 참가자들이 자신을 대표하는 개인, 단체, 국가의 이익을 도모하기 위한 만남의 기회를 1개국 이상에서 제공하는 행사의 총체를 의미한다.

2) 컨벤션의 개념 및 성격

컨벤션은 사전적 의미로 모임이나 회의라는 뜻을 가진 단어이다. 그러나 우리가 일상적으로 통용하는 컨벤션이라는 단어는 단순히 모임이나 회의라는 단어로 대체시킬 수 없는 어려움이 있다. 컨벤션의 구체적인 의미를 마거리트(Marguerite L. Weirich)의 정의로 파악해보면 "컨벤션이란 참가자들간의 사회적 상호작용을 바탕으로 한 일종의 사업적 모임"을 의미한다.

컨벤션(convention)의 어원적 정의로는 라틴어의 cum-(together, 함께)과 venire(to come, 오다)의 합성어로 '함께 만나다'라는 convenire로 사용되다가 convention으로 사용되었다. 이러한 컨벤션(convention)은 meeting(회합·토의), information(정보교류), communication(의사소통), social function(사교행사) 등을 그 본질로 삼고 있다.

즉, 컨벤션이란 '대내외적인 참가자들이 어떤 상호적인 공통관심사항을 협의하고 정보를 교류하며 의사소통하기 위하여 각종 회의와 사교 및 행사를 여는 것'이라고 정의할 수 있다. 컨벤션의 범위로는 국제회의와 같이 외국인이 참가하는 회의 뿐만 아니라 상호적인 공통 관심사항을 협의할 목적으로 모이는 협회회의, 기업회의, 정부회의, 비영리조직 회의 등 모든 모임을 포함시킬 수 있다.

컨벤션은 우리가 일반적으로 회의산업의 대표로서 인식하고 있는 회의의 일종으로, 사전적 의미로는 특정한 사안에 대한 실행을 위한 대표의 모임으로 볼 수 있다. 사안에는 정치, 무역, 산업, 과학, 기술 등이 포함되며 일반적으로 총회와 부수적인 소규모의 회의가 포함된다. 총회의 경우 전체 참가자를 위한 대규모의 강당이나 장소가 필요하고 부수적인 소규모의 회의는 일반적으로 구체적인 사안에 대하여 소규모의 집단이 논의하는 것으로, 다수의 소규모 회의실을 필요로 하고 있다. 컨벤션은 전시회(exhibition)를 포함할 수도 있고, 포함하지 않을 수도 있으나 일반적으로 전시회를 포함하는 형태가 많으며, 주기적으로 개최되는 것이 보통이다.

최근에는 컨벤션의 의미가 보다 확대되어 회의를 컨벤션으로 대체하여 쓰는 경우가 많이 있고, 회의·컨벤션, 전시·컨벤션, 그리고 MICE(meeting, incentive meeting, convention, exhibition)로도 불리운다.

현재 우리나라는 컨벤션이 회의를 대체하는 단어로 사용되고 있고 국제회의의 파급효과로 인한 중요성 때문에 컨벤션을 국제회의와 구분하지 않고 사용하는 경향이 있다.

컨벤션은 발표자가 언어적 또는 비언어적으로 피드백되는 쌍방향 커뮤니케이션으로서 청중에게 빠르고 효과적인 방법으로 정보를 제공하게 된다.

즉, 쌍방향 커뮤니케이션으로서의 컨벤션은 정보를 전달하고, 문제를 해결하고, 다른 관점을 보다 빠르게 이해하게 하며, 사람들에게 자극과 동기를 부여하여 정보를 획득하게 한다.

또한 컨벤션은 참가자들에게 정보공유의 기회와 서로를 위한 네트워크를 구축하게 하는데, 많은 사람들은 규칙적으로 회의에 참가하여 동일한 문제를 가지고 있는 다른 참가자들과 의견을 교환할 기회를 가짐으로써 가장 중요한 이익을 얻게 되는 것이다.

컨벤션은 참가자들이 관심을 가지고 있는 업무영역에 대한 새로운 동향과 개발된 정보를 알리기 위해서 개최된다. 이는 특별히 전문적인 주제영역에 관심이 있는 사람들을 위한 전문적인 컨벤션에서 사회적인 집회들까지 다수의 주제와 범위를 다루게 된다. 컨벤션은 모든 참가자들이 함께 모인 가운데 가장 일반적인 세션에 주안점을 두며, 수많은 세미나, 워크숍, 그리고 레크리에이션 및 사회적인 활동을 포함한다.

컨벤션의 기본적 성격은 공공성과 기업성, 다양성과 전문성, 수단성, 과정성, 목표지향성으로 정리할 수 있다.

즉, 컨벤션은 상호협력과 문제해결, 목표를 달성하기 위한 수단일 뿐만 아니라 상호간의 의견과 결정을 행하는 일련의 과정이며, 문제해결과정과 절차면에서는 수단이지만 결과면에서는 목표지향적이라는 것이다.

3) 회의 및 컨벤션의 유형

(1) 형태별 분류

가. 컨벤션(Convention)

컨벤션은 회의분야에서 가장 일반적으로 쓰이는 용어로서, 산업 및 무역 분야에서 주로 개최되며 정보전달(기업의 시장조사보고, 신상품 소개, 세부전략 수립 등)을 주목적으로 하는 정기집회에 많이 사용되며, 전시회를 수반하는 경우가 많다.

나. 컨퍼런스(Conference)

컨퍼런스는 주로 과학·기술·학문 분야의 새로운 지식습득 및 특정 문제점 연구를 위한 회의에 사용되고, 통상적으로 컨벤션에 비해 회의 진행상 토론회가 많이 열리며 회의 참가자들에게 토론회 참여기회도 많이 주어진다.

다. 컨그레스(Congress)

컨그레스는 컨벤션과 같은 의미를 지닌 용어로서, 유럽지역에서 빈번히 사용되며, 주로 국제규모의 회의를 의미하고 있다. 보통 대규모이고, 본회의와 사교행사, 그리고 관광행사 등의 다양한 프로그램으로 편성된다.

라. 포럼(Forum)

포럼은 제시된 한가지의 주제에 대해 상반된 견해를 가진 동일 분야의 전문가들이 사회자의 주도하에 청중 앞에서 벌이는 공개 토론회로서, 심포지움이 격식을 갖춘 토론형식이라면 포럼은 시민광장적 자유로운 토론이다.

마. 심포지엄(Symposium)

심포지엄은 제시된 안건에 대해 전문가들이 다수의 청중 앞에서 벌이는 공개 토론회로서 포럼에 비해 다소의 형식을 갖추며 청중의 질의 기회도 적게 주어진다.

바. 패널 토의(Panel Discussion)

패널 토의는 청중이 모인 가운데, 2-8명의 연사가 사회자의 주도하에 서로 다른 분야에서의 전문가적 견해를 발표하는 공개 토론회로서 청중도 자신의 의견을 발표할 수 있다.

사. 강연(Lecture)

강연은 한 사람의 전문가가 일정한 형식에 따라 발표하며, 청중에게 질의 및 응답시간을 주기도 한다. 강연의 장점은 짧은 시간에 문제의 핵심을 잡을 수가 있으므로 결론이나 결정에 속히 도달할 수 있다.

아. 세미나(Seminar)

세미나는 주로 교육목적을 띤 회의로서, 정보를 교환하고 토의하기 위한 회의이며, 성격상 소규모회의로 이루어지는 것이 효과적이다.

자. 워크샵(Workshop)

워크샵은 총회의 일부로 조직되는 훈련목적의 회의로서 큰 집단의 참여도를 높이기 위해 몇 개의 소집단으로 나누어 소집단마다 의장을 정해 주어진 의제를 토론한 후 결론을 내는 방식이다.

차. 전시회(Exhibition)와 박람회(Exposition)

전시회는 전시회장이라는 일정장소에서 상품 및 서비스 등을 진열하여 경제·문화적 교류 등을 꾀하는 일련의 활동으로 정의되며, 독자적으로 개최되는 경우도 있고 무역, 산업, 교육분야 또는 상품 및 서비스 판매업자들이 컨벤션과 함께 대규모 전시회를 수반하는 경우도 많다.

박람회란 문화적 요소를 기반으로 예술, 과학, 산업 등의 분야를 조직적으로 전시하여 대중의 관심을 환기시키며 다양한 테마를 가지고 각 산업의 발전과 미래의 비전을 제시하는 종합전시회라고 할 수 있다.

카. 인센티브 회의(Incentive meeting)

인센티브 회의는 회사에 공헌을 많이 한 직원에 대한 보답으로 제공되는 일종의 포상여행으로, 여행과 회의프로그램이 함께 제공하기 때문에 회의의 한 형태라고 볼 수 있다.

(2) 개최유형별 분류

많은 단체나 기관들이 회의의 개최자 혹은 후원자로 고려될 수 있는데, 대표적인 후원자는 기업(corporation)과 협회(association)를 들 수 있다.

이들은 조직의 구체적인 문제와 연관된 다양한 이유로 회의를 개최 및 후원하는데, 기업의 경우에는 정보의 배분이나 문제의 해결, 종업원의 교육, 미래의 교육 등의 이유로 회의를 개최 및 후원하고, 협회의 경우에는 인적교류, 회원의 교육, 문제의 해결, 이윤의 창출 등의 목적을 가지고 회의를 개최 및 후원한다.

가. 협회회의(Association meeting)

협회는 자발적인 회장단과 회원의 구조를 가지고 있는 다양한 형태의 조직체로서 공동의 이해와 활동 그리고 목적을 가진 개인들의 집단으로 구성되며, 크기와 성격에 따라 구, 군, 시, 전국적, 국제적 조직으로 다양하다. 협회는 산업에 있어서 강력한 리더로서, 경제적 중요성을 지니고 있으며, 회의와 컨벤션 주관의 많은 부분을 차지하고 있다.

협회가 회의를 개최하는 이유는 첫째, 협회회원의 공동의 목적과 이해를 충족시켜주기 위해, 둘째, 통합된 정보를 회원에게 배분하기 위해, 셋째, 교육과 훈련의 목적으로, 넷째, 회원간의 개인적 혹은 전문적 성장의 기회를 제공하기 위해, 다섯째, 단순히 회원간의 교류(networking)의 기회를 제공하기 위함이다.

한편, 협회의 회의 개최목적은 참가자 입장과 주최측 입장으로 나누어 볼 수 있는데, 참가자 입장에서는 공통된 관심사를 가진 회원들이 의견교환을 하여 새로운 정보나 추세를 파악하는 것이고, 협회 주최측 입장에서는 회의참가비나 등록비 등을 통해 재원을 확보하고, 협회의 홍보수단이 되며, 회원들 간에 친목 및 단합을 위해서 개최한다.

협회회의의 종류에는 산업 및 무역관련 협회(Industry and Trade Association), 전문가 협회(Professional Association), 재향군인회 및 군인협회(Military & other Association), 교육협회(Education Association), 친목조직(Social group Association) 등이 있다.

나. 기업회의(Corporate meeting)

기업은 새로운 환경에 적응하고 치열한 경쟁에서 살아남기 위해 기업의 조직을 새롭게 변화시키고 있다. 오늘날의 기업의 임원이나 의사결정자들은 이러한 환경의 적응과 기업의 목표를 달성하기 위해서 가장 중요한 요소 중의 하나를 조직 내의 원활한 의사소통으로 보고, 기본적인 형태로 회의를 활용하고 있다.

기업회의는 회의시장에서 급속하게 성장하고 있는 사업으로 컨벤션 시장의 중요한 부분이라 할 수 있는데, 기업은 필요할 때마다 소, 중, 대규모의 회의를 자주 개최하고 이를 통해 회사의 원활한 의사소통과 정보와 지식의 공유 그리고 직원들에 대한 교육을 달성한다. 최근에 기업의 최고경영진들이 대화를 강조하는 추세이고 기업내부에서도 대화를 나누기 위한 기본적인 방법이 기업회의라고 할 수 있다.

기업회의의 종류를 보면 전국·지역영업회의, 신상품의 소개 및 판매책 회의, 전문·기술회의, 훈련회의, 관리회의, 주주회의·대중회의, 인센티브 회의 등으로 분류되기도 하고, 마케팅회의(Marketing Meeting), 대리점 회의(Agent Meeting), 기술 및 교육회의(Technical & Educational Meeting), 최고경영자 및 임원회의(Board & Committee Meeting), 주주총회(Shareholder's Meeting)등으로 분류되기도 한다.

① 전국·지역영업회의: 새로운 상품의 소개, 기업의 새로운 정책과 전략의 소개, 문제의 해결을 위한 영업 전략의 제안 등의 현실적인 문제와 기업의식의 제고 및 직원들의 동기부여를 위한 회의이다.

② 신상품의 소개 및 판매책 회의: 영업담당임원과 관리직원이 판매책 혹은 유통업자와 만나는 행사로 신상품의 소개는 중요한 의미를 지닌다.

③ 전문·기술회의: 기술직원에게 새로운 기술을 전수하기 위해 세미나나 워크숍 형태의 회의를 개최하며 내부 전문가나 외부로부터 전문가를 초대해서 직원에게 새로운 기술과 정보를 제공한다.

④ 훈련회의: 일반적으로 새롭게 채용되거나 직급 및 직무의 변동이 있는 임원 및 직원에게 이루어지는 회의로, 기술훈련 외에도 영업 전략이나 태도에 대한 훈련이 이루어진다.

⑤ 관리회의: 기업 임원급의 모임으로, 중역회의와 같이 정기적인 회의나 특정상황에 대한 대응으로 소집하는 회의이다.

⑥ 주주회의 및 대중회의: 주주나 일반대중을 대상으로 하는 회의로, 주주에게 결산 및 정책과 비전을 제시하는 회의이며, 일반대중에게 회사

의 이미지나 상품을 소개하는 회의이다.

⑦ 인센티브회의: 기업이 일정한 목표기준에 도달한 종업원 및 고객, 유통
업자에게 동기부여를 목적으로 보상여행과 함께 제공하는 회의이다.

다. 비영리조직회의(Non-Profit Organization meeting)

많은 비영리조직들도 컨벤션에서 중요한 위치를 차지한다. 비영리단체
(non-profit organization)는 매우 다양한 형태를 나타내고 있는데, 비영리조
직회의로는 노동조합회의(Labor Union Meeting), 기금 마련을 위한 재정후
원회, 각종 종교회의(Religion Group Meeting) 등이 있다.

노동조합단체회의는 대체로 대규모로 이루어지고, 종교단체회의는 광범
위한 관심사를 다루며 특히 회의비용이 중요하므로 개최지 선정이 중요하
다. 인종단체가 주최하는 회의는 타국에서 이주한 동일 인종간의 사교를
목적으로 하므로 친목을 강조하는 사교행사 프로그램이 매우 중요하다. 또
한 친목·봉사단체가 실시하는 국제회의는 우정·우애·봉사의 결과와 문제
점 및 개선방안을 회원들간에 공유함으로서 친밀감을 높이는 한편, 이런
유대관계를 중심으로 박애정신 실현 및 사교를 목표로 한다.

라. 정부주관회의(Government Agency meeting)

많은 정부기관들이 공무원 뿐 아니라 일반인을 대상으로 컨벤션을 개최
하는데, 외교통상부, 농림부, 산업자원부, 각 지방단체 등이 자주 회의를
개최한다. 정부부처는 공무원이나 일반 지역민 혹은 국민들과의 만남을 가
질 경우가 있다. 전자의 경우에는 정부의 시설물 내에서 공청회나 정책설
명회의 형태로 회의를 개최할 수도 있지만, 후자의 경우에는 정부시설 밖
에서 세미나 등의 형태로 회의를 개최하는 경우가 많다.

4) 회의 및 컨벤션의 효과

국제회의산업은 관광과 매우 밀접한 관계를 지니고 있으며, 관광과 국제회의는 상호 의존관계에 있다. 더구나, 국제회의 개최도시 선정시 개최지의 매력은 관광이미지에 의해 좌우되는 경우가 많으며, 관광도시가 국제회의 개최에 유리하다는 점은 이미 알려진 사실이다. 따라서 최근 국제회의는 관광 선진국에서 높은 관심을 가지는 분야로 각국의 NTO 및 CVB에서는 국제회의 유치와 운영에 따른 적극적인 지원을 아끼지 않고 있다.

회의산업은 21세기의 국가산업적 측면에서도 매우 중요한 분야로, 1차적으로는 컨벤션센터의 운영과 관련된 설비 및 서비스관련 산업, 전시관련 산업을 지칭하나, 다양한 연관산업 효과를 가지고 있어 경제적 파급효과가 매우 높은 산업이다. 즉, 회의산업은 관광·레저산업, 숙박·유흥·식음료, 교통·통신 등 관련산업까지를 포함하는 종합산업이자 지식과 정보의 생산과 유통을 촉진하는 지식기반산업(knowledge-based industry)의 핵심산업인 것이다.

국제회의산업은 일반관광산업에 비해 경제적 효과가 클 뿐만 아니라 사회·문화적, 정치적인 개최효과도 높기 때문에 우리나라도 국제회의 유치를 위한 기반시설의 확보가 이루어지고 있다. 그러나 미국, 유럽국가 및 일본과 싱가포르 등 국제회의 개최 강국과 경쟁하기 위해서는 기반시설의 확보와 함께 소프트웨어 측면의 CVB(Convention & Visitor's Bureau) 및 PCO(Professional Convention Organizer)의 육성과 지원에 힘써야 할 것이다.

컨벤션산업이 국민경제 발전에 기여도가 높은 고부가가치 산업으로 각광받게 되면서 국제회의 시장의 규모는 매년 확장되어가고 있다. 오늘날 각국 정부의 국제회의 전담기구에서는 국제회의산업의 중요성을 깊이 인식하고 각종 국제회의뿐만 아니라 전시회, 박람회, 학술세미나, 제반 문화예술행사, 스포츠행사, 외국기업들의 인센티브관광 등의 유치에도 총력을 기울이고 있다.

표 5-3 컨벤션의 효과

	긍정적 효과	부정적 효과
정치	• 개최국의 이미지 부각 • 외교정책 구현 및 민간외교 수립	• 개최국의 정치 이용화 • 경제적 부담 및 희생
경제	• 국제수지 개선 • 고용증대 • 국민경제 발전	• 물가상승 • 부동산 투기 • 소득없는 회의 참가—참가비용 낭비
사회 · 문화	• 관련분야의 국제경쟁력 배양 • 개최국민의 자부심·의식수준 향상 • 사회기반 시설의 확충 • 새로운 시설의 발전 • 정보교환과 학술교류—인류발전에 기여	• 각종 범죄로 인한 사회적 병폐 • 행사에 따른 국민생활의 불편 • 전통적 가치관 상실 • 사치풍조와 소비성 조장 • 치안유지 강화로 경찰업무의 부담
관광	• 관광진흥 • 관광관련 산업의 발전 • 대규모 관광객 유치 • 국제회의 전문가의 양성	• 인구 밀집현상 • 교통, 소음, 오염 등의 공해문제 • 성수기—일반관광객의 이용불편

자료 : 최승이 외(1995)를 참고하여 정리

특히, 관광분야에서는 대량의 외래관광객을 유치할 수 있고, 비수기 타개책의 일환이 되는 등의 긍정적 효과가 강조된다. 그러나 부정적 효과도 간과할 수 없는 것이 현실이다. 따라서 부정적 효과를 줄이고 긍정적 효과를 극대화할 수 있는 방안이 모색되어야 할 것이다. 국제회의를 개최함으로써 국가적 측면에서 긍정적, 부정적 개최효과를 살펴보면 〈표 5-3〉과 같다.

5) 회의 및 컨벤션의 문제점 및 향후과제

회의산업의 성공적 개최를 위하여 지적되어 온 문제점과 향후과제를 살펴보면 다음과 같다.

첫째, 회의산업의 하드웨어라고 할 수 있는 국제회의 전문시설의 증가와 함께 국제회의의 국내유치가 활발히 이루어져야 한다. 국제회의 유치 캠페인을 꾸준히 전개하고 있는 일본이나 싱가포르 등의 국가 못지않게 적극적인 유치전략 및 홍보활동으로 새로운 수요창출을 통해 세계시장 점유율을 높여나가야 한다.

둘째, 국제회의산업의 지속적인 성장을 위해서는 전문인력의 자질향상이 중요하다. 따라서 회의 산업성장에 따른 전문인력 수요증대에 맞는 학교교육, 국제회의나 회의 사업에 종사하고 있는 경력자들을 대상으로 회의 전문업체 종사원 재교육과 함께 내실 있는 자격제도의 운영이 필요하다.

셋째, 관광여건과 관광서비스 체계상의 문제인데, 회의 참가자들을 위한 다양한 연계상품과 특별행사, 특별 숙박요금의 적용 등 국제회의 유치와 관련된 인센티브가 체계적으로 개발되어야 하고, 관광안내도·도로 안내표지 및 문화재안내판 등을 비롯한 종합적이고 체계적인 관광안내 체계를 확립하며, 통역안내 서비스와 관광정보 체계의 전국적인 네트워크 그리고 관광정보 서비스를 강화해야 한다. 또한 회의참가자들이 불편을 느끼지 않도록 안내체계, 교통·숙박시설·음식·쇼핑·관광 등의 국제화가 이루어져야 한다.

넷째, 회의산업의 체계적인 육성을 위해서는 독립적인 전문기관인 민·관 합동의 컨벤션뷰로의 효율적인 운영이 중요하다. 회의산업은 그 성격상 민간주도의 산업이지만 민·관 협력체계의 구축이 필수적이라는 점을 감안할 때, 정부와 민간의 가교역할을 할 수 있는 컨벤션뷰로(CVB)의 추가설립과 효율적 운영이 필요하다. 또한 회의 유치를 위한 사업체간의 협력을 강화하고, 이를 바탕으로 체계적이고 유기적인 국제회의 유치 및 홍보활동이 전개되어야 한다.

4. 전시·박람회

1) 산업전시회의 개념

산업전시회의 유사용어인 Fair, Exhibition, Exposition의 개념을 살펴봄으로써 산업전시회의 정의를 살펴보고자 한다.

Fair는 라틴어의 Feria에서 유래된 영어로 교회나 수도원근처에서 열렸던 종교적 축제를 의미한다. 교역전(Fair)은 무역에 있어서의 가장 오래된 시장의 형태로 현재까지 전해오고 있으며, 초창기의 직접 판매 형태를 말한다. 그 후, 교역전은 국제사회에서 대규모 시장으로 팽창하면서 일시적 시장의 기획자들이 각 세부산업의 특정 시기에 특정 장소에서 교역전로 교회나확립시켜 왔으며, 산업혁명의 흐했나속에 확고 왔자리회나잡게 되었다.

전시회(Exhibition)는 라틴어인 'Exhibitionem'에서 유래된 중세영어로, Fair가 판매장소에 중심을 둔 말이라고 한다면, Exhibition은 작품 또는 제품의 전시에 중심을 둔 용어라 할 수 있다. 전시회는 유럽의 사회, 문화, 경제 그리고 정치적인 변화가 있었던 산업혁명 이후 빠르게 발전하였다.

Fair와 Exhibition의 어원적 의미에서 차이점을 살펴보면 다음과 같다.

① Exhibition은 긴 기간동안 개최되는 반면에 Fair는 짧은 기간에 열린다.

② Exhibition은 영구적 시설들이 있으며, 전시장소, 시설물 개발은 18C 부터 시작되었다.

③ Fair는 정기적으로 개최되지만 비교적 비조직적으로 이루어지는 반면에 Exhibition은 매우 조직적으로 이루어진 행사이다. Exhibition은 정부가 무역을 촉진시키려는 목적으로 시작되었던 것으로, 전시회 참관을 촉진시키기 위해 광고 등이 사용된다.

④ Exhibition은 미래의 판매를 촉진시키기 위해 제품을 전시하는 경우가 많기 때문에 현장에서 판매를 하지 않는다. 이는 많은 Exhibition이 현재 지니고 있는 특성이기도 하다.

박람회(Exposition)는 Exposito라는 라틴어에서 유래된 고어로 Exhibition과 매우 흡사한 의미를 지니고 있으며 일정한 주제하에 세계의 文化와 文明을 융합하는 것을 목적으로 하는 비상업적 박람회로서, 인류의 이해와 복지향상에 그 궁극적인 초점을 두고 세계의 주요도시에서 2-3년마다 개최된다.

만국박람회는 상거래가 직접적인 목적이 아니며 주로 국가단위의 홍보를 하는 것이 일반적이다. 만국박람회는 그 규모가 광대하고 입장자의 제한이 없으며 개최기간이 적어도 1~2개월 이상이며 상업적 전시회와는 비교가 되지 않는다. 만국박람회는 국제기구인 BIE에서 공인을 하여야 개최가 가능하며, 그 성격과 규모도 제한을 받는다. BIE 공인 박람회는 전문박람회(인정; recognized expo)와 종합박람회(등록; registered expo)로 구분된다.

이상에서 본 Fair, Exhibition, Exposition의 성격을 기본으로 산업전시회의 의미를 보면, "일정 장소에서 일정 기간 동안 상품 및 서비스 등을 진열하여 경제·문화·사회적 교류 등을 꾀하는 일련의 활동"이라고 정의할 수 있다(이경모, 2003).

2) 전시·박람회의 분류

전시회는 크게 두 가지로 분류할 수 있으며, 박람회와 산업전시회로 분류할 수 있다.

박람회는 국제세계박람회기구(BIE)가 인준한 분류와 행사주제별로 분류할 수 있으며, 산업전시회는 전시목적별, 개최주기별, 전시주제별로 분류할 수 있다.

(1) 박람회의 분류

박람회는 크게 국제박람회기구(BIE)가 공식 인정한 BIE 공인 박람회와 BIE의 공인과 관련이 없는 BIE 비공인 박람회로 구분할 수 있다. 국제박람회가 공식 인정한 박람회는 전시 기간과 성격에 따라 다시 등록박람회와 인정박람회로 구분할 수 있다.

등록 박람회(registered exposition : 종합박람회)는 5년마다 개최되며, 개최기간 6개월 이내에 주제와 규모에 제한 없이 광범위하게 개최되는 박람회이다. 등록박람회는 인류활동의 광범위한 부분에 걸쳐 달성된 진보 혹은 달성될 진보를 대상으로 한다.

인정 박람회(recognized exposition : 전문박람회)는 등록 박람회 사이에 개최되며, 최소 3주에서 최장 3개월 이내의 개최되고 주제가 명확한 박람회이다. 인정박람회는 '인류활동의 일부분'만을 대상으로 한다.

(2) 산업전시회의 분류

산업전시회는 목적별로 무역목적의 전시회와 감상목적의 전시회 및 교육목적의 전시회 등으로 구분할 수 있고, 개최주기별로는 애뉴얼, 비엔날레, 트리엔날레, 카토리엔날레 등으로 분류할 수 있으며, 전시주제별로 정치, 경제, 사회, 문화, 예술, 기술, 과학, 의학, 산업, 교육, 관광, 친선, 스포츠, 종교, 무역 등으로 분류할 수 있다.

3) 산업전시회의 발달

산업전시회는 산업혁명 이후 영국이 "세계의 업무중심지"가 되었고, 국제국가로서 생존하기 위해 더 넓은 세계 시장으로의 접근이 필수요건이 되면서 발달하기 시작하였다. 1849년 Henry Cole, Joseph Paxton, 그리고 Albert는 교역전시회의 중요성을 강조하였고, 1850년대에 교역 전시회의 개념이 영국의 맨체스터, 리버풀 등의 공업 중심지에서 본격적으로 발생하였다. 그리고 1851년 영국 런던의 크리스탈 궁(Crystal palace)에서 세계 최초 박람회라 할 수 있는 "만국박람회(Great Exhibition of the Works of Industry of All Nation)"가 개최되었다.

미국에서도 1853년 7월 14일 뉴욕에서 자국내 최초 국제규모인 만국산업전시회(The Exhibition of the Industry of all Nations)가 개최되어 무역위원회와 은행들이 계속적으로 생겨나고 뉴욕이 성장하게 된 계기를 마련하였다. 1880년에는 미국 시카고에서 제1회 Republican National Convention 을 개최하였고, 이로 인해 시카고는 컨벤션 도시라는 인식을 확고하게 하였고, 미국의 전시산업을 발전시키는 결정적인 역할을 하였다.

엑스포는 일반대중에게 새로운 과학문명의 발전상을 소개하고 보급하는 행사로 자리 잡았고, 개최빈도가 증가하였다.

1928년에는 영국 등 31개국이 프랑스 파리에 국제박람회 기구(BIE: Bureau International des Expositions)를 만들고, 세계박람회 개최빈도와 내용 등에 관한 협약을 제정하였으며 이후에 세계 주요도시에서 BIE 인증박람회가 개최되고 있다.

우리나라가 산업전시회와 관련하여 처음으로 세계박람회에 참가한 것은 1889년 프랑스 파리 만국박람회이고, 1893년 미국 시카고 콜롬비아 박람회는 우리나라가 국가관을 마련하고 참가한 첫 국제박람회로, 이는 컬럼버스의 미국 대륙 발견 400주년을 기념하기 위해 개최되었으며, 전 세계에서 72개국이 참여했다.

1933년에 조선무역협회가 발족되면서 박람회참가는 활기를 띠게 되었고, 1950년에는 시카고 국제박람회에 참가하였으며, 1955년에는 광복 10주년을 기념하여 덕수궁에서 '산업박람회'가 열렸는데, 이곳에서는 시발택시가 전시되었다.

또한 1958년에 개최된 산업박람회는 국내 산업을 부흥시키는데 일조를 했다. 1962년에는 대한무역진흥공사의 설립과 더불어, "우주시대의 인류"를 주제로 한 미국시애틀 박람회에 다시 참가하게 되고, 경제발전을 본격적으로 추진한 1970년대에는 아시아 최초의 종합박람회인 일본 오사카 박람회에 가장 큰 규모로 참가하는 등 적극적인 자세를 보였다.

1993년 개최된 대전엑스포는 BIE 전문(인정: recognized)박람회로 아시아 국가로서는 일본에 이어 우리나라가 두 번째로 개최한 행사였다. 대전엑스포는 한국이 1893년 시카고박람회에 참가한 지 1백년 만에 주최하는 것으로, 총 1천 4백여 명이 참관하였다. 우리나라는 2012년 BIE 전문박람회(인정박람회; recognized expo)를 여수시에 유치하였다.

4) 산업전시회의 구성요소 및 기능

산업전시회의 구성요소는 참가자, 참가업체, 전시기획자, 공급자로 분류되며, 이 4개의 구성요소들은 서로 다른 목적과 목표를 지니고 산업전시회에 임하게 된다.

구매자(buyer)로서 산업전시회 참가자는 산업전시회 참가를 통해 정보취득, 시장조사 및 현황분석의 장으로 이용하며 구매의 장으로 활용한다. 판매자(seller)로서 전시회 참가업체는 상품 또는 서비스를 소개하며, 홍보와 수익창출을 목적으로 기존고객 및 잠재고객과의 접촉기회를 탐색하며 비교우위를 확보한다. 전시기획자는 구매자와 판매자간의 효과적인 접촉과 의사전달을 도모하며, 공급자는 전문적인 교역이 이루어질 수 있도록 적절한 공간 및 시설을 제공한다.

표 5-4 Bonoma의 산업전시회의 기능

기 능	내 용
판매기능 (selling function)	• 유망 예상고객의 확인 및 신시장 개척 • 현재고객 및 잠재고객 또는 핵심적인 의사 결정권자와의 접촉기회의 확보 • 제품, 서비스 및 판매자에 대한 정보의 전파 • 현실적인 제품판매 • 고객과의 접촉을 통한 문제점 인식 및 이에 대한 서비스기회 제공
판매외적인 커뮤니케이션 기능 (non-selling function)	• 경쟁기업, 고객, 기업, 언론에 대한 기업의 이미지 유지 또는 제고 • 경쟁기업의 제품, 가격 및 기타 마케팅 변수에 대한 정보수집 • 전시요원의 사기진작 • 제품 및 서비스의 투입 및 고객의 반응에 대한 사전파악

Cavanaugh와 Bonoma는 많은 기업들이 전시회에 참가하는 이유에는 판매기능을 초월한 기업의 이미지 제고, 경쟁기업의 정보수집, 기업의 사기진작, 신제품의 시험 등의 기능이 포함되고 있다고 하였으며, Bonoma는 산업전시회의 기능을 〈표 5-4〉와 같이 판매(selling)기능과 판매 외적인(non-selling) 커뮤니케이션 기능으로 구분하였다.

산업전시회의 기능은 기업의 촉진 프로그램의 부수적 수단이 아닌 촉진수단 자체로 간주되어야 하며 광고, 판매촉진, 인적판매, PR 등 기본적인 촉진 믹스가 모두 고려되어 시너지(synergy) 효과를 창출한다.

실제로 많은 기업들이 산업전시회를 주요 촉진활동으로 선정하여 부스(booth)설치를 통해 홍보와 광고, 행사장에서의 인적판매, 경품제공을 통한 판촉을 하고 있다.

5) 산업전시회의 특성 및 효과

산업전시회는 개최지역의 호텔, 여행사, 항공사, 쇼핑센터 등 관광관련 업체들에게 높은 부가가치를 추구할 수 있는 시장으로 인식되고 있으며, 국제교역전시회에 참가하는 비즈니스 관광객들은 일반 관광객들에 비하여 더 많은 체재일수를 기록하고 체류기간동안 호텔에서의 체재, 식음료의 판매, 주변 관광명소들을 증가시킬 수 있기 때문에 관광수입 측면에서 지니는 의미가 매우 크다.

따라서 많은 관광 선진국들이 전시회 방문객을 유치하기 위해 노력하고 있는데, 독일은 산업전시회가 가장 발달한 나라 중의 하나이며, 산업전시회의 고부가가치성 때문에 전형적인 서비스 산업, 관광산업으로 분류하고 있다.

산업전시회의 효과는 개최지차원에서 얻을 수 있는 거시적 효과와 전시자와 참가자가 얻을 수 있는 기업과 개인의 미시적 효과로 나눌 수 있다.

산업전시회는 거시적 측면에서 산업경제효과, 고용증대 및 지역이미지 제고 등 개최지에 긍정적 효과를 초래하고, 미시적 측면에서 기업의 홍보와 제품의 판촉활동, 정보의 교환 및 정보획득 등 기업이나 개인에게도 긍정적인 효과가 초래된다.

산업전시회 개최는 이벤트운영에 관련된 각 산업분야에서 발생하는 일차적인 경제효과뿐만 아니라 전시자(seller)와 참가자(buyer)간의 즉각적인 계약과 잠재적인 거래관계에서 발생되는 생산유발효과와 고용창출을 통한 산업활성화에 기여하고 있다.

기업은 산업전시회에 참가를 통해 목표 고객시장과 접촉하여 마케팅믹스전략을 수립할며 수 있다. 잠재고객과의 만남을 통해 상품의 가격, 할인, 지불조건 등의 가격믹스전략을 비롯해 상품믹스전략, 유통믹스전략 및 촉진(커뮤니케이션)믹스전략을 수립하고, 필요한 마케팅활동을 수행할 수 있다. 따라서 전시회가 효과적으로 활용된다면 기업의 전반적인 마케팅 프로그램의 종합체가 될 수 있을 것이다.

전시회는 현재고객 및 잠재고객에게 기업의 메시지를 전달하는 다른 촉진수단과는 차별화되는 특징을 가지고 있는데, 전시부스 판매원과 고객 간의 직접접촉, 제품진열, 홍보자료 제공 등을 들 수 있다.

Vaughn은 산업전시회가 가지는 고유 특성을 5가지로 들고 있다.

표 5-5 Vaughn의 산업전시회 고유특성

선택된 매체 chosen medium	• 잠재고객이 공개적으로 방문하여 실질적인 정보를 탐색할 수 있는 마케팅매체
3차원적 특성 3rd dimension	• 실물이 전시됨으로써 보다 많은 정보제공
효과의 즉시성 immediacy	• 고객의 관심과 반응에 대해 즉각 파악 • 경쟁기업과의 상호비교로 구매과정 촉진
다양한 기회제공 broadened opportunity	• 다양한 잠재고객과의 접촉기회 제공 • 잠재고객의 현재화
경제성 economy	• 고객과의 접촉비용 감소

우측 세로 텍스트: An Introduction to Torism

6) 산업전시회의 문제점 및 향후 과제

산업전시회는 기업의 문화, 기업의 가치, 기업의 상품을 소개하는 가장 효율적인 수단중 하나로 간주되고 있으며, 매년 산업전시회에 참가하는 기업이나 단체, 전문가들이 증가하고 있다. 최근 들어 산업전시회 참가업체나 방문객의 체재일수와 소비금액이 일반 관광객보다 높아 개최국가와 개최지역의 경제발전 및 관광산업에 공헌한다는 사실이 강조되면서 많은 국가들이 산업전시회 개최와 방문객 유치에 노력을 경주하고 있다.

산업전시회의 성공적인 개최와 방문객유치를 위하여 그간 지적되어온 문제점에 대한 향후 과제를 살펴보면 다음과 같다.

첫째, 산업전시회 육성을 위해서는 중·장기 정책이 필요하며 산업전시회 목표지향이 명확해야 한다. 전시장의 건립은 투자자본이 대규모이고 회수기간이 길기 때문에 민간부문의 투자를 유도하기가 어렵다. 따라서 금융 및 세제지원을 포함한 적극적인 정부의 보완적인 투자유치 제도가 마련되어야 한다. 또한 산업전시회가 경쟁우위를 확보하고 지속적으로 발전하기 위해서는 뚜렷한 방향을 가지고 그 목적을 달성하기 위하여 노력해야 한다.

둘째, 산업전시회에 관한 통계정보 데이터베이스를 구축하고 산업전시회 전문인력을 양성해야 한다. 산업전시회는 공식적인 산업분류와 관련통계정보망이 구축되어야 하며 정책입안 및 체계적인 연구작업의 수행이 필요하고, 국가적인 차원에서 전시회 참가업체나 바이어에 대한 양질의 서비스 제공, 효과적인 홍보 및 마케팅 활동을 전개해야 한다.

또한 대규모 산업전시회의 유치·기획·준비·개최·운영 등의 관련업무는 많은 경험과 전문적인 지식, 정보 및 능력을 필요하므로 산업전시회 업무를 수행하는 전문 기획자, 코디네이터, 운영자, 기술자 등 전시회 관련 전문인 육성에 관한 교육 및 훈련이 필요하다. 그리고 산업전시회 산업 종사자뿐 아니라 참여업체의 임원이나 실무진들도 국제적으로 경영능력을 인정받을 수 있는 산업전시회 전문 인력으로 육성해야 한다.

셋째, 국제적인 산업전시회를 육성해야 하고 산업전시회에 대한 전반적인 인식을 개선해야 한다. 컨벤션시설 건립 등 양(量)적인 성장에도 불구하고 질(質)적인 측면에 있어서는 선진국에 비해 아직 인식도, 전문성, 경험축적, 수용시설의 측면에서 앞서있지 않으므로 대규모 산업전시회의 개최는 용이하지 않다. 따라서 민간부분과 공공부문이 함께 경쟁력 있고, 유망한 소수의 산업전시회를 집중적으로 육성할 필요가 있다. 대규모 산업전시회의 주기적 개최는 국가나 개최지역에 상당한 규모의 경제적 효과를 얻을 수 있기 때문에 민간부문과 공공부문의 유기적인 협력체계가 필요하다.

또한 산업전시회는 국가나 지역사회에 경제적 효과를 창출하는 공익성이 있는 이벤트이므로 전반적인 인식을 강화해야 한다.

넷째, 외국 전시참여업체의 유치활동을 강화하고 바이어를 적극적으로 유치해야한다. 외국의 유명한 전시사업자 및 전시 주최자들을 초청하여 개최예정인 산업전시회에 보다 많은 외국회사가 참가하도록 유도하는 능동적인 노력이 필요하다. 특히 수출진흥에 역점을 두고 있는 교역전일수록 외국의 바이어 유치에 힘써야 할 것이다.

5. 스포츠이벤트

스포츠이벤트란 특정장소에서 스포츠의 관전 또는 체험을 목적으로 하는 참여자를 대상으로 인위적으로 계획된 스포츠 행사로 참여형, 관전형이 있다. 스포츠경기 자체가 이벤트이며 다양한 스포츠 경기와 이를 둘러싼 부대적 개념의 행사까지도 포함한다.

스포츠 이벤트 개최를 통해 주최측의 이미지를 메이킹할 수 있는데, 스포츠가 가지는 긍정적 이미지를 기업, 지자체, 국가 등 주최측의 이미지를 좋게 결합시킬 수 있다.

스포츠이벤트 개최를 통한 경제적 효과를 보면 다음과 같다.
- 소득증대 및 고용증대
- 경기장, 숙박시설, 교통망 등의 관련시설의 정비
- 인적, 물적, 정보, 자본의 유입과 동반해 사업과 투자기회 촉진

또한 스포츠이벤트 개최를 통한 사회, 문화적 효과는 다음과 같다.
- 개최지역민의 자부심 고취로 그 지역에 대한 귀속감과 정체성 획득
- 지역간의 문화 기술 인적 산업교류 촉진

그리고 기업들이 스포츠를 마케팅 도구로 많이 이용하고 있는데, 그 이유를 살펴보면 다음과 같다.
- 독특한 광고 노출효과
- 소비자에 대한 뛰어난 침투력
- 소비자와의 자연스럽고 긍정적인 밀착기회 제공
- 종업원의 사기진작 및 생산성 향상
- 기업의 제품 이미지를 제고
- 스포츠 행사 비용에 대한 세제 혜택

Ⅳ. 이벤트의 효과

지역사회 및 국가가 개최하는 이벤트는 지역사회발전의 파급효과가 큰 것으로 나타나고 있다. 이벤트의 개최효과는 경제적, 사회·문화적, 관광적 효과 측면으로 나눌 수 있는데 〈표 5-6〉과 같다.
이벤트의 경제적 효과에는 경제활동의 증가, 사회기반시설의 확충, 전반

적인 산업의 성장, 지역 내 자원의 재분배, 장단기 고용효과, 외화수입 및 세수의 증대 등이 속한다.

표 5-6 이벤트의 효과

구분	내용	
경제적 효과	• 경제활동의 증가 • 사회기반시설의 확충 • 전반적인 산업의 성장 • 지역 내 자원의 재분배 • 장단기 고용효과 • 외화수입·세수의 증대	
사회·문화적 효과	• 지역사회의 이미지 제고 • 개최지 주민의 일체감 조성 • 국제교류의 증진 • 역동적 사회생활 형성 • 문화·역사자원의 보존	
관광적 효과	관광매력도 향상효과	• 관광지 매력도 향상 • 새로운 관광이미지 창출 • 지역 정체성 강화 • 부정적 이미지 제거
	관광자원 확충효과	• 새로운 관광자원 개발 • 관광시설의 확충과 활성화 • 관광의 지역적 확대
	양질의 관광수요 확충효과	• 양질의 관광객 유치 • 방문객 소비·체재 일수 증가 • 관광지 재방문 유도 • 계절성 문제의 극복
부정적 효과	쾌적성 상실 행정력의 손실 교통 혼잡 도시과밀과 인구의 증가 사고발생의 증가	

자료 : 이경모, 2003

이벤트의 사회·문화적 효과에는 지역사회의 이미지 제고, 개최지 주민의 일체감 조성, 국제교류의 증진, 역동적 사회생활 형성, 문화·역사자원의 보존 등이 속한다.

관광과 관련되어 발생하는 이벤트의 긍정적 효과는 크게 관광지 이미지 고양을 통한 매력도의 향상, 관광자원의 확충, 양질의 관광수요의 확보로 구분할 수 있다.

관광 매력도 향상효과에는 관광지 매력도 향상, 새로운 관광이미지 창출, 지역정체성 강화, 부정적 지역 이미지 제거 등의 효과가 포함되고, 관광자원의 확충효과에는 새로운 관광자원의 개발과 관광시설의 확충 및 활성화가 있다.

양질의 관광수요 확보효과에는 양질의 관광객 유치, 방문자의 소비·체재일수 증가, 관광지 재방문 유도, 계절성의 문제 극복의 네 가지로 구분할 수 있다.

이벤트의 대표적인 부정적 효과로는 거주민의 일상생활에서 쾌적성이 상실된다는 점을 들 수 있으며, 행정력의 손실, 교통 혼잡, 도시과밀과 인구의 증가 및 사고발생의 증가 등으로 나타난다.

관광학개론

An Introduction To Tourism

Chapter 06
관광상품

Chapter 06
—

관광상품

I. 관광상품의 개념

일반적으로 상품은 형태를 갖춘 실제적인 유형상품과 일정한 형태가 없는 비실체적인 무형상품으로 구분되는데, 관광상품은 관광에 관련된 유형재와 서비스가 결합되어 이루어지는 유·무형의 결합상품이다. 그러나 관광상품은 결합요소 중 서비스부문의 비중도가 높은 편이므로 주로 무형재적 상품이라 할 수 있다.

관광상품에 대한 정의에 앞서 학자나 기관 등이 정의한 관광상품에 대한 개념을 살펴보면 다음과 같다.

UNWTO에 의하면 관광상품이란 관광지(tourism destinations), 숙박이용시설(accomodations), 교통수단(means of transport)과 시설(supplementary), 서비스(services)와 매력물(attractions)의 결합공급물로서, 이는 관광객의 욕구만족을 전제하고 장소적 이동을 통하여 다양한 관광욕구를 충족시키고 있다.

Middleton(1996)은 관광상품을 관광객이 집을 떠난 후 다시 돌아올 시간까지의 경험과 관계되어지는 것으로서, 관광지 매력물과 시설, 그리고 관광지에의 접근성과 같은 3가지 구성요소의 결합물이라고 하였다. 다시 말해 관광상품은 항공기 좌석과 호텔 또는 해변가에서의 휴식뿐만 아니라 다양한 관광적 구성요소의 결합체라고 하였는데, 이와 같은 개념은 Wahab(1976)과 Schmoll(1977) 등에 의해 확산되었다.

한국관광공사(1979)는 관광상품을 광의와 협의로 나누어 정의하였는데, 광의의 관광상품은 관광업계가 생산하는 일체의 재화와 서비스이고, 협의의 관광상품은 여행상품과 관광에 유관되는 일체의 서비스이며, 또는 관광사업자가 관광자원을 바탕으로 판매할 것을 전제로 이를 상품화 한 것이라고 정의하였다.

관광상품은 Tourism Product와 Tourist Product 및 Travel Product 등으로 표시되는데, 물질적인 것보다도 주로 정신적·관념적·추상적인 내용을 대상으로 하는 것이다(한국관광공사, 1997).

따라서 관광상품의 구성요소를 토대로 관광상품을 정의하면 "관광객의 욕구를 충족시켜주기 위해 관광관련업계가 생산한 일체의 유·무형의 재화와 서비스, 아이디어, 장소, 사람, 조직 등의 결합물"이라고 정의할 수 있다.

Ⅱ. 관광상품의 특성 및 기능

1. 관광상품의 특성

관광상품은 무형적 성격의 서비스 비중도가 크므로 유형재의 상품적 특성과는 다르다. 따라서 관광상품은 생산과 소비의 동시성, 무형성, 계절성, 비저장성과 소멸성, 이질성, 주관성 등의 성격을 지니고 있다. 이러한 특성은 관광상품성이 될 수 있는 여지가 다분하므로 관광상품의 특성을 충분히 이해하여야 한다.

1) 생산과 소비의 동시성

관광상품은 먼저 판매가 되고 나중에 생산과 소비가 동시에 발생하는 생산과 소비의 동시성(simultaneity of production & consumption)이 존재한다. 관광상품은 공급자에 의해 제공됨과 동시에 관광객에 의해 소비되는 성격을 지니고 있다.

일반상품의 경우 생산과 소비가 분리되어 장기간 사용이나 보관이 가능하여 재고처리 될 수 있는 반면, 대부분의 관광상품은 동일한 장소에서 동일한 시간에 생산되어 판매되고 소비된다. 관광객이 있어야만 생산이 이루어지기 때문에 관광상품의 경우 생산의 불연속성이 발생하게 된다. 따라서 공급자와 관광객간에는 상호의존적 관계가 항상 새로이 창조되어질 수밖에 없다.

2) 무형성과 유형성의 병존

관광상품 중 쇼핑상품, 기념품 및 특산품, 음식, 테마파크 시설 등은 유형의 형태를 갖춘 관광상품이다. 그러나 관광상품의 기본적 특성은 형태가 없어 눈에 보이지 않는 무형성(Intangibility)으로, 손으로 만지거나 시험해 볼 수 없으며 관광상품의 가치를 파악하거나 평가하는 것이 어렵다.

그리고 관광상품은 제공하는 서비스를 판단하기 어렵기 때문에 최종 소비 후에 나타나는 만족도로서 품질에 대한 평가를 할 수 있다.

따라서 관광상품을 적극적으로 판매하기 위해서는 영화, 비디오, 사진, 팜플렛, 안내 브로슈어 등의 실체적 단서를 강조하고 구전효과를 활용하며 강력한 이미지를 창출하는 등 관심을 갖게 하여 잠재적인 관광수요를 확보할 수 있도록 한다.

3) 계절성

관광은 주로 외부활동으로 이뤄지며 기후나 계절의 영향 그리고 법정휴가제도 등에 영향을 많이 받기 때문에 관광상품에 대한 수요는 계절성(seasonality)이 있다. 관광시기에는 관광수요가 많아지고 집중되는 성수기와 관광수요가 적거나 거의 없는 비수기가 있는데, 이를 계절성이라고 한다.

성수기(on-season)란 주말이나 공휴일, 휴가기간 또는 연휴기간 등 관광상품의 수요가 많아지고 집중하는 시기이며, 비수기(off-season)란 관광수요가 적거나 거의 없는 시기이다.

관광기업에게 문제를 제기하는 시기는 관광수요가 적거나 거의 없는 비수기이며, 관광비수기에는 관광수요가 적음에 따라 저수익으로 인하여 유휴자원의 관리 등에 지출될 비용의 비효율성 등이 문제로 제기되고 있다. 이러한 계절성을 극복하는 방법으로는 비수기의 가격인하와 이벤트상품을 개발하는 방법 등이 있다.

4) 비저장성과 소멸성(재고불가)

일반상품은 판매되지 않을 경우에는 재고로 저장하게 되지만, 관광상품은 저장할 수 없는 특성인 비저장성(unstock)이 있고, 이로 인한 소멸성(perishability)이 있다. 소멸성은 공급이 경직되는 비저장성이므로 곧 재고불가능성을 의미한다. 관광상품의 비저장성과 소멸성은 과잉생산에 의한 손실과 과소생산으로 인한 이익기회의 상실이라는 문제를 발생시킨다. 예를 들면, 항공기 좌석이나 호텔 객실을 일정기간동안 관광상품으로 생산하여 판매하는데, 이 중 일부 판매되지 않은 항공기 좌석이나 호텔객실의 경우는 그대로 소멸되어진다.

이러한 과잉생산과 과소생산에 따른 문제를 해결하기 위하여 관광상품의 수급조절전략이 필요한데, 관광상품에 대한 수요대기(demand waiting)나 예약 등의 형태로 수요를 재고로 보관할 수 있도록 하는 수요재고전략이 실시되고 있다. 또한 수요예측에 따른 생산계획을 수시로 검토·분석하여 변동이 있을 때마다 생산 및 관리계획에 필요한 인적자원 채용의 효율성 확보, 유휴시설 및 장비 등의 새로운 용도 개척, 그리고 종사원간의 유기적 업무관계 형성 및 업무대행 등이 원활하게 이루어지도록 해야 한다.

5) 가격체계의 불안정성

관광상품은 비수기에 가격인하가 불가피하며, 소멸성으로 인해 재고가 불가능하므로 주말과 주중요금, 단체요금, 특별판촉요금 등 가격체계가 상호균형을 이룰 수 없다.

그리고 동일상품이나 서비스에 대해서 각기 느끼는 가치판단이 다르기 때문에 성수기 요금이나 상품의 질을 고려한 높은 가격에도 저항을 받지 않는다.

6) 연속성과 보완성(복합성)

관광상품은 교통시설, 숙박시설, 관광자원 등의 복합적인 재화로 구성되어 있으며 각종 구성요소를 적절하게 조합하여 구성하기도 하고, 구성요소 중 하나만으로 구매가 이루어질 수도 있는데, 양쪽 다 연속적으로 다른 요소들을 구매하는 연속성(continuity)과 보완성(complementarity)이 있다.

관광자원이 주요 관광상품이고 교통 및 숙박시설은 부차적 관광상품이지만 이러한 관광상품 구매과정에는 연쇄반응(a chain reaction)이 발생한다. 곧 관광상품 중 하나의 구성요소로 이루어진 단품의 관광상품을 구매하게 되면 연속적·보완적으로 관광상품의 구매가 이루어지기 때문이다.

예를 들어 플로리다주 올랜도에 있는 월트디즈니월드를 보기 위해 관광자가 해외관광을 한다면 무엇보다도 항공권을 구매하고 호텔을 예약하며 테마파크에서 식음료 등을 구매하게 되는데, 이는 테마파크에 체재하는 기간 내에 관광활동에 필요한 관광상품 내용 중 주된 요소와 보완적 요소가 모두 연속적인 구매로 이루어지게 된다. 이로서 테마파크를 보기 위한 관광활동을 위한 관광상품의 구매에는 연속성이 나타나고, 한편으로는 상호 보완적으로 구매가 이루어지기 때문에 보완성이 나타난다.

7) 서비스의 이질성(인적 서비스의 중요성)

관광상품은 무형재인 인적 서비스의 중요성이 강조되며, 공급과 구매가 동일현장에서 이루어지기 때문에 제공되는 과정에서 관광종사원의 자질과 서비스 제공 상황에 따라 서비스 품질이 달라질 수 있는데 이를 관광서비스의 이질성(heterogeneity)이라고 한다.

관광상품을 취급하는 종사원들의 서비스 방법 및 기술, 매너 등은 매출액의 증감에 영향을 미치며 재구매에도 영향을 미칠 때가 많다. 관광서비스상품 품질의 표준화 및 균질화가 어렵기 때문에 일정수준 이상으로 품질을 유지하거나 표준화하기 어렵지만, 매뉴얼 제작 및 활용과 종사원들의 교육·훈련을 통해 지속적으로 일정한 상품의 질을 유지하기 위해 노력해야 한다.

8) 효용의 주관성

관광객들이 동일한 관광종사원에게 서비스를 받는다고 해도 관광객과 종사원의 환경, 곧 경제적·사회적·문화적 환경이나 능력 그리고 관여 정도에 따라 매우 다양한 결과를 나타낼 수 있다. 또한 관광상품을 소비하는 과정이나 소비 후 느끼는 관광객들의 효용은 개인적으로 다르게 나타나는

데, 이는 관광객 효용의 주관성(subjectiveness of utility) 때문이다.

관광상품에 대한 관광객 효용의 주관성은 관광객 개인마다 이들에 대한 측정평가기준인 가치척도로서 관광객의 경제·사회·문화적 환경 등에 영향을 받아 각기 다르게 나타나는 것이다. 따라서 효용의 주관성에 대응하기 위하여 관광객의 관광활동 후 각각 다르게 나타나는 만족도와 관광객에 대한 정확한 조사와 분석이 요구되며 이는 관광시장 세분화에 기초가 된다.

9) 비용산출의 어려움

관광상품은 가격결정에 필요한 원가요소에 대한 비용산출의 어려움 (difficulty of cost evaluation)이 있다. 관광기업의 가격결정은 품질과 가격에 관한 관광객 지각에 기초한 비가격경쟁에 의해 영향을 받는다. 다시 말해 일반적인 유형재 비용을 산출할 때에는 관광상품에 대한 고정비와 변동비를 어느 정도 측정하여 산출할 수 있다. 그러나 무형재적 성격이 강한 관광상품은 관광객의 가치와 효용 그리고 각종 환경적 요인 등에 영향을 받기 때문에 유형재와 같은 방식으로 비용을 산출하기가 매우 어렵다.

10) 동질성

관광상품의 구성요소는 본질적으로 비교가 가능한 동질성(parity)을 지니고 있다. 동질성은 관광상품의 차별성을 상실하게 하는 주원인이다.

관광상품의 동질성은 동업종간에 치열한 경쟁상태를 가져오므로 관광기업은 관광상품의 동질성 문제를 해결하는 차원에서 마케팅 전략을 강구해야 하는데, 바로 관광상품의 차별화 전략이다. 곧 관광상품마다 각각의 특성이 있고, 이러한 특성을 강조하는 차별화를 도모해야 한다.

11) 유일성

관광상품의 유일성(uniqueness)은 개별성과 독특성으로서 이러한 특성으로 차별화 전략을 강구할 수 있다. 그러므로 관광상품의 동질성 문제해결은 관광상품마다 제각기 유일한 특성을 지니게 하여 차별화시키는데 있다.

관광상품의 유일성은 관광객 행동의 유발요인 중의 하나로서 곧 지역이나 국가마다 지니고 있는 유일한 특성의 사회와 문화를 경험하게 하는 관광활동을 촉진시키고 있다. 따라서 관광상품 생산이나 판매를 할 때 관광상품의 유일성을 내포시켜 이를 강조하는 판촉활동을 강화할 필요가 있다.

12) 수요의 탄력성과 공급의 비탄력성

관광상품은 일반상품과 비교할 때 우등재에 속하며 관광수요의 소득탄력성은 대부분 1보다 크다. 경기가 좋아지거나 소득이 조금만 상승해도 수요가 증가하고, 반대로 경기불황이나 소득이 조금만 하락해도 수요가 감소한다. 또한 정치·경제·사회적 상황이나 질병 등으로 인해 상황이 좋지 않을 경우에는 관광수요가 급감한다.

그러나 관광상품은 일반상품에 비해 수요변화에 따른 공급량을 신축적으로 조절할 수 없다. 특히 위락자원이나 자연자원 등은 공급을 조절할 수 없으며, 능력의 제고 등을 통해 수용력을 확정할 수밖에 없다.

2. 관광상품의 기능

1) 시장침투력과 다양한 수요발생

관광상품은 다양한 시장에 수요를 발생시켜 방문규모를 확대할 수 있는 상품일수록 가치가 높은 상품이다. 관광상품의 등급은 상품이 위치한 지역 내에서만 통용되는 관광상품, 국내에서만 통용되는 관광상품, 국외로부터 오는 관광객들이 일부러 찾아오는 관광상품에 이르기까지 시장침투력의 차원에서 다양하다. 또한 지리적·연령별로 다양한 방문객에게 관심을 끄는 상품이 있는 반면, 특정 시장에게만 흥미를 불러일으키는 상품이 있을 수 있다.

그리고 관광상품은 비수기용 상품과 성수기용 상품이 구분될 수 있으며, 성·비수기 구분이 없이 수요를 발생시키는 상품이 있을 수도 있다. 관광객들이 특정 시간대, 특정 요일, 특정 계절에 몰리지 않고 꾸준히 찾아오는 상품이어야 한다.

2) 방문동기 부여 및 독특한 매력 보유

관광상품은 경험하고자 하는 특색과 주제와 내용을 갖추어야 상품으로서의 생명이 있게 되고 잠재관광객들이 찾아오도록 방문동기를 부여하게 된다.

관광상품은 독특함이 생명이며, 그 주제나 내용의 종류에 관계없이 독특한 개성을 보유하여야 한다. 독특할수록 관광상품이 갖는 유인력은 강해지기 때문이다.

3) 구매가치 창출 및 가치있는 상품개발

관광상품은 잠재관광객들에게 그 상품이 보고 체험하고 즐기고 방문할 만한 가치가 있다는 구매가치를 보유하고 있어야 하는데, 이를 위해서는 상품을 만드는 주체가 생각하는 가치보다는 상품을 이용하는 측이 인정하는 가치가 존재해야 상품개발의 의미가 있다.

또한 관광객들을 모아 불러들이는 관광상품 하나가 관광객들에게 방문동기를 부여하지 못하는 관광상품 여러 개보다 훨씬 나으므로 가치 없는 상품을 수적으로 많이 확보하기보다는 가치있는 상품을 하나라도 보유하는 것이 중요하다.

4) 체류기간 연장

관광상품은 흥미를 증폭하고 상품경험에 필요한 소요시간을 연장시키는 해설, 참여, 체험 등 프로그램을 구체적으로 기획하여 가급적이면 관광객들이 관광지에 체류하는 기간이 연장되도록 개발되어야 한다.

Ⅲ. 관광상품의 차원 및 구성요소

1. 관광상품의 차원

관광상품은 유·무형의 특성을 가지고 있으며, 복합성을 가진 복합상품이라는 점에서 구조가 복잡한 편이다.

루이스(Lewis)와 챔버스(Chambers)는 관광상품이 제품, 환경, 서비스로 구성된다고 하였으며 형식상품, 핵심상품, 확장상품의 3가지 다른 수준에서 볼 수 있다고 하였다. 형식상품은 관광객들이 구매한다고 믿는 것이고, 핵심상품은 관광객들이 실제로 구매하는 것이며, 확장상품은 핵심상품에 공급자가 제공하는 다른 부가적 특징과 편익을 더한 것이다.

레비트(Levitt)도 상품수준을 핵심상품, 유형상품, 확장상품으로 분류하였는데, 여기서 핵심상품(core product)은 핵심 서비스와 편익이고 유형상품(tangible product)은 판매나 소비를 위해 실제로 제공되는 서비스이며, 확장상품(augmented product)은 유형상품과 모든 부가적 특징을 가리킨다.

레비트의 분류는 코틀러(1984)에 의해 관광마케팅에 채택되었다.

관광상품은 〈그림 6-1〉과 같이 핵심상품, 실제상품, 확장상품 등 세 가지 차원으로 나누어 생각해 볼 수 있다.

핵심상품이란 상품이 일반적으로 제공하는 기본적인 필요요건을 의미하며 관광에 참가해서 얻는 '정보 및 즐거움'과 같은 것이 바로 핵심상품이라고 할 수 있다. 실제상품이란 그 상품에만 내재하고 있는 특징적인 편익을 의미한다. 특정 관광만이 지니고 있는 독특한 프로그램이나 특성과 스타일 등이 실제상품이라고 할 수 있다. 확장상품이란 상품자와 관계없이 추가적으로 제공될 수 있는 부가물로서 접근성, 상호작용, 물리적 환경, 인적교류의 기회 등이 포함된다.

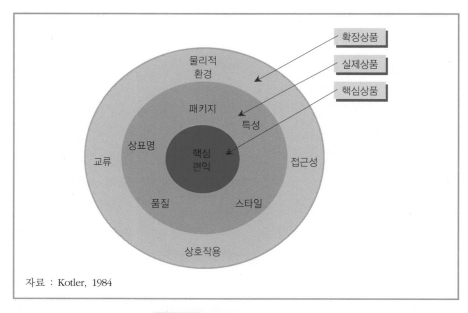

자료 : Kotler, 1984

그림 6-1 관광상품의 3가지 차원

2. 관광상품의 구성요소

관광상품은 대부분의 경우 다양하고 이질적인 여러 요소를 종합하여 생산되는 조립된 상품이다. 그러므로 관광상품 유관업체와의 원활하고 긴밀한 협조체제를 이룩함으로써 관광객의 욕구에 부응하는 상품을 공급하도록 한다.

관광상품의 구성요소는 첫째, 관광객의 마음속에 이미지화된 관광자원의 매력성이고 둘째, 관광활동과 관련된 모든 이용시설인 숙박시설, 식음료시설, 오락시설, 교통시설 등이며 셋째, 관광활동에 관련한 각종 서비스로 관광지의 접근성 및 인적 서비스, 정보제공 서비스 등이다.

표 6-1 관광상품의 구성요소

구성요소	구성내용
관광자원과 관광지	문화, 역사, 유물·유적, 예술, 해안, 산업
교통시설	항공기, 선박, 버스, 열차 등
숙박시설	호텔, 콘도, 유스호스텔의 객실 및 부대시설
식음료시설	음식점, 카페테리아, 라운지
정보서비스	정보안내지, 대중매체, 인터넷
쇼핑	지역특산품, 기념품, 유명상품
출입국수속 서비스	여권, 비자, 여행보험 등
금융서비스	환전, 송금 등

자료 : 한국관광공사 참고

한국관광공사는 관광상품의 구성요소를 관광자원이나 관광지, 교통, 숙박, 식음료, 정보안내 서비스, 쇼핑 등으로 구분하였다.

▲ 이집트의 스핑크스와 피라미드　　　　　▲ 터키 이스탄불의 블루모스크

Ⅳ. 관광상품의 분류

　　관광상품이란 관광기업이 관광객의 욕구를 유발시키고 충족시켜 줄 관광대상을 바탕으로 각종 서비스를 제공하여 생산한 유·무형의 상품을 말한다. 즉, 관광기업이 제공하는 재화·서비스·정보를 관광객에게 판매하는 상품으로 관광상품의 구성요소, 상품속성 등에 기준하여 분류한다.

　　이장춘은 관광상품을 5가지로 분류하였는데, 관광객을 유인하는 관광객체로서의 관광자원상품, 관광하부구조에 속하는 관광시설상품, 관광객의 관광욕구충족을 극대화시키는 서비스상품, 관광사업체가 영리를 목적으로 생산한 특수상품 그리고 관광객의 관광활동에 영향을 미치는 사회·문화 또는 물리적 환경 등에 대한 환경상품으로 구분하였다.

표 6-2 관광상품의 분류

구 분	내 용
역사교육형	• 역사유적지(고성, 성, 능, 전적지 등) • 역사유적기념관 • 각종 전시 · 체험관, 전문박물관
요양휴식형	• 리조트, 온천, 산림욕장, 약수터 등
문화이벤트형	• 전통문화공연(무용, 음악, 전통연극 등) • 전통생활문화체험(김치 담그기, 도자기 굽기 등) • 전통의식행사(수문장교대식, 종묘제례악 등) • 민속문화축제(강릉단오제, 안동국제탈춤축제 등) • 문화예술공연(콘서트, 연주회, 각종 경연대회 등)
자연생태형	• 산, 바다, 해안, 호수, 강, 나무, 꽃, 오지, 늪 등
지역환경	• 기후, 이미지, 친절성, 민족성, 체험성, 신기성 등
쇼핑형	• 기념품·토산품(한복, 전통인형, 도자기, 죽제품) • 의류(피혁, 실크, 면류 등), 보석 • 식료품(인삼 및 인삼가공식품, 김치, 주류)
스포츠형	• 관람형 • 참여형(골프, 스키, 수영)
위락형	• 테마파크 • 경마 • 카지노 • 경륜, 경마

자료 : 이미혜(2006) 참고하여 저자정리

윤대순은 관광상품을 여행상품(여행사의 상품), 관광호텔상품(숙박 · 식사시설과 각종 호텔 서비스 상품), 관광음식상품(각종 식당과 음식), 관광교통상품(항공 · 기차 · 자동차 · 선박 등), 관광구매상품, 기타관광상품으로 구분하였다.

정리해보면, 관광상품은 관광객에게 재화와 서비스를 제공하여 하나의 관광상품으로 제공 · 판매하는 관광활동관련 각종 이용시설이나 상품속성에 따른 구성요소 등을 토대로 분류할 수 있는데, 〈표 6-2〉에 나타난 바와 같은 유형으로 분류할 수 있다.

V. 관광상품기획

　　오늘날의 관광시장은 관광문화가 대중화·고도화됨에 따라 관광행동의 개별화와 차별화 현상이 눈에 띄게 나타나고 있는데, 관광객들은 여행경험이 증대하면서 만족수준이 높아지고 관광상품의 요소를 결합한 새로운 형태의 상품에 대한 욕구가 증대되면서 과거의 물질적 소비 위주에서 만족가치 위주로 선택기준의 변화를 보이고 있다.

　　따라서 관광상품기획자는 관광상품이 지닌 독특한 특성과 구조, 구매의 특성을 정확히 인식하고 있어야 하며, 이를 기본으로 하여 기획된 상품의 표적시장을 선정하고 그 시장의 특성에 맞는 상품을 기획해야 할 것이다.

1. 관광상품 기획요소

　　관광상품을 기획할 때 중요한 것은 관광목적지, 요금, 교통수단, 숙박, 식사 등의 상품을 구성하는 각각의 요소들이 차지하는 비중이 크며 이들이 얼마나 완벽하게 조화를 이루도록 기획하는 것이다.

　　과거의 관광객들은 모든 요소들이 결합된 형태의 완전한 상품을 요구하였지만, 근래에는 교통과 숙박만을 기획하거나, 목적지에서의 관광만을 기획하는 상품들이 요구되는 추세이다.

　　따라서 국내관광상품을 기획할 때는 위의 요소들을 잘 결합하여 다각적인 판매의 운용방법을 모색하고 관광객들을 흡인할 수 있는 매력적인 상품을 개발해야 한다.

2. 신축적인 관광상품의 기획

오늘날 관광시장은 기존의 틀에 박힌 패키지 상품보다는 개별여행의 자유로움을 만끽하면서도 여행에 필요한 기본적인 요소들이 일정에 맞게 미리 짜여져 편리함이 제공되는 형태의 관광객의 의사가 충분히 반영될 수 있는 신축적인 관광상품을 요구하고 있다. 관광객이 패키지상품의 내용에 직접 참여하고(do-it-yourslf) 관광상품의 내용인 숙박, 교통, 주요관광자원 등에 최대한 자유를 보장하는 고객참여형(CMP: Customer Made Package or DIYP: Do-It-Yourself Package) 관광상품에 대한 선호도가 높아지고 있다. 〈표 6-3〉은 기존 관광상품 패키지와 고객참여 패키지를 비교한 것이다.

표 6-3 패키지상품의 유형

기존 관광상품 패키지	고객참여 패키지(DIYP)
• 모든 관광요소(숙박, 교통, 식사, 관광 매력물, 쇼핑 등)의 고정 • 패키지에 참여하며 개인의 자유의사 최소화 • 비탄력적, 획일성 • 선택의 여지가 없는 관광요소의 수용	• 기본적 관광요소(숙박, 교통편)만을 고정 • 관광객의 자유의사 극대화 • 신축성, 유연성 • 관광요소의 다양한 선택의 기회 • 관광상품 다양화의 기반 마련

자료 : 김정옥, 2007

3. 외국인 대상 관광상품의 기획

외국인 대상 관광상품의 구성요소는 국내관광상품과 동일하지만 외국인을 대상으로 판매하는 관광상품이므로 그들이 생활하는 모습과 다른 이질적인 모든 요소들이 관광의 대상이 된다는 것이 특징이다. 외국인대상 관외국인 관광객을 유치한다는 것은 관광의 내적 요인과 외적 요인이 잘 결합된 상태에서 가능하고, 외래관광상품의 기획은 판매대상국가를 어느 나라

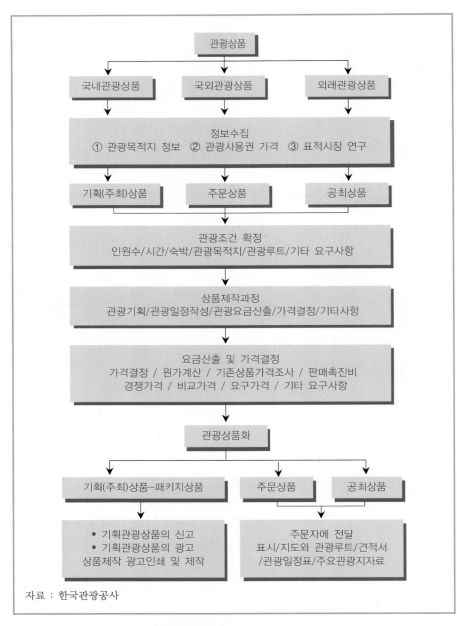

관광상품

국내관광상품　　국외관광상품　　외래관광상품

정보수집
① 관광목적지 정보　② 관광사용권 가격　③ 표적시장 연구

기획(주최)상품　　주문상품　　공최상품

관광조건 확정
인원수/시간/숙박/관광목적지/관광루트/기타 요구사항

상품제작과정
관광기획/관광일정작성/관광요금산출/가격결정/기타사항

요금산출 및 가격결정
가격결정 / 원가계산 / 기존상품가격조사 / 판매촉진비
경쟁가격 / 비교가격 / 요구가격 / 기타 요구사항

관광상품화

기획(주최)상품−패키지상품　　주문상품　　공최상품

- 기획관광상품의 신고
- 기획관광상품의 광고
상품제작 광고인쇄 및 제작

주문자에 전달
표시/지도와 관광루트/견적서
/관광일정표/주요관광지자료

자료 : 한국관광공사

그림 6-2　관광상품의 기획과정

광상품의 기획은 가장 한국적인 것이 토대가 되도록 해야하며, 우리만의 독특한 삶의 모습들이 관광상품으로 기획될 수 있도록 해야 한다. 즉, 한국의 전통혼례, 장례, 굿, 농악, 탈춤, 음식, 세시풍속, 전통축제 등을 관광상품의 구성요소로 기획할 수 있다.

로 할 것인가에 따라 상품의 내용이 달라져야 하며, 대상국가 국민의 특성과 선호도를 파악하는 것이 선행되어야 한다.

4. 관광상품기획의 고려사항

1) 관광동향 파악

관광상품기획에 있어 최근 관광시장은 어떻게 변화하고 있는지, 어떠한 관광형태가 요구되는지를 파악해야 한다. 이러한 1차적인 자료를 조사하기 위해서는 출입국통계, 여권발급통계, 관광동향통계, 각종 해외여행조사자료, 전문도서와 잡지류 등을 항시 점검하고, 필요하다면 설문조사를 하는 등의 노력을 기울여야 한다. 관광시장은 주변시장 동향에 민감하므로 관광시장의 주류를 이루는 관광동향을 벗어나는 상품기획은 성공적이라고 할 수 없다.

2) 기본전략 수립

관광상품개발 기본전략은 상품가치를 어디에 두어야 하는가의 문제이다. 고가격과 고품질의 관광상품으로 접근할 것인가, 저가격과 생략된 서비스로 접근할 것인가, 소수의 미지탐험을 중시하는 경향의 고객을 위한 전문상품을 마련할 것인가, 비교적 잘 알려진 상품을 구성하여 저렴한 가격으로 일반대중에게 접근할 것인가 등에 관한 것이다.

3) 이익상승, 욕구충족, 사회적 책임

관광상품기획에 있어서 고려해야 할 사항은 관광객이 상품을 구입하면서 욕구를 충족시키고 만족을 할 것인가에 대한 상품판매의 실효성과 회사에 이익이 되는가에 대한 기준 설정 그리고 사회적 책임을 고려해야 한다. 아울러 시장성으로서 현재의 판매경로를 계속 사용할 수 있는가, 영속성에 대한 요소로서 관광상품의 라이프사이클은 어느 정도인가, 구매계층은 누구인가, 계절적 수요는 안정적인가, 장래성에 대한 문제로 새로운 관광수요가 환기될 수 있는가, 새로운 서비스 체계를 도입해야 하는가를 고려해야 한다.

4) 하드웨어와 소프트웨어 측면의 조화

관광상품의 하드웨어 측면인 관광시설, 교통시설 등과 소프트웨어 측면인 서비스, 환대 등의 다양한 기능을 점검하며, 관광객의 만족을 높이기 위한 사항을 점검한다.

5) 상품개발과 테스트

관광상품개발은 이를 검증할 수 있는 단계가 필요하다. 시행을 하기 전에 현지사정에 밝은 현지관광회사의 협조를 구하거나 직접방문을 통한 체험이 요구된다.

Ⅵ. 한국관광상품의 문제점 및 개발전략

1. 한국관광상품의 문제점

1) 관광상품 다양화를 위한 사고의 혁신 부족

관광상품이 될 수 있는 자원은 매우 다양하며 그 종류는 무궁무진하다. 역사와 문화, 스포츠, 비무장지대, 일제시대 유물, 종교, 위인의 발자취 등 다양한 주제를 관광상품화할 수 있다는 사고의 혁신이 필요하다. 관광상품의 경우에 자연자원, 문화자원(고궁, 사찰, 역사유적지), 사회자원(문화축제, 민속촌 등) 등의 유형적인 자산이나 한국적인 전통가치가 살아있는 무형자원뿐만 아니라 다양한 자원을 개발해야 한다.

2) 여행사에 의해 상품가치 좌우

관광상품개발의 성공여부는 여행사와의 협조에 달려있는데, 여행상품은 여행사의 수익과 관련된 채산성이 뒷받침되어야 여행사의 상품으로 낙점되며, 단순히 그 상품의 매력도에 의해서만 결정되는 것은 아니다.

따라서 여행사는 관광상품의 가치만으로 상품화를 결정했을 때 좋은 결과가 나오므로 우수한 가치를 가진 관광상품을 개발하여 관광객의 재방문이 이루어지게 하고 관광상품으로서의 존재가치를 제고해야 한다.

3) 상품과 수요자를 연결시키는 마케팅의 부족

관광상품은 개발단계부터 누가 그 관광상품을 찾을 것인가를 구체화시키는 작업이 필요하며, 이를 통해 실제 관광상품의 수요자가 될 사람들을 상품과 연결시키는 마케팅이 중요하다. 또 잠재관광객 시장의 파악을 통해 그들의 의견이나 욕구를 상품개발에 반영할 수도 있으므로 관광행태나 욕구상의 특성을 파악하여 관광상품을 개발하는 것이 필요하다. 일반상품과 마찬가지로 관광상품도 상품에 대한 수요를 창출하려는 노력을 기울이지 않는다면 상품 개발의 의미가 없어진다.

4) 핵심상품과 보조상품의 연계개발

관광객들을 현지에 오도록 하기 위해서는 관광매력물이 필요하다. 유네스코를 통해 세계문화유산으로 지정된 석굴암이나 불국사와 같은 문화유적이 있는 경주나 천혜의 이국적인 자연경관을 갖고 있는 제주와 같은 경우가 아니라면 지역의 지명도를 높이고 대표할 수 있는 핵심관광상품부터 개발해야 한다. 특히 비수도권 지역의 특히 핵심상품의 개발이 필요하다. 또한 그것과 연계시킬 수 있는 보조상품의 수를 증가시키고 교통편과 숙박시설을 구비하여 관광객들을 유인할 수 있어야 한다.

5) 대도시 및 수도권 위주의 관광

한국관광이 수도권 위주의 도시형 관광위주가 되어 자연지향관광이나 지방의 순수 한국역사의 문화, 향토체험을 통한 관광상품의 다양화가 진전되지 못하였다. 여행사의 의해 유도되는 집중적인 관광객 방문이 수익성이라는 한계 때문에 지방관광에까지 확산되지 못하고 서울이나 수도권 주변에만 국한되는 것은 한국관광의 큰 한계라 할 수 있다. 제주나 부산, 경주 등을 제외하면 지방에 외래관광객들이 머물만한 적합한 관광시설과 식음료시설이 부족하며 항공편 직항이 연결되는 국제공항이 지방에서 역할을 못하고 있는 것도 문제이다.

6) 관광객에 대한 고정관념

관광상품은 그 종류가 매우 다양하며 문화상품, 유적, 경관 등 순수관광자원 외에도 순수 학술 연구와 관광을 접목시키거나 예술활동을 관광과 접목시킨 상품개발이 필요하다. 우리나라는 이벤트 관광객이나 의료 관광객 등을 확보하기 위해 노력하고 있다. 특히 MICE나 예술행사 등에 참가하는 관광객의 확보가 중요하다.

7) 해설기능의 미흡

방문객을 감동시키고 방문경험에 대한 기억을 오래 가게 할 수 있는 해설기능은 관광상품을 입체적으로 경험하게 하는 중요 요소인 것이다. 한국 관광상품의 최대 약점은 해설기능이 약하다는 것이다. 우리나라의 경우는 전문적인 해설인력과 시설의 부족으로 해설판이나 브로셔 등으로 해설기능을 대신하고 있다. 체계적인 해설원 양성교육훈련이나 해설관련 시설마련 등을 위한 체계적인 투자가 절실히 요구된다.

아무리 역사성이 뛰어나고 자원가치가 뛰어나 희귀 동식물이나 경관이 있어도 그 가치와 역사적인 유래를 전해주는 인간의 음성이 없다면 그 자원은 매우 단조롭고 평면적인 경험만을 제공할 수밖에 없다.

2. 한국관광상품의 개발전략

1) 관광의 기본요소 구비

방한 외래관광객의 국내여행활동 유형을 보면 사적지 방문이나 도시구경, 자연경관 관람이 주류를 이루고 있는데, 이와 같이 상품개발이 문화상품이나 이벤트 상품 위주로 집중되는 것은 바람직하지 않다. 관광의 진흥을 위해서는 기본적으로 충족되어야 하는 요소들이 고르게 자리 잡아 것은 바람관광객의 욕구나 관광지에서의 행태가 쇼핑, 문화, 역사체험, 엔터테인먼트, 레크리에이션 등으로 구분된다면 한 관광의 관광상품은 이러한 기본적 욕구를 충족 고르게 자도록 다양1행태가 쇼는 것이 바람직하 바람 다시 말하면 관광상품개발은 점적인 개발도 중요하지만 전체적으로 밑그림의 구도가 잡혀진 상태에서 면적인 개발이 이루어져야 한다.

2) 아이디어 창출

관광상품을 개발할 때에 아름다운 경관 등의 자연자원이나 문화자원에만 집중하지 말고 사회적 자원이나 위락자원 중에서 많은 아이디어를 창출해야 할 것이다. 이벤트 개발의 경우에도 다양한 이벤트 연출을 통해 관광상품화 될 수 있는 아이디어들이 필요하며 향토적이거나 역사적인 소재, 고장 특유의 상품만이 축제나 이벤트의 주제가 되는 것은 아니다.

3) 기본적 분위기 연출

카지노나 축제, 문화유산 등의 핵심관광상품과 분위기 연출을 위한 상품은 구분된다. 축제 같은 관광이벤트를 상품화할 때는 분위기 연출을 위한 상품과 핵심관광대상으로서의 상품은 구분되어야 한다. 컨셉에 맞는 특별한 의상을 입은 방문객에게는 입장료를 받지 않는 경우가 기본적 분위기를 연출하기 위한 방법인데, 분위기 연출을 위한 관광상품은 관광지로서 기본적으로 갖추어야 할 동적이면서도 관광지에 활기를 불어넣기 때문이다.

4) 민간과 정부의 역할분담

관광상품을 개발할 때는 일정기간동안 정부주도로 관광상품개발의 분위기를 조성하고 후에는 민간주도로 이루어지는 것이 바람직하다. 그러나 정부주도로 개발되기 어려운 관광상품을 개발할 경우에는 정부의 협조하에 민간이 자체적으로 해결해야 한다.

5) 하드웨어의 변화

복합적인 관광공간의 조성은 관광상품 개발을 위한 하드웨어에 있어서 매우 중요한 역할을 한다. 관광상품의 개발에서 중심관광거리, 교통, 컨벤션센터 등의 물리적 시설의 규모나 형태 등의 도시계획적인 차원의 변화들이 관광의 성공가능성이나 확대가능성을 크게 한다.

6) 시장규모의 설정

축제와 같은 행사는 참가자의 규모나 행사내용 면에서 대규모의 방문이 가능한 상품이라 할 수 있지만 사찰을 방문하거나 다도를 익히기 위해 방문하는 소수의 방문객들이나 개별관광으로 시작되어 대량관광으로의 변화에 대해서도 고려해야 한다. 개별관광객의 수요확대를 위한 상품개발과 대량관광을 유발하는 상품개발은 근본적으로 달라질 수밖에 없지만 방문에 필요한 경비에 관계없이 고관여적으로 방문하거나 한국의 고유성을 발휘하는 매력물에 대해 적극적으로 정보를 수집하려는 개별관광객의 수요지속성은 대량관광객보다 더 유지될 수 있다.

7) 관련조직의 협조

관광상품을 개발하기 위해서는 이벤트 전문기관, 지역주민단체, 학술연구기관, 환경단체, 군부대, 종교계, 여행사, 지역 내 교육기관 등 매우 다양한 관련단체나 조직과의 협력이 필요하며 이들의 협조여부가 관광상품 개발의 성패를 좌우하는 요건이 된다. 관광은 복합된 형태로 다양한 분야의 활동이나 경제분야에 연관되어 있는 산업이므로 관광상품개발의 명분과 효과를 이들 단체나 조직에게 충분히 설명하여 협력관계를 유지하는 것이 절대적으로 필요하다.

관광학개론

An Introduction To Tourism

Chapter 07

관광사업

Chapter 07
—
관광사업

Ⅰ. 관광사업의 개념 및 특성

1. 관광사업의 개념

관광사업은 관광자의 관광행위 과정에 관련되는 일체의 사업활동을 말하는 것으로 관광객 유치를 목적으로 서비스를 제공하는 일의 총체이다. 관광매체인 관광사업은 관광의 주체와 객체 사이에 존재하여 사업을 경영하는 인간활동의 총체로서 관광주체의 관광행위 발생을 촉진시켜 관광현상을 지속적으로 창조하게 하며, 각종 구성요소의 적절한 조화와 발전을 도모하는 동시에 이용증대를 통하여 경제적·사회적 효과를 목표로 행하는 조직이라고 할 수 있다.

관광사업은 공익성과 기업성을 동시에 가지고 있으므로 기업의 목표인 이윤추구와 국민복지적 차원에서의 공익성을 동시에 고려해야 한다. 따라서 관광사업은 각종 관련사업 및 공공기관, 공적관광사업과 복합적으로 연계되어 있다. 또한 관광사업은 관광자원이 있는 곳으로 이동해서 이루어지므로 입지의존성이 있으며, 단일상품으로 구성되어지지 않고 여러 관광사업들이 복합적으로 이루어지므로 복합성이 있다고 할 수 있다.

관광사업은 광의로 보면 관광객이 필요로 하는 재화와 서비스를 생산·판매하는 모든 산업으로 정의될 수 있다. 우리나라 관광진흥법상에서는 관광사업을 "관광객을 위하여 운송, 숙박, 음식, 운동, 오락, 휴양 또는 용역을 제공하거나 기타 관광에 부수되는 시설을 갖추어 이를 이용하게 하는 업"으로 정의하고 여행업, 관광숙박업, 관광객이용시설업, 국제회의업, 카지노업, 유원시설업, 관광편의시설업의 7개 분야를 지정하여 지원·육성하고 있다.

2. 관광사업의 특성

1) 복합성

(1) 사업주체의 복합성

관광사업은 정부 및 지방자치단체 등의 공적기관과 민간기업이 복합된 사업이다. 따라서 관련되는 각 기업에서는 각기 독립된 경제활동분야가 존재하지만, 각 기업간의 이익의 조절과 공통적 이익에 관한 활동은 관광사업 전체의 발전이라는 결과에서 통일적으로 행해지지 않으면 안 되며, 관광사업 전체의 경영문제도 여기서부터 출발한다. 지역적으로나 제도적으로 관련기관이 조직되어 통합적·전체적인 입장에서 관광사업의 발전적 운영을 도모하는 이유도 여기에 있다.

(2) 사업내용의 복합성

관광사업은 여러 가지 업종의 복합에 의하여 성립되는 사업이며 관광지에 대한 욕구를 충족시키는 모든 업종을 포함한다. 어떤 업종이든 100% 관광사업인 것은 없고, 관광과 관련된 부분만을 관광사업이라고 한다.

2) 입지의존성

모든 관광사업은 관광자원을 중심으로 하여 각기 특색있는 관광시장을 형성하고 있으며 그것에 대한 의존성이 크다. 이런 특성 때문에 관광상품은 불연속성, 동시완결성, 노동설비율의 증가 등의 특징을 갖는다.

(1) 관광상품의 불연속성

관광상품은 관광지의 입지조건에 따라, 관광객의 소비활동(계절별, 월별, 시간별)에 따라, 관광객의 임의적 행동에 따라 변동하므로 연속적 생산이 불가능한 상품이다.

(2) 관광상품의 동시완결성

관광사업은 순간생산과 순간소비의 형태를 갖는 대표적인 시간산업이다. 예컨대 여행업에서 제공되는 서비스는 개인의 시간을 절약하는 시간절약사업의 특성을 가지며, 교통업 및 숙박업은 관광객의 자유로운 시간 중에 관광욕구를 최대한으로 만족시키기 위하여 이용하는 시간이용사업의 특성을 가진다.

따라서 관광사업에서 생산되는 상품은 생산과 소비가 한 장소에서 동시에 이루어지는 특성을 가지며 저장이나 재고가 불가능하다.

(3) 노동 설비율의 증가

관광사업은 대인적 서비스가 요구되는 서비스 사업으로, 노동집약도가 높고, 점차 관광사업의 대형화·고급화로 노동설비율(고정자산에 대한 종사원 수의 비율)이 높아져 가고 있다.

3) 변동성

관광욕구의 충족은 생활에 있어서 필수적이 아닌 임의의 성격을 띠고 있기 때문에 관광활동은 외부환경의 변동에 매우 민감하고 영향을 받기 쉽다. 관광사업은 생활필수품이 아니기 때문에 사회정세의 변화, 국제정세의 긴박, 정치 불안, 폭동, 질병의 발생, 파업, 테러, 전쟁 등의 사회적 변동요인에 따라 영향을 받으며, 경제불황, 소득 변화, 환율시세의 변동, 운임의 변동, 외화사용의 제한조치 등의 경제적 변동요인에 따라 영향을 받는다. 또한 기후, 태풍, 지진, 폭설 등의 자연현상에 의해서도 영향을 받는다.

4) 공익성 및 기업성

관광사업은 기업으로서 이윤추구 뿐만 아니라 국민복지(관광자의 위락적 가치추구와 정신적 문화성)도 고려해야 한다.

(1) 공익성의 추구

관광사업은 국위선양과 상호이해를 통한 국제친선의 증진, 국제문화의 교류, 세계평화의 기반구축, 국민보건 향상, 근로의욕의 증진, 교양의 향상 등에 기여를 해야 한다

(2) 기업성의 추구

관광사업은 외화획득과 경제발전, 국제무역의 증진, 소득효과, 고용효과, 산업관련효과, 국민복지 후생의 증진, 생활환경의 개선, 지역사회 개발 등의 효과를 발생시킨다.

5) 매체성과 서비스 지향성

관광사업은 관광주체인 관광객과 관광객체인 관광대상을 결합시키는 매체로서의 역할을 한다. 공간적 매체와 관련해서는 교통업, 운송업 등이 있고, 시간적 매체와 관련해서는 관광숙박업과 휴게시설업 등이 있으며 기능적 매체와 관련해서는 여행업, 관광안내업, 관광선전업 등이 있다.

또한 관광사업은 관광객에 대하여 유형적인 관광시설과 무형적인 인적 서비스 제공하지만 서비스가 매우 중요하다. 관광시설이 아무리 훌륭해도 인적 서비스와 환대의 부족은 관광상품으로서 가치가 없기 때문이다.

Ⅱ. 관광사업의 체계 및 등록

1. 관광사업의 체계

관광사업은 사업목적에 따라 공기업적 관광사업과 사기업적 관광사업으로 구분할 수 있다.

1) 공기업적 관광사업

공기업적 관광사업은 관광시책의 추진을 통해서 관광사업의 발전을 도모하는 것으로, 관광단체나 사기업적 관광사업에 대한 지도·육성과 관광왕래의 촉진, 관광의 안전성과 쾌적성 등에 관한 사업을 중점적으로 실시한다. 국가, 지방자치단체, 공공단체, 일반비영리단체 등이 주체가 되며 사업목적은 국민의 복지향상, 후생복지증진, 국민경제발전, 국민관광촉진 등이다.

구체적인 사업내용은 다음과 같다.

① 관광자원의 보호육성과 관광지의 이용촉진

② 관광지의 개발·운영의 지도

③ 관광제반시설의 정비개선

④ 관광의식의 보급

⑤ 관광서비스의 향상

⑥ 관광통계의 정비

⑦ 관광선전매체의 향상과 선전활동의 촉진

⑧ 조사·연구활동의 추진과 실시

⑨ 국내·외적 관광관련기관과의 유대강화

⑩ 관광행정지도

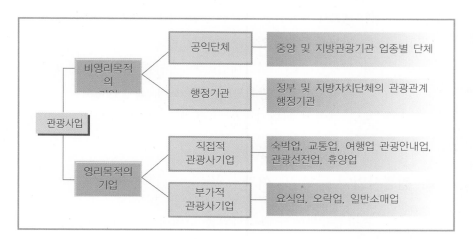

그림 7-1 관광사업의 체계

2) 사기업적 관광사업

사기업적 관광사업은 관광객의 관광행동에 직접 대응하는 영리활동이고, 주체는 관광관련 사기업이며, 이는 관광객에게 재화나 서비스를 제공하고 그 대가를 취득하여 이익을 창출하는 사업이다.

이는 직접적 관광사기업과 부가적 관광사업으로 분류할 수 있는데, 전자는 관광객의 관광활동에 대응하여 편익을 제공하는 업이라고 할 수 있고, 후자는 관광객의 관광활동에 부차적으로 작용하여 관광욕구를 배가시켜주는 업이라고 할 수 있다.

직접적 관광사기업은 다음과 같다.

① 관광숙박업(관광호텔업, 휴양콘도미니엄업, 민박, 캠프 등)

② 여행업(일반여행업, 국외여행업, 국내여행업)

③ 교통업(철도, 선박, 비행기, 버스, 스키리프트 등)

④ 레크리에이션업(스키장, 해수욕장, 관광농장, 유원지, 공원)

⑤ 기념품업(제조업, 판매업)

⑥ 관광안내업(시설안내업, 투어콘덕터, 가이드, 레크리에이션 리더)

⑦ 관광선전업(관광화보, 관광포스터, 관광안내서 등의 선전매체관련업)

또한 부가적 관광사업은 외식 및 요식업, 오락업, 쇼핑업 등이 있다.

2. 관광사업의 등록 및 허가

관광진흥법에서 관광사업을 경영하고자 하는 자는 등록 및 허가, 신고 지정이 필요하다. 관광사업의 종류 중 등록의 대상업종은 여행업, 관광숙박업, 관광객이용시설업, 국제회의업이고, 특별자치도지사, 시장, 군수, 자치구청장에게 등록해야 하며, 등록을 하려는 자는 대통령령으로 정하는 자본금·시설 및 설비 등을 갖추어야 한다.

또한 등록한 사항 중 대통령령으로 정하는 중요 사항을 변경하려면 변경등록을 하여야 하며 등록 또는 변경등록의 절차 등에 필요한 사항은 문화체육관광부령으로 정한다.

카지노업을 경영하려는 자는 전용영업장 등 문화체육관광부령으로 정하는 시설과 기구를 갖추어 문화체육관광부장관의 허가를 받아야 한다.

카지노업은 외국인 관광객 유치 및 관광외화 획득이라는 긍정적인 면도 있지만 사행심을 조장하여 공공의 안녕·질서를 문란하게 하고 국민 정서를 해칠 염려가 있기 때문에 실정법상 등록 또는 지정보다 강한 의미의 허가를 받도록 하였다.

유원시설업 중 대통령령으로 정하는 유원시설업인 종합유원시설업 및 일반유원시설업을 경영하려는 자는 문화체육관광부령으로 정하는 시설과 설비를 갖추어 특별자치도지사·시장·군수·구청장의 허가를 받아야 한다. 허가받은 사항 중 문화체육관광부령으로 정하는 중요 사항을 변경하려면 변경허가를 받아야 한다. 다만, 경미한 사항을 변경하려면 변경신고를 하여야 한다.

대통령령으로 정하는 유원시설업 외의 유원시설업인 기타유원시설업을 경영하려는 자는 문화체육관광부령으로 정하는 시설과 설비를 갖추어 특별자치도지사·시장·군수·구청장에게 신고하여야 한다. 신고한 사항 중 문화체육관광부령으로 정하는 중요사항을 변경하려는 경우에도 특별자치도지사·시장·군수·구청장에게 신고하여야 한다. 허가 및 신고의 절차 등에 필요한 사항은 문화체육관광부령으로 정한다.

유원시설업은 국민 모두가 이용하는 시설이라는 점에서 건설, 소방, 가스, 전기 등 전 분야의 안전 확보가 필수적으로 요구되는 대표적인 것이기 때문에 허가를 받도록 하였다. 다만 문화체육관광부령으로 정하는 위험성이 없는 유원시설업은 신고를 받도록 하였다.

관광편의시설업을 경영하려는 자는 문화체육관광부령으로 정하는바에 따라 특별시장·광역시장·도지사·특별자치도지사 또는 시장·군수·구청장의 지정을 받을 수 있다.

관광편의시설업은 우리나라 관광진흥에 이바지할 수 있다고 인정되는 사업이나 시설이지만, 다른 관광사업보다 관광객의 이용도가 낮거나 시설 규모가 적기 때문에 등록 또는 허가보다 절차상 간소하고 편리하게 하기 위하여 지정제도를 채택하였다.

Ⅲ. 관광진흥법상의 관광사업 분류

관광진흥법 제3조에 의하면, 관광사업은 여행업, 관광숙박업, 관광객이용시설업, 국제회의업, 카지노업, 유원시설업, 관광편의시설업으로 분류하고 있으며, 〈표 7-1〉과 같이 구분할 수 있다.

1. 여행업

관광진흥법상 여행업은 "여행자 또는 운송시설, 숙박시설 기타 여행에 부수되는 시설의 경영자 등을 위하여 당해 시설이용의 알선이나 계약체결의 대리, 여행에 관한 안내 기타 여행의 편의를 제공하는 업이다.

이를 더 구체적으로 세분해서 여행의 기능을 설명하면 다음과 같다.

가. 알선기능

여행업은 여행자 또는 운송·숙박 기타 여행에 부수되는 시설의 경영자 등을 위하여 당해 시설의 이용을 알선하는 행위를 말한다. 예를 들면 여행업자는 여행자와 운송사업자 또는 숙박업자의 중간에 서서 항공권의 매매,

호텔의 예약·수배 등 여행서비스를 제공하거나 토산품점, 식당 등 여행에 부수되는 시설의 이용을 알선하고, 이에 대한 일정한 수수료를 받아 사업을 영위하는 알선행위를 행한다.

표 7-1 관광진흥법상의 관광사업 분류

분류	구분	기능
여행업	• 일반여행업 • 국외여행업 • 국내여행업	• 알선기능 • 대리기능 • 여행편의제공 기능 • 여행상품 생산·판매기능

관광숙박업	• 호텔업
	  (관광호텔업, 수상관광호텔업,
	  한국전통호텔업, 가족호텔업,
	  호스텔업, 소형호텔업, 의료관광호텔업)
	• 휴양콘도미니엄업
		• 숙박 및 음식제공 기능
		• 사교기능
		• 공연기능
		• 비즈니스활동 기능
		• 운동·레저·오락·휴양 등의 레크리에
		  이션기능

관광객이용 시설업	• 전문휴양업 • 종합휴양업 • 야영장업 • 관광유람선업 • 관광공연장업 • 외국인관광도시 민박업	
국제회의업	• 국제회의시설업(전문회의시설, 준회의시설, 전시 및 부대시설) • 국제회의기획업	
카지노업		
유원시설업	• 종합유원시설업 • 일반유원시설업 • 기타유원시설업	
관광편의 시설업	• 관광유흥음식점업 • 외국인전용유흥음식점업 • 관광극장유흥업 • 관광식당업 • 관광순환버스업 • 관광궤도업 • 여객자동차터미널업 • 관광펜션업 • 한옥체험업 • 관광사진업 • 관광면세업	

나. 대리기능

여행업은 여행자 또는 운송·숙박 기타 여행에 부수되는 시설의 경영자 등을 위하여 여행과 관련되는 계약의 체결 및 수속 등을 대리해주는 기능을 수행한다. 예를 들면 여행자 또는 운송·숙박 기타 여행에 부수되는 시설의 경영자를 대리하여 당해 시설의 이용계약을 체결하는 행위 또는 여행자를 위하여 여권 및 사증, 기타 출입국 수속 등을 대행하는 행위 등은 여행업의 대리기능에 속한다.

다. 여행 편의제공 기능

여행업은 여행자를 위하여 안내, 여행상담, 정보 제공 등 여행과 관련되는 제반 편의를 제공한다.

라. 여행 상품의 생산·판매 기능

알선업무가 소극적인 기능인 것에 반해 여행상품을 직접 생산·판매하는 기능은 적극적인 기능이라고 할 수 있다. 여행업자는 다양하고 구체적인 여행정보를 활용하여 독자적으로 여행상품을 생산·판매(Ready made)하거나 여행자의 주문에 의해 여행상품을 생산·판매(Order made)함으로써 보다 많은 수익을 올려 경영의 합리화를 기하고 있는 것이 오늘날의 현상이다.

여행업의 종류는 일반여행업, 국외여행업, 국내여행업으로 분류할 수 있는데 여행업을 하려는 자는 사무실의 소유권이나 사용권이 있어야 하며, 일반여행업은 자본금 및 자산평가액이 2억원 이상이고, 국외여행업은 자본금 및 자산평가액이 6천만원 이상이며, 국내여행업은 3천만원 이상이다.

(1) 일반여행업

일반여행업은 국내 또는 국외를 여행(International Tour)하는 내국인 및 외국인을 대상으로 하는 여행업을 말하며, 사업의 범위는 여권 및 비자를 받는 절차를 대행하는 행위를 포함한다. 따라서 일반여행업자는 외국인의 국내 또는 국외여행과 내국인의 국내 또는 국외여행에 대한 업무를 모두 취급할 수 있다.

(2) 국외여행업

국외여행업은 국외를 여행(Outbound Tour)하는 내국인을 대상으로 하는 여행업으로서 여권 및 비자를 받는 절차를 대행하는 행위를 포함한다. 국외여행업은 1989년에 국민의 해외여행의 자유화가 시행되어 내국인의 해외여행이 급격히 증가함에 따라 내국인의 해외여행업무만을 전담하도록 한 것이다. 따라서 국외여행업은 외국인을 대상으로 하거나 또는 내국인을 대상으로 하는 국내여행은 허용되지 않는다.

(3) 국내여행업

국내여행업은 국내를 여행(Domestic Tour)하는 내국인을 대상으로 하는 여행업이다. 따라서 국내여행업은 외국인을 대상으로 하거나 또는 내국인을 대상으로 하는 국외여행은 허용되지 않는다.

표 7-2 여행업 등록현황

구 분		서울	부산	대구	인천	광주	대전	울산	세종	경기	강원	충북	충남	전북	전남	경북	경남	제주	합계
여행업	일반여행업	3,416	231	127	164	111	89	49	30	553	93	63	43	112	82	65	117	359	5,704
	국외여행업	3,805	770	444	246	305	279	155	33	1,205	229	236	212	431	328	358	447	147	9,630
	국내여행업	1,346	575	401	188	259	238	148	17	809	254	246	211	393	386	404	443	622	6,940
	합 계	8,567	1,576	972	598	675	606	352	80	2,567	576	545	466	936	796	827	1,007	1,128	22,274

한국관광협회 중앙회, 2019.3.31.기준

2. 관광숙박업

관광숙박업은 관광객의 숙박과 취사에 적합한 시설을 갖추어 이를 관광객에게 제공하거나 숙박에 부수되는 음식·운동·오락·휴양·공연 또는 연수에 적합한 시설 등을 함께 갖추어 이를 이용하게 하는 업이다.

숙박업의 본래 기능은 단순히 사람을 숙박시키고 음식을 제공하는 것이었다. 그러나 사회환경의 변화 속에서 특히 소득의 증대, 여가의 증대, 교통기관의 발달, 정보의 증대, 소비자의 가치관 변화 등 숙박업을 둘러싼 온갖 환경이 변화함에 따라 숙박업의 기능도 다양하게 변화하고 있다.

표 7-3 관광숙박업 등록현황

구 분			서울	부산	대구	인천	광주	대전	울산	세종	경기	강원	충북	충남	전북	전남	경북	경남	제주	합계
관광숙박업	호텔업	관광호텔업	329	80	21	72	12	17	15	0	124	46	20	17	27	41	40	50	126	1,037
		수상관광호텔업	0	0	0	0	0	0	0	0	0	0	0	0	0	0	0	0	0	0
		한국전통호텔업	0	0	0	2	0	0	0	0	1	0	0	1	2	1	0	0	1	8
		가족호텔업	20	1	0	3	0	1	1	0	14	15	2	4	6	12	3	21	61	164
		호스텔업	83	68	2	61	1	0	0	0	10	10	2	3	6	181	19	24	163	633
		소형호텔업	9	2	0	2	0	0	0	0	7	2	0	1	2	2	2	1	4	34
		의료관광호텔업	0	0	0	0	0	0	0	0	0	0	0	0	0	0	0	0	0	0
	휴양콘도미니엄업		0	5	0	2	0	0	0	0	17	71	8	14	6	8	15	16	60	222
합 계			441	156	23	142	13	18	16	0	172	145	32	39	48	246	80	112	415	2,098

한국관광협회 중앙회, 2019.3.31.기준

즉 오늘날 숙박업의 기능은 기본적인 숙박 및 음식제공의 기능뿐만 아니라 사교의 기능, 운동, 레저, 오락, 휴양 등 레크리에이션 기능, 공연기능, 비즈니스 활동 기능 등의 다양한 기능을 제공하면서 이에 수반되는 여러 가지 인적·물적 서비스와 정보까지 제공하고 있다.

숙박업을 둘러싼 온갖 환경의 변화에 대응하는 숙박업의 미래상은 고급화, 개성화, 대중화, 기능화, 편리화, 오락화에 덧붙여서 여기에 부수되는 온갖 서비스가 제공되어야 할 것이다.

(1) 호텔업

호텔업은 관광객의 숙박에 적합한 시설을 갖추어 이를 관광객에게 제공하거나 숙박에 부수되는 음식·운동·오락·휴양·공연 또는 연수에 적합한 시설 등을 갖추어 이를 이용하게 하는 업을 말한다.

호텔업은 관광호텔업, 수상관광호텔업, 한국전통호텔업, 가족호텔업, 호스텔업, 소형호텔업, 의료관광호텔업으로 분류된다.

가. 관광호텔업

관광호텔업은 관광숙박업 중에서 가장 주된 업종으로서, 등급은 5성급, 4성급, 3성급, 2성급, 1성급으로 분류할 수 있다. 호텔업의 등급결정 기준을 보면 호텔업의 등록을 한 자는 호텔을 신규 등록한 경우, 등급결정을 받은 날부터 3년이 지난 경우, 시설의 증·개축 또는 서비스 및 운영실태 등의 변경에 따른 등급 조정사유가 발생한 경우의 사유가 발생한 날부터 60일 이내에 문화체육관광부장관으로부터 등급결정권을 위탁받아 고시된 법인에 등급결정을 신청하여야 한다.

표 7-4 관광호텔업 등록현황

구분		서울	부산	대구	인천	광주	대전	울산	세종	경기	강원	충북	충남	전북	전남	경북	경남	제주	합계
5성급 특1급	업체수	25	9	2	7	2		2		2	6	1		1	2	5	2	12	78
	객실수	11218	3253	492	2642	325		458		665	1695	328		118	519	1652	347	4997	28,709
4성급 특2급	업체수	45	2	4	7		1	2		15	5	1	4	4	5	1	2	19	117
	객실수	11663	437	711	1635		204	689		2693	815	180	567	543	514	125	210	2549	23,535
3성급 1등급	업체수	74	15	6	2	4	7	1		17	10	8	3	3	10	12	10	29	211
	객실수	11162	1945	363	290	271	694	75		2043	798	608	416	221	825	936	608	2297	23,552
2성급 2등급	업체수	56	22	6	12	1	4	2		33	5	6	3	11	11	7	15	15	209
	객실수	4146	2227	320	746	59	215	111		2174	282	352	137	641	593	447	732	1015	14,197
1성급 3등급	업체수	50	14	2	26	6	2	3		28	1	3	3	5	8	10	15	11	187
	객실수	2735	1268	88	1239	367	70	109		1556	48	155	165	190	322	580	767	615	10,274
등급 없음	업체수	58	17	3	21	1	5	2		28	17	2	6	6	6	8	6	38	224
	객실수	7694	1219	156	1341	37	484	147		1683	2049	109	295	428	325	352	648	3322	20,289
합계	업체수	308	79	23	75	14	19	12		123	44	21	19	30	42	43	50	124	1,026
	객실수	48618	10349	2130	7893	1059	1667	1589		10814	5687	1732	1580	2141	3098	4092	3312	14795	120,556

한국호텔협회(2017.12.31.기준)

등급결정을 하는 경우에는 서비스 상태, 건축 · 설비 · 주차시설, 전기 · 통신시설, 소방 · 안전 상태, 소비자 만족도 등의 요소를 평가하여 90% 이상이 충족되면 5성급이고 80% 이상이 충족되면 4성급으로 결정된다.

호텔업 등급결정의 기준은 다음과 같다.

표 7-5 호텔업의 등급결정 기준

구분	5성급	4성급	3성급	2성급	1성급
결정기준(만점기준)	90% 이상	80% 이상	70% 이상	60% 이상	50% 이상

관광호텔업은 욕실이나 샤워시설을 갖춘 객실을 30실 이상 갖추고 외국인에게 서비스를 제공할 수 있는 체제를 갖추고 있어야 하며 관광호텔업을 경영하려는 자는 대지 및 건물의 소유권 또는 사용권을 확보하고 있어야 하며 다만, 회원을 모집하는 경우에는 소유권을 확보하여야 한다.

나. 수상관광호텔업

수상관광호텔업은 수상에 구조물 또는 선박을 고정하거나 계류시켜 놓고 관광객의 숙박에 적합한 시설을 갖추거나 부대시설을 함께 갖추어 이를 관광객에게 이용하게 하는 업이다.

수상관광호텔업은 우리나라의 수려한 수상경관을 감상할 수 있도록 수상에 구조물 또는 선박을 개조하여 설치한 숙박시설이다. 선박을 숙박시설로 개조할 경우 반드시 이를 수상의 일정장소에 고정하거나 계류시키도록 한 것은 관광객의 이용에 편리하도록 하기 위함이며, 동력을 이용하여 선박이 이동할 경우에는 수상관광호텔이 아니라 선박이 된다. 수상관광호텔업은 호스텔업과 함께 아직 우리나라에는 등록시설이 없다.

수상관광호텔이 위치하는 수면은 「공유수면 관리 및 매립에 관한 법률」 또는 「하천법」에 따라 관리청으로부터 점용허가를 받아야 하는데, 수상관광호텔업은 욕실이나 샤워시설을 갖춘 객실이 30실 이상으로 외국인에게 서비스를 제공할 수 있는 체제를 갖추고 있어야 하며 수상오염을 방지하기 위한 오수 저장·처리시설과 폐기물처리시설을 갖추고 있어야 한다. 그리고 수상관광호텔업을 경영하려는 사람은 구조물 및 선박의 소유권 또는 사용권을 확보하고 있어야 하며 다만, 회원을 모집하는 경우에는 소유권을 확보하여야 한다.

다. 한국전통호텔업

한국전통호텔업은 한국전통의 건축물에 관광객의 숙박에 적합하도록 숙박시설 및 취사도구를 갖추어 이를 관광객에게 이용하게 하거나 숙박에 부수되는 음식·운동·휴양 또는 연수에 적합한 시설을 함께 갖추어 이를 관광객에게 이용하게 하는 업이다.

한국전통호텔업은 외국인 관광객의 수요에 대처하기 위해 한국 고유의 전통건축 양식에 한국적 분위기를 풍길 수 있는 객실과 정원을 갖추고 한국전통요리와 민속공연 등을 제공하도록 하고 있는데 현재 한국전통호텔업은 씨에스(제주) 1개소이다.

한국전통호텔업은 건축물의 외관이 전통가옥의 형태를 갖추고 있어야 하고 이용자의 불편이 없도록 욕실이나 샤워시설을 갖추고 있어야 하며 외국인에게 서비스를 제공할 수 있는 체제를 갖추고 있어야 한다. 한국전통호텔업을 경영하려고 하는 사람은 대지 및 건물의 소유권 또는 사용권을 확보하고 있어야 하며 다만, 회원을 모집하는 경우에는 소유권을 확보하여야 한다.

라. 가족호텔업

가족호텔업은 가족단위 관광객의 숙박에 적합하도록 숙박시설 및 취사도구를 갖추어 이를 관광객에게 이용하게 하거나 숙박에 부수되는 음식·운동·휴양 또는 연수에 적합한 시설을 갖추어 이를 이용하게 하는 업이다.

가족호텔업은 증가된 가족단위의 관광수요에 부응하여 국민복지관광(social tourism)차원에서 저렴한 비용으로 가족관광을 영위할 수 있게 하기 위해 마련된 제도이다. 따라서 가족호텔 내에는 가족단위 관광객이 이용할 수 있는 취사시설이 객실별로 설치되어 있거나 층별로 공동취사장이 설치되어 있고 욕실이나 샤워시설을 갖춘 19제곱미터 이상 면적의 객실이 30실 이상 갖추어야 한다. 또한 외국인에게 서비스를 제공할 수 있는 체제를 갖추고 있어야 하고 가족호텔업을 경영하고자하는 사람은 대지 및 건물의 소유권 또는 사용권을 확보하고 있어야 하며 다만, 회원을 모집하는 경우에는 소유권을 확보하여야 한다.

마. 호스텔업

호스텔업은 배낭여행객 등 개별 관광객의 숙박에 적합한 시설로서 객실을 갖추고 이용자의 불편이 없도록 화장실, 샤워장, 취사장 등의 편의시설(공동으로 이용 가능)과 외국인 및 내국인 관광객에게 서비스를 제공할 수 있는 문화·정보 교류시설 등을 함께 갖추어 이용하게 하는 업이다. 호스텔업을 경영하고자 하는 사람은 대지 및 건물의 소유권 또는 사용권을 확보하고 있어야 한다.

바. 소형호텔업

소형호텔업은 관광객의 숙박에 적합한 시설을 소규모로 갖추고 숙박에 딸린 음식·운동·휴양 또는 연수에 적합한 시설을 함께 갖추어 관광객에게 이용하게 하는 업으로서 등록기준은 객실을 20실 이상 30실 미만으로 갖추고, 두 종류 이상의 부대시설을 갖추되, 부대시설의 면적 합계가 건축 연면적의 50퍼센트 이하이다.

사. 의료관광호텔업

의료관광호텔업은 의료관광객의 숙박에 적합한 시설 및 취사도구를 갖추거나 숙박에 딸린 음식·운동 또는 휴양에 적합한 시설을 함께 갖추어 주로 외국인 관광객에게 이용하게 하는 업으로서 등록기준은 객실을 20실 이상 갖추고, 취사시설 및 의료관광객의 출입이 편리한 체계를 갖추도록 하며, 사업자는 전년도 또는 직전 1년간의 연환자수가 1,000명(서울지역은 3,000명)을 초과한 외국인환자 유치 의료기관의 개설자이거나 전년도 또는 직전 1년간의 실환자수가 500명을 초과한 외국인환자 유치업자이다.

(2) 휴양콘도미니엄업

휴양콘도미니엄업은 관광객의 숙박과 취사에 적합한 시설을 갖추어 이를 당해 시설의 회원·공유자, 기타 관광객에게 제공하거나 숙박에 부수되는 음식·운동·오락·휴양·공연 또는 연수에 적합한 시설 등을 함께 갖추어 이를 관광객에게 이용하게 하는 업이다.

여기서 회원이라 함은 관광사업의 시설을 일반이용자보다 우선적으로 이용하거나 유리한 조건으로 이용하기로 당해 사업자와 양정한 자를 말하며, 공유자라 함은 단독소유 또는 공유의 형식으로 관광사업의 일부시설을 관광사업자로부터 분양받은 자를 말한다.

휴양콘도미니엄업의 입지는 일반적으로 관광지, 관광휴양지, 국·도립공원지역 등 자연경관이 수려한 지역으로서 건물이 주위환경과 조화를 이룰 수 있는 지역에 위치하고 있고, 가족단위의 취사, 체재 또는 숙박에 필요한 설비를 갖추고 있어 별장 또는 가족단위로 공동 이용할 목적으로 발전된 숙박시설의 형태이다.

휴양콘도미니엄업은 1993년 12월 관광진흥법의 개정을 통하여 호텔업과 동등한 업종으로 규정하였으며, 운영형태는 소유권의 지분을 가지는 공유분양제와 회원권만을 가지는 회원제로 구분되고 있다. 그리고 이용대상은 공유자와 회원권 소지자에게 연중 일정기간을 우선적으로 이용하게 하고 잔여기간에 한해 일반관광객에게 이용하게 하는 것이 다른 숙박업과 다른 점이다.

휴양콘도미니엄업의 객실은 같은 단지 안에 객실이 50실 이상이어야 하고 관광객의 취사·체류 및 숙박에 필요한 설비를 갖추고 있어야 한다. 그리고 매점이나 간이매장이 있어야 하는데 다만, 여러 개의 동으로 단지를 구성할 경우에는 공동으로 설치할 수 있다. 문화체육공간은 공연장·전시관·미술관·박물관·수영장·테니스장·축구장·농구장, 그 밖에 관광객이 이용하기 적합한 문화체육공간을 1개소 이상 갖춰야 하는데 다만, 수개의 동으로 단지를 구성할 경우에는 공동으로 설치할 수 있으며, 관광지·관광단지 또는 종합휴양업의 시설 안에 있는 휴양콘도미니엄의 경우에는 이를 설치하지 않아도 된다. 그리고 대지 및 건물의 소유권 또는 사용권을 확보하고 있어야 하며 다만, 분양 또는 회원을 모집하는 경우에는 소유권을 확보하여야 한다.

3. 관광객이용시설업

관광객이용시설업은 관광객을 위하여 음식·운동·오락·휴양·문화·예술 또는 여가 등에 적합한 시설을 갖추어 이를 관광객에게 이용하게 하는 업으로 대통령령이 정하는 시설과 관광숙박시설 등을 함께 갖추어 이를 관광객에게 이용하게 하는 업이다.

관광객 이용시설업은 다양한 관광수요에 대처하기 위해 음식, 운동, 오락 또는 휴양 등 다양한 관광시설을 갖추어 관광객이 목적한대로 여가를 즐기며 건강을 증진하고 민속 및 문화를 배우고 토산품을 구입할 수 있도록 한 시설이다.

관광진흥법에서는 관광객 이용시설업을 전문휴양업, 종합휴양업, 야영장업, 관광공연장업, 외국인관광도시민박업 등으로 구분하고 있다.

표 7-6 관광객이용시설업 등록현황

구 분			서울	부산	대구	인천	광주	대전	울산	세종	경기	강원	충북	충남	전북	전남	경북	경남	제주	합계
관광객이용시설업	전문휴양업		0	0	0	1	0	0	0	0	11	8	5	6	3	2	10	2	42	91
	종합휴양업	제1종	2	1	1	0	0	1	0	0	4	5	1	0	0	0	1	2	1	19
		제2종	0	1	0	0	0	0	0	0	0	2	0	2	1	1	0	0	2	9
	야영장업	일반야영장업	6	11	7	48	3	3	10	4	472	389	135	155	87	105	205	153	21	1,814
		자동차야영장업	2	5	5	11	1	4	9	1	57	68	26	31	23	30	55	74	23	425
	관광유람선업	일반관광유람선업	1	5	0	5	0	0	0	0	0	3	1	2	3	5	0	9	6	40
		크루즈업	0	0	0	0	0	0	0	0	0	0	0	0	0	0	1	0	2	3
	관광공연장업		3	0	1	0	0	0	0	0	0	1	0	0	1	0	0	0	0	6
	외국인관광도시민박업		1,134	145	33	77	22	3	15	2	67	48	6	5	142	39	43	50	0	1,831
	합 계		1,148	168	47	142	26	12	34	7	611	524	174	201	260	182	315	290	97	4,238

한국관광협회 중앙회, 2019.3.31.기준

(1) 전문휴양업

전문휴양업은 관광객의 휴양이나 여가선용을 위하여 숙박업시설이나 음식점시설(주차시설·급수시설·공중화장실 등의 편의시설과 휴게시설 포함)을 갖추고 전문휴양시설 중 1종류 이상의 시설을 함께 갖추어 이를 관광객에게 이용하게 하는 업이다.

전문휴양시설에는 민속촌, 해수욕장, 수렵장, 동물원, 식물원, 수족관, 온천, 동굴 자원, 수영장, 농어촌휴양시설, 활공장, 등록 및 신고체육시설, 산림휴양시설, 박물관, 미술관 등이 있다.

민속촌은 한국고유의 건축물(초가집 및 기와집)이 20동 이상으로서 각 건물에는 전래되어 온 생활도구가 갖추어져 있거나 한국 또는 외국의 고유문화를 소개할 수 있는 축소된 건축물 모형 50점 이상이 적정한 장소에 배치되어 있어야 하며, 해수욕장은 수영을 하기에 적합한 조건을 갖춘 해변과 수용인원에 적합한 간이목욕시설·탈의장, 그리고 인명구조용 구명보트·감시탑 및 응급처리시 설비, 담수욕장 등의 시설을 갖추고 인명구조원을 배치하고 있어야 한다.

수렵장은 「야생동·식물보호법」에 따른 시설을 갖추고 있고 동물원과 식물원 그리고 수족관은 「박물관 및 미술관 진흥법 시행령」 별표 2에 따른 시설을 갖추고 있으면서 동물원은 사파리공원이 있어야 하고 식물원은 온실면적이 2,000제곱미터 이상이며 식물종류는 1,000종 이상이어야 하며, 수족관은 건축연면적은 2,000제곱미터 이상, 어종(어류가 아닌 것은 제외한다)은 100종 이상의 요건을 갖추고 객석 100석 이상의 해양동물쇼장이 있어야 한다.

온천장은 온천수를 이용한 대중목욕시설과 실내 수영장 그리고 정구장·탁구장·볼링장·활터·미니골프장·배드민턴장·롤러스케이트장·보트장 등의 레크리에이션 시설 중 두 종류 이상의 시설을 갖추거나 유원시설업 시설이 있어야 하며 동굴자원은 관광객이 관람할 수 있는 천연동굴이 있고 편리하게 관람할 수 있는 시설이 있어야 한다.

수영장은 「체육시설의 설치·이용에 관한 법률」에 따른 신고 체육시설업 중 수영장시설을 갖추고 있어야 하고 농어촌휴양시설은 「농어촌정비법」에 따른 농어촌 관광휴양단지 또는 관광농원의 시설을 갖추고 관광객의 관람이나 휴식에 이용될 수 있는 특용작물·나무 등을 재배하거나 어류·희귀동물 등을 기르고 있어야 하는데, 재배지 또는 양육장의 면적은 1만 제곱미터 이상이어야 한다.

활공장은 활공을 할 수 있는 장소(이륙장 및 착륙장)가 있고 인명구조원을 배치하고 응급처리를 할 수 있는 설비를 갖추고 있어야 하며 행글라이더·패러글라이더·열기구 또는 초경량 비행기 등 두 종류 이상의 관광비행사업용 활공장비를 갖추고 있어야 한다. 등록 및 신고 체육시설업 시설은 「체육시설의 설치·이용에 관한 법률」에 따른 스키장·요트장·골프장·조정장·카누장·빙상장·자동차경주장·승마장 또는 종합체육시설 등 9종의 등록 및 신고 체육시설업에 해당되는 체육시설을 갖추고 있어야 한다.

산림휴양시설은 「산림문화·휴양에 관한 법률」에 따른 자연휴양림 또는 「수목원조성 및 진흥에 관한 법률」에 따른 수목원의 시설을 갖추고 있어야 하며 박물관과 미술관은 「박물관 및 미술관 진흥법 시행령에 따른 종합박물관」 또는 전문박물관과 미술관의 시설을 갖추고 있어야 한다.

(2) 종합휴양업

① 제1종 종합휴양업

제1종 종합휴양업은 관광객의 휴양이나 여가선용을 위하여 숙박업시설이나 음식점시설(주차시설·급수시설·공중화장실 등의 편의시설과 휴게시설 포함)을 갖추고 전문휴양시설 중 2종류 이상의 시설을 함께 갖추어 이를 관광객에게 이용하게 하는 업이거나 전문휴양시설 중 1종류 이상의 시설과 종합유원시설업 시설을 갖추어 이를 관광객에게 이용하게 하는 업이다.

② 제2종 종합휴양업

제2종 종합휴양업은 관광객의 휴양이나 여가선용을 위하여 관광숙박업 등록에 필요한 시설(주차시설·급수시설·공중화장실 등의 편의시설과 휴게시설 포함)과 제1종 종합휴양업 등록에 필요한 전문휴양업시설 중 2종류 이상의 시설 또는 전문휴양업시설 중 1종류이상의 시설과 종합유원시설업 시설을 함께 갖추어 이를 관광객에게 이용하게 하는 업이다. 단일부지로서 50만 제곱미터 이상의 면적을 갖추어야 한다.

(3) 야영장업

야영장업은 야영장에 적합한 시설 및 설비등을 갖추고 야영편의를 제공하는 시설을 관광객에게 이용하게 하는 업으로, 자동차야영장업과 일반야영장업으로 나뉜다. 이중 자동차 야영장업은 자동차를 이용하는 여행자의 야영·취사 및 주차에 적합한 시설을 갖추어 이를 관광객에게 이용하게 하는 업이다.

이는 증가하는 자동차여행자의 수요에 대처하기 위해 1988년 관광진흥법 시행령을 개정하여 신설하였으며 2차선 이상의 진입로와 차량 1대당 80제곱미터 이상의 충분한 주차 및 휴식공간을 갖추고 주차·야영에 불편이 없도록 수용인원에 적합한 상·하수도시설, 전기시설, 통신시설, 공중화장실, 공동 취사시설등의 편의시설을 갖추도록 하고 있다.

일반 야영장업은 야영장비 등을 설치할 수 있는 공간을 갖추고 야영에 적합한 시설을 함께 갖추고 있어야 한다.

(4) 관광유람선업

관광유람선업은 해운법에 의한 해상여객운송사업 면허를 받은 자 또는 유선 및 도선 사업법에 의한 유선 사업의 면허를 받거나 신고한 자로서 선박을 이용하여 관광객에게 관광을 할 수 있도록 하는 업이다.

관광유람선업은 일반관광유람선업과 크루즈업으로 구분되는데, 일반관광유람선업은 「선박안전법」에 따른 구조 및 설비를 갖춘 선박으로, 이용객의 숙박 또는 휴식에 적합한 선상시설을 갖추고 있어야 하며 수세식화장실과 냉·난방 설비 등의 위생시설과 식당·매점·휴게실 등의 편의시설을 갖추고 있어야 한다. 또한 수질오염을 방지하기 위한 오수 저장·처리시설과 폐기물처리시설 등의 수질오염방지시설을 갖추고 있어야 한다.

▲ 북유럽의 크루즈 모습

크루즈업은 일반관광유람선업에서 규정하고 있는 관광사업의 등록기준을 충족하며 욕실이나 샤워시설을 갖춘 객실을 20실 이상 갖추고 체육시설, 미용시설, 오락시설, 쇼핑시설 중 두 종류 이상의 시설을 갖추고 있어야 한다.

(5) 관광공연장업

관광공연장업은 관광객을 위하여 공연시설을 갖추고 한국전통가무가 포함된 공연물을 공연하면서 관광객에게 식사와 주류를 판매하는 업이다. 관광공연장업은 1999년 5월 10일 관광진흥법 시행령을 개정하여 신설한 업종으로서 실내 또는 실외 관광공연장을 설치하여 한국 전통가무가 포함된 각종 공연물을 공연하는 것을 내용으로 하고 있다.

관광공연장업의 설치장소는 관광지·관광단지 또는 관광특구 안에 있거나 관광사업 시설 안에 있어야 하며 실외관광공연장의 경우에는 관광진흥법에 따른 관광숙박업, 관광객이용시설업 중 전문휴양업과 종합휴양업, 국제회의업, 유원시설업에 설치할 수 있다.

관광공연장업의 시설기준을 보면 실내관광공연장의 경우에는 100제곱미터 이상의 무대와 출연자가 연습하거나 대기 또는 분장할 수 있는 공간을 갖추고 있어야 하며 비상시에 관람객이 공연장을 쉽게 탈출할 수 있도록 3개 이상의 출입구와 남녀용으로 구분된 수세식 화장실, 공연으로 인한 소음이 밖으로 전달되지 아니하도록 방음시설을 갖추고 있어야 한다. 실외관광공연장의 경우에는 70제곱미터 이상의 무대와 남녀용으로 구분된 수세식 화장실을 갖추고 있어야 한다. 그리고 「식품위생법 시행령」 제7조에 따른 식품접객업 중 일반음식점 영업허가를 받아야 한다.

(6) 외국인전용 관광도시민박업

외국인 관광객에게 한국의 가정 문화를 체험할 수 있게 적합한 시설을 갖추고 숙식등을 제공하는 것으로 등록요건은 신청인의 결격사유가 없어야 하고 도시지역에 있는 주택으로 연면적이 230㎡ 미만이어야 하며, 외국어 안내 서비스가 가능하며 안전관리시설을 갖추고 있어야 한다.

4. 국제회의업

우리나라 '국제회의산업육성에 관한 법률'에서 국제회의와 국제회의업에 대해 내린 정의를 보면 "국제회의라 함은 상당수의 외국인이 참가하는 회의(세미나·토론회·전시회 등을 포함한다)이고, 국제회의업은 국제회의 유치 및 개최에 필요한 국제회의시설, 서비스와 관련된 산업으로 대통령령이 정하는 종류와 규모를 갖추어야 한다."라고 하고 있다.

우리나라에서는 국제회의업을 법률적으로 국제회의시설업과 국제회의기획업으로 분류한다. 국제회의시설업은 대규모 관광수요를 유발하는 국제회의를 개최할 수 있는 시설을 설치·운영하는 업을 말하고, 국제회의기획업은 대규모 관광수요를 유발하는 국제회의의 계획, 준비, 진행 등 필요한 업무를 행사주관자로부터 위탁받아 대행하는 업을 말한다.

표 7-7 국제회의업 등록현황

	구 분	서울	부산	대구	인천	광주	대전	울산	세종	경기	강원	충북	충남	전북	전남	경북	경남	제주	합계
회의업	국제회의시설업	38	1	1	1	1	1	0	0	1	3	0	0	1	0	1	1	1	51
	국제회의기획업	569	68	38	16	20	31	9	3	52	16	4	2	9	2	15	16	28	898
	합 계	607	69	39	17	21	32	9	3	53	19	4	2	10	2	16	17	29	949

한국관광협회 중앙회, 2019.3.31.기준

(1) 국제회의기획업

국제회의기획업은 PCO(Professional Convention Organizer)라고도 하며 회의와 관련된 일체의 업무를 주최자 또는 개최자로부터 위임받아 회의를 실질적으로 기획·운영하는 용역업체를 말한다. 국제회의기획업의 등록기준은 자본금이 5천만원 이상이며 소유권이나 사용권이 있는 사무실을 갖추고 있어야 한다.

국제회의산업을 활성화하고 성공적으로 개최하기 위해서는 국제회의를 맡아 준비에서 종료까지 완벽하게 운영해낼 수 있는 치밀한 기획력을 갖춘 전담부서와 전문인력이 필요하며, 주최자나 개최자가 회의를 직접적으로 운영할 만한 능력을 갖추지 못한 경우에 전문가에게 의뢰하여 회의를 진행할 수 있다.

PCO의 업무는 크게 5단계로 나누어 설명할 수 있는데, 1단계는 회의준비 초기단계로, 소요예산 산정 및 기본프로그램 구성 및 예상참가자들 대상의 발송명부 작성하는 업무 등이 이뤄지며, 2단계는 회의준비의 구체적 도입단계로, 회의일정 결정 및 초청프로그램 작성 및 배포 업무 등이 이뤄진다. 3단계는 제반업무 추진단계로, 회의참가자들의 등록접수 및 문의·요청사항 등에 대한 처리업무가 이뤄지고, 회의기간 중 전시회가 병행될 경우에는 이에 대한 프로그램 확정 등의 업무가 이뤄진다. 4단계는 회의준비위원회내의 최종 준비 완료기로, 회의장 제반시설 점검 및 각종 소요물 제작 등이 이뤄지며, 5단계는 최종단계로, 회의 참가자들의 도착 이후 등록 및 제반행사 진행, 관광 및 행사요원 관리, 사후처리 및 평가 등의 업무가 이루어진다.

(2) 국제회의시설업

국제회의시설업은 국제회의시설을 개최할 수 있는 시설을 설치·운영하는 업을 말하며 「국제회의산업 육성에 관한 법률 시행령」 제3조에 따른 회의시설 및 전시시설의 요건을 갖추고 있어야 하며 국제회의 개최 및 전시회의 편의를 위하여 부대시설로 주차시설과 쇼핑·휴식시설을 갖추고 있어야 한다.

회의가 원활히 진행되기 위해서는 적절한 설비를 갖춘 회의장은 물론이고, 참가자들의 편의를 위한 각종 시설이 갖추어져 있어야 하며, 그 시설을 이용한 적절한 서비스가 제공되어야 한다. 또한 참가자들에게 숙박시설, 교통편의, 통신, 의료서비스, 식음료, 각종 정보의 제공 등 참가자들이 회의에 임함에 있어 필요한 모든 요구조건을 제공할 수 있어야 한다.

회의시설로는 회의를 전문적으로 유치하고 운영하기 위해 건축된 컨벤션 전문시설을 생각할 수 있다. 우리나라의 전문회의시설에는 COEX, KINTEX, EXCO-DAEGU, BEXCO, ICC-JEJU, CECO, CONVENSIA 등이 있다. 이 외에도 기존의 호텔이나 기타 다른 목적의 건물이나 시설을 회의용으로 활용하는 경우가 있다.

표 7-8 컨벤션 개최시설

시설명	지역	개장년도	전시면적	회의시설		대회의실 수용인원
				면적	수	
COEX	서울	1988년	36,007	11,568	54	7,000
BEXCO	부산	2001년 (2012년 확장)	46,380	8,723	51	2,400
Songdo ConvensiA	인천	2008년	8,416	2,154	23	2,000
KINTEX	고양	2005년 (2011년 확장)	108,566	13,303	36	2,000
DCC	대전	2008년	2,520	4,862	26	2,500
KDJ Center	광주	2005년 (2013년 확장)	12,027	4,111	29	1,500
ICC JEJU	제주	2003년	2,395	7,929	28	4,500
CECO	창원	2005년	7,827	2,784	12	2,000
EXCO	대구	2001년 (2011년 확장)	22,159	5,134	15	4,200
GUMICO	구미	2010년	3,402	953	7	-
GSCO	군산	2014년	3,697	2,512	13	2000
HICO	경주	2014년	2,273	5,137	17	-
KOTREX	대전	1995년	4,200	-	-	-
SETEC	서울	1999년	7,948	816	4	300
aT Center	서울	2002년	7,422	1,610	9	400
DDP	서울	2014년	7,714		-	-

한국전시산업진흥회(2016)

5. 카지노업

(1) 카지노의 개념과 발전과정

카지노업은 "전용영업장을 갖추고 주사위, 트럼프, 슬롯머신 등 특정한 기구를 이용하여 우연의 결과에 따라 특정인에게 재산상의 이익을 주고 다른 참가자에게 손실을 주는 행위 등을 하는 업"으로 관광진흥법상에 규정되어 있다.

카지노(Casino)란 이탈리아어 카사(Casa)에서 유래된 말로, 원래의 의미는 시골의 작은 주택이나 작은 별장을 지칭하는 영어의 "Cottage"의 의미를 지니고 있다. 이는 중세기 이탈리아의 귀족별장에서 쓰이기 시작한 단어로 18세기경 도시나 해변 등지의 특급호텔 또는 별장에서 도박, 음악, 쇼, 춤 등의 오락 활동을 즐길 수 있는 연회장의 의미로 사용되었다.

카지노업은 역사적으로는 왕국의 재원을 확보하기 위해서 18~9세기에 걸쳐 유럽 각지에서 개설된 것이 시작이었으나 카지노가 세계적으로 확산된 것은 1960년대 이후 미국, 유럽, 아시아, 아프리카 국가들이 외화획득과 세원확보를 위해서였다.

최근 카지노사업은 세계적인 확산추세로 가속화되어지고 있는데, 아시아태평양에서도 활성화되고 있고 대형화되었다.

▲ 미국의 라스베가스 모습

표 7-9 규모별 카지노 현황

분류		2017	2016	2015	2014	2013
매출액 규모별	100억원 미만	2	3	2	2	1
	100억원-300억원 미만	5	5	4	5	6
	300억원-1,000억원미만	5	4	7	5	5
	1,000억원 이상	5	5	4	5	4
종사자 규모별	20명 미만	0	1	1		
	20명 이상	17	16	16	17	16
존속기 간별	5년 미만	0	0	1	1	4
	5년~10년 미만	3	3	4	6	5
	10년 이상	14	14	12	10	7
합계		17	17	17	17	16

　　오늘날의 카지노는 관광산업의 발전과 크게 연관되어 있으며, 특히 관광호텔 내에 위치하여 관광객에게 게임·오락·유흥을 제공하여 체재기간을 연장하고, 관광객의 지출을 증대시키는 주요한 관광산업이 되었다. 카지노는 고용창출 효과가 큰 노동 집약적 산업이다. 카지노의 경제적 효과를 보면, 호텔이나 위락시설 등과 같은 관련 산업에 대한 파급효과를 가져오고 외래관광객을 대상으로 외화획득, 국제수지 개선, 국가재정수입 확대하며, 투자증대로 인해 지역경제를 활성화시키는데 도움이 된다.

　　현실적으로 카지노업은 관광외화 획득과 외국인 관광객 유치에 기여하는 바가 크기 때문에 관광진흥법이 개정되면서 1994년 8월에 관광사업으로 포함되었다. 이 때부터 문화체육관광부에서 허가권과 지도감독권을 갖게 되었으며 제주도는 2006년 7월부터 제주특별자치도가 허가 및 지도감독 기능을 갖고 있다.

　　카지노업은 관광진흥법에 의해 내국인 출입을 허용하지 않았으나 2000년 10월 '폐광지역개발지원에 관한 특별법'에 의거하여 폐광지역의 경제활성화를 위해 강원랜드 카지노가 개장되었다. 외국인 전용 카지노는 1967년 인천 올림포스 카지노 개관을 시작으로 2010년 4월 현재 전국에 16개 업체가 운영 중에 있으며, 내국인 출입 카지노는 강원랜드 카지노 1개소가 운영중이다.

관광진흥법은 카지노의 허가를 함에 있어 공공의 안녕, 질서유지 또는 카지노업의 건전한 발전을 위하여 필요하다고 인정하는 때에는 허가를 제한함과 동시에 카지노업의 허가요건을 강화하고 카지노 기구의 규격 및 기준을 엄격히 하고 있다.

문화체육관광부장관은 관광진흥법 제20조에 의해 카지노업에 대한 허가권이 있으며 조건은 다음과 같다.

① 국제공항 또는 국제여객선터미널이 있는 특별시·광역시 또는 도내에 있거나 관광특구 내에 있는 관광숙박업 중 최상등급의 호텔(5성급 호텔)에 한하며 최상등급의 호텔이 없는 경우에는 그 다음 등급의 호텔 (4성급 호텔)에서도 가능하다.

② 국제회의시설업의 부대시설 안도 허가요건에 적합한 경우이다.

③ 우리나라와 외국 간을 왕래하는 외국선적의 여객선(1만톤급 이상) 내에서 카지노업의 개설이 가능하다.

표 7-10 국내 카지노업체 현황

시·도	업소명 (법인명)	허가일	운영형태 (등급)	대표자	종사원수 (명)	'17매출액 (백만원)	'17입장객 (명)	허가증면적(㎡)
서울	파라다이스카지노 워커힐지점 【(주)파라다이스】	'68.03.05	임대 (5성)	박병룡	813	271,515	434,834	2,685.86
	세븐럭카지노 서울강남코엑스점 【그랜드코리아레저(주)】	'05.01.28	임대 (컨벤션)	이기우	837	198,891	404,908	2,151.36
	세븐럭카지노 서울강북힐튼점 【그랜드코리아레저(주)】	'05.01.28	임대 (5성)	이기우	513	207,210	601,854	1,728.42
부산	세븐럭카지노 부산롯데점 【그랜드코리아레저(주)】	'05.01.28	임대 (5성)	이기우	345	85,387	197,384	1,583.73
	파라다이스카지노 부산지점 【(주)파라다이스】	'78.10.29	임대 (5성)	박병룡	393	72,391	143,297	1,483.66
인천	파라다이스카지노(파라다이스시티) 【(주)파라다이스세가사미】	'67.08.10	직영 (5성)	박병룡	698	175,864	191,844	8,726.80
강원	알펜시아카지노 【(주)지바스】	'80.12.09	임대 (5성)	박주언	32	50.0	729	632.69
대구	호텔인터불고대구카지노 【(주)골든크라운】	'79.04.11	임대 (5성)	안위수	187	17,126	75,618	1,485.24
제주	공즈카지노 【길상창휘(유)】	'75.10.15	임대 (5성)	양타오	204	32,764	21,447	2,328.47
	파라다이스카지노 제주지점 【(주)파라다이스】	'90.09.01	임대 (5성)	박병룡	216	33,647	59,427	2,756.76
	마제스타카지노 【(주)마제스타】	'91.07.31	임대 (5성)	윤덕태	113	11,197	7,971	2,886.89
	로얄팔레스카지노 【(주)건하】	'90.11.06	임대 (5성)	박성호	125	19,816	15,232	1,353.18
	파라다이스카지노 제주 롯데 【(주)두성】	'85.04.11	임대 (5성)	박병룡	115	15,972	19,390	1,205.41
	제주썬카지노 【(주)지앤엘】	'90.09.01	직영 (5성)	이성열	148	8,136	19,081	2,802.09
	랜딩카지노(제주신화월드) 【람정엔터테인먼트코리아(주)】	'90.09.01	임대 (5성)	송우석	607	40,544	10,982	5,581.27
	메가럭카지노 【(주)메가럭】	'95.12.28	임대 (5성)	우광수	139	16,727	12,461	1,528.58
12개 법인, 16개 영업장(외국인대상)			직영:2 임대:14		5,485	1,207,237	2,216,459	40,920.41
강원	강원랜드카지노 【(주)강원랜드】	'00.10.12	직영 (5성)	문태곤	1,548	1,523,102	3,114,948	12,792.95
13개 법인, 17개 영업장(내·외국인대상)			직영:3 임대:14		7,033	2,730,339	5,331,407	53,713.36

관광기금 부과 대상 매출액 기준임(제주도는 전문모집인 수수료 포함)
종사원수는 수시 변동(강원랜드는 카지노 영업부 직원만 표기, 리조트 전체는 3,687명임)
육지지역 카지노 면적기준은 면적산정 대상에 순수 영업장만 포함함(편의시설 등 제외)
*자료: 문화체육관광부,2018년4월말자료기준

(2) 카지노 영업

카지노 게임은 딜러와 손님(플레이어)이 테이블 위에서 카드, 주사위, 구슬 등 게임도구를 갖고 행하는 테이블게임과 게임기계를 사용하는 비테이블게임으로 구분되며 일반적으로 게임의 종류는 Blackjack, Baccara, Roulette, Poker, Tai-Sai, Big-Wheel, Craps(Dice), Keno, Pai-Cow, Fan Tan, Joker Seven, Round Craps, Trent et Quarante, French Boule, Chuck-a-luck, Slot Machine, Video Game, Bingo, Mahjong, Casino War 등이 있다.

표 7-11 카지노업체 게임 시설현황

지역	업 소 명	테이블 게임									머신 게임		총대수
		블랙잭	룰렛	바카라	빅휠	다이사이	포커	카지노워	빠이까우	소계	슬롯머신	비디오게임	
서울	(주)파라다이스 워커힐카지노	15	7	56	–	2	9	1	–	90	11	132	8종232대
	그랜드코리아레저(주) 세븐럭카지노 서울강남점	14	4	46	–	1	6	–	–	71	8	113	7종192대
	그랜드코리아레저(주) 세븐럭카지노 밀레니엄서울힐튼점	11	7	29	–	2	5	1	–	55	24	136	8종215대
부산	그랜드코리아레저(주) 세븐럭카지노 부산롯데점	12	7	25	–	1	2	–	–	47	11	79	7종137대
	(주)파라다이스글로벌 파라다이스카지노부산	3	3	29	–	–	2	–	–	37	1	58	6종96대
인천	(주)파라다이스세가사미 인천카지노	4	1	29	–	–	2	–	–	36	5	27	6종68대
강원	(주)코자나-알펜시아카지노	3	1	8	1	1	1	–	–	15	12	30	8종57대
대구	(주)골든크라운 인터불고대구카지노	7	4	32	–	–	9	–	–	53	10	40	7종103대
제주	(주)엔에스디영상 더케이제주호텔카지노	2	1	44	1	1	5	–	1	55	1	7	9종63대
	(주)파라다이스 – 제주카지노지점	3	2	29	–	–	1	–	–	35		44	4종79대
	(주)마제스타 – 신라카지노	1	1	52	–	–	1	–	–	55		20	5종75대
	(주)풍화 – 로얄팔레스카지노	4	1	32	–	–	1	–	–	38		31	5종69대
	(주)두성 – 롯데호텔제주카지노	2	1	24	–	–	1	–	–	28		20	5종48대
	(주)지안엘-더호텔엘베가스카지노	3	1	33	–	–	1	–	–	38		14	5종52대
	벨루가오션(주) 하얏트호텔카지노	1	1	31	–	–	–	–	–	33		30	4종63대
	(주)골든비치 – 골든비치카지노	2	3	23	–	1	–	–	–	29	5	100	6종134대
	소계	87	45	522	2	15	41	2	1	715	88	881	10종1,684대
강원	(주)강원랜드 – 강원랜드카지노	70	14	88	2	7	16	3	–	200	400	960	9종1,560대
	합계	157	59	610	4	22	57	5	1	915	488	1,841	10종3,244대

자료 : 문화체육관광부, 2014년 5월 기준

카지노의 조직구성은 카지노 지배인, Slot 지배인, Keno 지배인, Game 지배인, Casino Host로 구분하고 있다. 카지노에서 관리적 책임을 맡고 있는 지배인, 부지배인 Shift 지배인, Pit Boss, Floor Man, Boxman은 카지노 업무의 많은 경험이 있어야 한다.

6. 유원시설업

유원시설업은 유기시설 또는 유기기구를 갖추어 이를 관광객에게 이용하게 하는 업(다른 영업을 경영하면서 관광객의 유치 또는 광고 등을 목적으로 유기시설 또는 유기기구를 설치하여 이를 이용하게 하는 경우를 포함)으로, 종류로는 종합 유원시설업, 일반 유원시설업, 기타 유원시설업이 있다.

표 7-12 유원시설업 현황

구 분		서울	부산	대구	인천	광주	대전	울산	세종	경기	강원	충북	충남	전북	전남	경북	경남	제주	합계
시설업유원	종합유원시설업	3	0	2	0	1	1	0	0	10	9	0	5	0	4	4	5	4	48
	일반유원시설업	10	14	14	19	5	2	9	0	57	24	14	24	18	29	18	24	20	301
	기타유원시설업	263	133	65	143	56	81	64	22	606	73	75	95	76	82	134	164	45	2,177
	합 계	276	147	81	162	62	84	73	22	673	106	89	124	94	115	156	193	69	2,526

한국관광협회 중앙회, 2019.3.31.기준

이들의 차이점은 종합유원시설업은 대규모의 대지 또는 실내에서 안전성 검사대상 유기시설 또는 유기기구 6종류 이상을 설치·운영하는 업을 말하고 일반유원시설업은 안전성 검사대상 유기시설 또는 유기기구 1종류 이상을 설치·운영하는 업을 말하며 기타유원시설업은 안전성 검사대상이 아닌 유기시설 또는 유기기구를 설치·운영하는 업을 말한다.

문화체육관광부의 집계에 따른 우리나라 유원시설업의 현황을 보면 2019년 3월 말 현재 2,526개의 유원시설업이 있는 것으로 확인되었다.

유원시설업은 테마파크업과 일맥상통하며 테마파크업으로 더 많이 사용되고 있으며 경제산업 구조의 변화와 더불어 여가 산업이 급속도로 발전하면서 테마파크가 급부상하고 있다.

표 7-13 유기기구 규모별 유원시설업

업 체 명	지역	구분	안전성검사대상 기종	안전성검사비대상기 종
어린이대공원	서울	종합	23종	12종
롯데월드어드벤처	서울	종합	35종35대	49종75대
미월드	부산	종합	12종12대	16종20대
광안비치랜드	부산	일반	4종4대	36종55대
송도유원지(물놀이)	인천	종합	9종	1종
씨앤우방랜드	대구	종합	25종	8종
수성랜드	대구	일반	9종	42종
미사리조정경기장	경기	기타	40종	40종
서울랜드	경기	종합	40종	10종
에버랜드	경기	종합	36종	13종
캐리비안베이(물놀이)	경기	종합	19종	0종
상록리조트(물놀이)	충남	종합	23종	19종
금강랜드	전북	일반	15종	37종
경주월드(물놀이)	경북	종합	34종	4종
양산 통도환타지아(물놀이)	경남	종합	28종	7종
제주월드21 영프라자	제주	일반	13종	18종

자료 : 문화체육관광부, 2010년기준

표 7-14 지역별 유원시설업 현황

	종합유원시설업	일반유원시설업	기타유원시설업
서울	어린이대공원, 롯데월드어드벤처 등 3곳	포시즌 워터파크 등 4곳	용산아이파크 키즈랜드 등 4곳
부산	미월드 등 2곳	광안비치랜드 등 11곳	월드카니발, 해변놀이마당 등 4곳
대구	씨앤우방랜드, 스파밸리 등 2곳	파크랜드, 동촌랜드 등 7곳	에덴카니발 1곳
인천	인천도시관광(주)송도유원지 1곳	강화로얄워터파크, 월미랜드 등 6곳	로얄아울렛, 팡팡랜드 등 2곳
광주	금호패밀리랜드 1곳	무등산랜드, 해피랜드 등 2곳	송산유원지 1곳
대전	꿈돌이랜드, 대전오월드 등 2곳		
울산		울산대공원 아쿠아시스 등 5곳	스펀지카니발랜드 1곳
경기	에버랜드, 서울랜드, 캐리비안베이 등 6곳	평화랜드, 원더존 등 22곳	유일레저, 아인스월드 등 22곳
강원	드림랜드, 용평피크아일랜드, 보광 블루케니언 등 5곳	경포랜드, 대명비발디파크 등 18곳	휘닉스파크 등 5곳
충북	대청비치랜드, 청주드림랜드 2곳	의림지파크랜드, 단양미니파크 등 6곳	스카이랜드, 방방랜드 등 6곳
충남	대천필랜드, 래그랜드펀비치호텔 앤워터파크 등 4곳	훼미리랜드, 아산스파비스 등 12곳	
전북	김제온천 1곳	전주드림랜드, 격포비치랜드 등 8곳	하우스방방 등 3곳
전남	파라오션 워터파크 등 2곳	여수 패밀리랜드, 함평나비 랜드 등 15곳	월드 퐁퐁 등 2곳
경북	경주월드, 판타시온 리조트 2곳	장수조이월드, 백암산랜드 등 5곳	모전천 붕붕랜드 등 4곳
경남	양산 통도환타지아, 창녕부곡하와 이 등 5곳	고성 당항포랜드, 상주랜드 등 8곳	
제주		제주월드21 영프라자, 제주 민속촌 등 11곳	키드랜드 등 2곳

자료 : 문화체육관광부, 2010년기준

(1) 테마파크의 개념

테마파크업은 관광객 행동의 추세가 적극적 참여와 능동적 활동형태로 변화됨에 따라 새로운 문화적 가치를 가지고 풍요로운 사회의 불가결한 시설이며, 활동 지향적인 욕구의 충족을 위해 사업화 되었다.

테마파크에 대한 관심이 최근 높아지고, 또한 지방화 시대를 맞이하고 있는 현실에서 지역의 특성과 이미지를 살린 테마파크는 지역 경제의 활성화와 지역적 문화의 개발이라는 측면과 국민의 생활 복지 측면에서 매우 의미 있는 공간이 되고 있다.

테마파크(Theme Park)란 일정한 주제로 전체 환경을 만들면서 쇼와 이벤트로 공간 전체를 연출하는 레저시설이라고 할 수 있다. 일본 경제산업에서 테마파크는 "입장료를 받아 특정한 비일상적인 테마하에 시설 전체의 환경을 만들어 공간 전체를 연출해 고객에게 오락을 제공하고 있는 사업체 중에서 상설 또한 유료의 탑승물(Ride)과 관람물(Attraction)을 갖춘 사업체"라고 정의하고 있다. 테마파크의 생명은 테마이며 테마파크의 성공과 실패는 바로 테마에 의해 결정된다고 볼 수 있다.

테마파크는 본질적으로 자연적 요소보다는 인공적 요소를 더 강조하여 일정한 주제를 부여하게 됨에 따라 어뮤즈먼트 파크(amusement park)라고도 하며, 특정한 주제와 관련하여 워터파크(water park)와 마린파크(marine park) 등의 이름이 있으며 씨월드(sea world), 롯데월드(lotteworld), 스페이스월드(space world) 등의 월드(World)라는 명칭도 사용한다.

또한 미국과 동경의 디즈니랜드, 영국의 플래져랜드 한국의 서울랜드, 에버랜드 등의 테마파크에는 랜드(land)라는 명칭을 사용하는데, 랜드(land)란 유원지, 동,식물원, 스포츠 센터, 문화시설의 설치와 복합화에 따라 이것들을 포괄적으로 취급한다는 의미에서 사용되고 있으며, 일상생활에서 탈피한 꿈을 제공하는 각종시설 등을 종합적으로 직접화한 장소 또는 공간이라 말할 수 있다.

이처럼 테마파크는 특정 주제를 가진 놀이시설의 위락공원으로 공통된 주제 아래 각종 탈거리(ride), 볼거리(sightseeing) 및 흥미거리를 모두 구비한 위락과 놀이공간을 말한다. 유럽에서는 테마파크를 일반적으로 각종놀이와 오락시설 등을 포함하는 대형 놀이공간으로 보다 현대화된 유원지라는 넓은 개념으로 받아들이고 미국에서는 협의로 해석하여 특정한 주제로 전체 환경을 만들면서 쇼와 이벤트로 공간전체를 연출하여 관광객에게 꿈을 제공하는 식의 레저시설을 테마파크로 보고 있다.

외국에서 통용되는 대규모 테마파크의 판단기준은 타는 놀이시설의 존재여부보다는 주제의 명확성과 이용자의 상상력을 유발시키는 정도를 보다 중시하고 있다.

테마파크에 관해 현재까지 알려져 있는 정의들은 〈표 7-10〉과 같다.

이상에서 나타난 개념들을 토대로 정리하면 테마파크란 "환상을 유발시키는 분위기를 만들기 위하여 이벤트, 식음료 및 상품 등의 소재를 이용하여 방문객에게 흥미·흥분·만족을 유발시키는 주제가 있는 공원"이라고 할 수 있겠다.

테마파크의 특성에는 본질적 특성과 사업적 특성으로 구분할 수 있으며, 본질적 특성으로는 테마성, 비일상성, 외부세계와 차단된 배타성, 전체적인 조화와 통일성을 들 수 있다. 테마파크는 하나의 중심적 테마 또는 연속성을 가지는 테마들이 구성되는 것으로, 방문객들을 일상의 반복과 지루함에서 벗어나 새로운 세계로 이끌고 즐겁게 해 줄 수 있는 독립된 완전한 공상세계로서 일상성을 완전히 차단한 비일상적인 유희공간이며 현실과의 차단이 효과적으로 이루어져 관람객들의 환상이 깨어지지 않도록 바깥의 일상적인 세계와 단절시키고 있다. 그리고 건축양식, 조경, 위락시설에서부터 종사원의 복장, 서비스에 이르기까지 테마에 걸맞는 통일된 이미지를 만들어서 방문객에게 통일감을 주고 있다.

사업적 특성으로는 입지조건, 높은 투자비, 소프트웨어의 빠른 진부화, 높은 인건비, 체류시간과 객단가가 비례, 식음료 및 기념품의 판매, 입장객수의 예측불가 등이 있다.

테마파크는 입지조건이 중요하므로 주위에 배후 도시가 있으면서 접근성이 좋은 대도시권이 가장 좋으며, 집객력이 우수한 유명 관광지 주변 등이 좋다.

테마파크는 자본 집약적 산업이고 소프트의 진부화가 예상외로 빠르며 개발기간과 자금회전율이 장기화된다. 이에 따라 고도의 기술 및 전문화된 인력 등이 필요하며 운영·관리에 많은 인원의 인건비를 낮추기 위해 정규직원과 시간제 근무자의 적절한 활용과 아웃소싱을 이용한 용역으로 고정인건비를 낮추고 있다.

테마파크의 객단가는 파크내의 체류시간에 비례하므로 고객들이 파크내에 오래 머무르게 하는 것이 중요한데, 이와 함께 객단가를 높이는 식음료 및 상품판매 시설관리를 철저하게 하는 것이 중요하다. 또한 입장객수를 예측하기 위해 예상되는 가장 보수적인 숫자로 수지계획을 세우고 이를 바탕으로 자금계획을 수립해야 한다.

테마파크의 기본구성요소로는 탑승시설, 관람시설, 공연시설, 식음료시설, 특정상품 판매소와 게임시설, 고객편의시설, 휴식시설, 지원관리시설 등의 8가지 요소이다.

탑승시설은 속도감, 비행감을 느끼거나 주위의 전경을 관람하기 위하여 이동, 회전, 선회하는 놀이시설을 총칭하는 것이고, 관람시설은 영상을 이용한 시각적 효과로써 관람하거나 스스로 참여하고 즐길 수 있는 시설이며, 공연시설은 개성 있는 공연자들이 합당한 주제의 연주와 쇼를 공연하는 곳으로 생동감 넘치는 공원으로 구성하는 행위적 공간이다.

식음료시설은 식음료 제공뿐만 아니라 인적 서비스가 부가되는 상업시설이고, 특정상품판매소는 테마파크의 상징 캐릭터를 이용한 상품의 판매장소이며 게임시설은 방문객들의 보다 나은 만족추구를 위하여 다양한 게임을 즐길 수 있는 시설이다.

고객편의시설은 방문객의 편의와 안전도모를 위한 시설로서 공중전화, 화장실, 안내소 등이 이에 속하고, 휴식시설은 각종 놀이시설의 보완적 시설로서 방문객들이 휴식할 수 있는 시설이나 공간이며, 지원관리시설은 공원방문객의 각종 활동이나 시설이용상 편의를 도모하기 위한 시설이다.

표 7-15 테마파크의 정의

연구자	정의
보겔(Vogel)	티켓이나 음식, 음료를 파는 사업이 아닌 즐거움 혹은 흥미를 유발하여 경험을 판매하는 사업
라이언(Lyon)	깨끗하고 높은 수준의 경관과 탑승시설물 뿐만 아니라 테마가 있는 구역들로 이루어진 건물들
밀만(Milman)	다른 공간과 시간의 분위기를 창출해 내고, 건축물과 경치, 훈련된 종사원, 탑승물, 식음료, 그리고 상품들이 선정된 주제에 맞게 조화됨으로써 지배적인 분위기를 집중시킨다고 정의
Marriot 社	환상을 유발시키는 분위기를 만들기 위하여 여흥 및 상품과 풍속 및 건축양식의 연장을 조합한 특별한 주제나 사적지를 지향한 가족 여흥의 장
이연택	스릴, 환상, 그리고 깔끔함과 친밀한 분위기라는 테마에 바탕을 둔 하루 종일의 건전한 가족 여흥을 제공하는 곳
한국관광공사	특별하게 창출된 환경과 분위기 속에서 운영되는 가족 위주의 즐기는 공원(amusement parks) 등의 다양한 시설물로 구성
ULI (Urban Land Institute)	특별하게 창출된 환경과 분위기 속에서 운영되어 가족 위주의 즐기는 공원으로서 그 속에서는 독특한 역사적 배경이 있는 것, 복원된 마을, 유서 깊은 철길, 전문 박물관, 심지어는 전문 쇼핑센터도 해당되며 가장 인기 있는 것은 주제가 있는 탑승시설공원

자료 : 저자 정리

〈표 7-16〉은 세계의 10대 테마파크를 나타내고 있는데, 도쿄 디즈니랜드는 연간 많은 입장객수를 확보하고 있는데, 이것은 도쿄 디즈니랜드가 그만큼 매력이 있으며, 일본의 테마파크 규모가 계속적으로 대형화 되어가고 있다는 것을 의미한다.

미국의 경우, 세계 10대 테마파크 중 5개를 점하고 있는데 이는 비교적 역사적 유물이 부족한 미국에서 디즈니월드와 같은 대형 테마파크를 개발해 자국민은 물론 세계적으로 관광객을 유치하고 있는 반면 각 도시마다 크고 작은 테마파크를 만들어 다양해진 국내외의 관광수요에 부응하고 있기 때문이다.

현재 세계의 테마파크 시장은 미국과 일본이 주류를 이루며 계속 발전하고 있는데 특히 디즈니랜드의 영향력은 미국뿐만 아니라 전세계 테마파크 시장에서 가장 강력하다는 것을 알 수 있다. 디즈니랜드를 위시한 선진국들의 테마파크에서는 공통적으로 발견할 수 있는 특징이 있는데 바로 테마의 일관된 연출이다. 하나의 전체적인 테마가 정해지고, 여러 개의 서브 테마를 이용하여 전체를 꾸며주며, 고객들에게 비일상적인 경험을 제공하기도 하고, 하나의 테마로 끝까지 일관되게 연출하는 경우가 있기도 하다. 디즈니랜드가 전자의 경우이고 유니버설 스튜디오, 하우스텐보스 등이 후자의 경우인데, 선진국의 경우에서 보듯 테마의 일관된 연출은 테마파크 운영의 핵심이라고 할 수 있다.

표 7-16 세계의 10대 테마파크

파크명	개장 년도	면적 (천평)	특징 및 주요시설
TOKYO DISNEYLAND	1983	250	• "꿈과 마법의 왕국"이라는 컨셉으로 6개의 서브 테마로 구성됨 • Attraction 29기종, 식음(37), 상품(55)
MAGIC KINGDOM	1971	120	• LA 디즈니의 축소판으로 7개의 테마로 구성됨 • Attraction 36기종, 식음(11), 상품(64)
DISNEYLAND, Anaheim	1955	225	• 세계 최초의 가족지향 테마파크 • Attraction 50기종, 식음(34), 상품
DISNEYLAND PARIS	1992	165	• 5개의 테마를 가진 가족지향 테마파크 • Attraction 29기종, 식음(29), 상품
EVERLAND	1976	300	• 5개의 테마를 가진 가족지향 테마파크 • Attraction 45기종, 식음(27), 상품(29)
EPCOT CENTER	1982	282	• Future World와 World Showcase로 구성 • 식음(30), 상품
UNIVERSAL STUDIOS JAPAN	2001	120	• 스튜디오형 Attraction 18개
DISNEY-MGM STUDIOS	1989	130	• 영화, 만화, TV프로그램제작과정을 재현 • 식음시설 11개소, 상품시설 18개소
DISNEY'S ANIMAL KINGDOM	1998	–	• 동물을 주제로 한 파크 • Attraction 21기종, 식음, 상품(6)
LOTTE WORLD	1989	148146m	• 국내 최초의 실내 테마파크

자료 : 이엔피 컨설팅 자료, 2003년 기준

(2) 미국의 테마파크

미국은 테마파크의 종주국이라고 할 수 있을 정도로 테마파크가 잘 발달되어 있고 세계에서 가장 큰 테마파크의 규모와 시설, 이용자가 있는 나라이다. 현대의 테마파크는 미국에서 가장 번성하고 있다고 할 수 있다. 현재 미국에서는 50여개소의 테마파크가 있으며, 이중 4개소가 디즈니랜드 이상의 규모이다.

이에 따라 오늘날 미국의 테마파크 이용자 수는 세계 대형 테마파크의 $\frac{2}{3}$ 이상을 점유하고 있다. 이와 같이 미국에서 테마파크가 대중화되고 세계

제1의 테마파크 선진국이 된 이유는 높은 국민소득, 오락 지향적 국민성, 자동차 보급의 보편화 등의 요소들 때문이라고 할 수 있다.

미국에서는 테마파크의 원조인 디즈니랜드 이후 1970년대에 테마파크산업이 급속히 발전하였는데, 이것을 밑받침한 것은 미국이 보유한 기존 오락산업의 기술축적과 발전이었다. 특히 헐리우드를 중심으로 하는 영상산업의 기술축적은 디자인·음악·연출·조명 등 테마파크의 주요 분야에서 미국의 테마파크 산업발전에 크게 이바지하였다.

표 7-17 DISNEYLAND 개요

구분		내용
입지		미국 캘리포니아 애너하임
개장일		1955년 7월 17일
면적		225만평
주요시설		디즈니랜드, 디즈니 캘리포니아어드벤처호텔, 다운타운디즈니 등
연간방문객 수 (2003년 기준)		디즈니랜드 애너하임: 1,272만명 디즈니 캘리포니아어드벤처 : 531만명
특징		월드 디즈니의 세계를 종합한 예술 광장이며 테마파크의 시초가 됨. 세계적으로 선풍적 인기를 일으킨 대규모 테마파크의 표본 테마파크로서 갖추어야 할 엔터테인먼트 시설의 대표적 집합체임.
기본 테마		환상의 나라, 개척의 나라, 모험의 나라, 미래의 나라
DISNEYLAND, Anaheim	MAIN STREET U.S.A	1890~1910년대의 미국거리풍경을 형상화하여 고향의 소도시에 대한 추억과 지난날의 재현이 이루어짐
	ADVENTURE LAND	"디즈니의 모험"이라는 영화에서 근거한 것으로 이국적인 열대지방의 분위기와 모험정신이 융화되어 현실에서 벗어난 신비에 찬 여행에 대한 꿈을 실현
	FRONTIER LAND	미국의 개척시대를 재창조한 것으로 미국의 역사에 대한 자부와 조상들의 개척정신을 독립전쟁부터 서부시대까지 구성함으로써 개척시대의 감흥을 되살림
	FANTASY LAND	피노키오, 피터팬, 앨스스 등 디즈니 영화의 인기주인공의 이야기를 주제로 한 꿈과 동화의 세계
	TOMORROW LAND	미래의 경이에 대한 기대감을 주제로 한 것으로 미래는 황홀한 시대가 될 것이며, 우주시대가 될 것이며, 우주시대의 도래를 예측한다는 주제

표 7-18 WALT DISNEY WORLD 개요

구분	내용		
입지	미국 플로리다주 올랜도		
개장일	1971년 10월		
면적	4,285만평		
주요 시설	• 테마파크 – 매직 킹덤, 엡캅 센터, 디즈니 MGM 스튜디오, 애니멀 킹덤 • 어뮤즈먼트 시설 　디스커버리 아일랜드 – 열대성 동/식물원 　워터 파크(리버 컨트리, 타이푼 라군, 브리자드 비치) • 기타 시설 – 골프장, 쇼핑시설 등		
연간 방문객 수 (2003년 기준)	• 매직 킹덤 : 1,404만명 • 엡캅센터 : 862만명 • 디즈니 MGM 스튜디오 : 787만명	• 애니멀 킹덤 : 7,325만명 • 타이푼 라군 : 165만명(2001년 기준) • 브리자드 비치 : 183만명(2001년 기준)	
기본 테마	환상의 나라, 개척의 나라, 모험의 나라, 미래의 나라		
특징	인구가 밀집한 도시 가까이에 건설한다는 유원지산업의 일반적인 원칙을 깨고 호수와 늪지대를 개발하여 성공한 사례임. 테마파크로서 갖추어야 할 엔터테인먼트 시설의 대표적 집합체임.		
WALT DISNEY WORLD	MAGIC KINGDOM	모험의 나라	이국적인 열대지방 분위기의 장소로 문명세계와 동떨어진 신비한 곳으로의 여행을 주제로 함
		개척의 나라	미국의 서부개척시대를 주제로 재창조함
		환상의 나라	월트 디즈니의 만화를 주제로 함
		미래의 나라	미래에 대한 기대감을 주제로 미래에는 황홀한 시대가 될 것이며 우주과학시대의 도래를 예측한다는 주제
	EPCOT CENTER	미래에 대한 상상의 세계인 Future World로 세계 각국의 역사촌인 월드쇼케이스(World Show Case)를 주제로 하고 있음	
	DISNEY-MGM STUDIOS	디즈니에서 제작한 영화를 중심으로 촬영세트관광 및 체험 등을 주제로 함	
	ANIMAL KINGDOM	일반적인 동물원과는 차별적으로 각종 캐릭터와 뮤지컬, 그리고 애니멀킹덤이라는 주제에 맞도록 설계된 볼거리들이 많은 동물의 왕국	

미국 캘리포니아 남서부 애너하임에 있는 디즈니랜드는 1955년 7월 17일 18가지 어트랙션으로 처음 개장되었는데, 당시 주요 위락공원의 운영실태, 문제점들을 조사하여 새로운 차원의 주제공원으로 조성하였다.

"부모와 자녀가 함께 즐길 수 있는 일종의 가족공원"이라는 주제로 구상되었으며, '환상의 나라', '개척의 나라', '모험의 나라', '미래의 나라'라는 대 주제를 가지고 있다.

디즈니랜드는 1955년 개장하여 당일 28,000명의 입장객을 시작으로 97년 7월 4억 명 이상이 다녀간 세계적인 테마파크로서 연간 1천2백만명 정도가 방문하고 있다.

한편 미국 내의 대규모 테마파크는 캘리포니아의 플로리다에 있으며 그 중 북동쪽 중서부, 남서쪽 및 캐나다에 많이 위치하고 있는데, 이는 테마파크가 대개 실외에 있어 기후적인 요소가 매우 중요하게 작용하는데서 그 원인을 찾을 수 있다.

월트 디즈니월드는 호수와 늪지대를 개발하여 만든 거대한 테마파크로서 인구가 밀집한 도시 가까이에 건설한다는 유원지산업의 일반적인 원칙을 깨고, 개발되지 않고 버려진 늪지대라는 자연 그 자체의 환경을 선택했다는 점에서 여느 테마파크와는 발상에서부터 근본적으로 차이가 있다.

월트 디즈니 월드는 캘리포니아주 디즈니랜드가 미시시피강 동부의 관광객 유치에 한계를 나타내면서 이에 대응하여 1971년 10월 총 4,285만평 규모로 플로리다주에 개장하였다.

월트 디즈니월드는 환상의 나라가 있는 매직 킹덤, 엡캇센터, 애니멀 킹덤, MGM 스튜디오 등의 시설로 구성되어 있으며, 그 외 다수의 어뮤즈먼트 시설을 갖추고 있다.

미국 디즈니랜드의 성공요인은 다음과 같다.

첫째, 테마파크의 기본에 충실했다는 점이다. 비일상의 환경구현, 엄격한 테마의 유지관리와 지속적인 재투자를 통한 상품성 유지 및 양질의 컨텐

츠 확보와 활용을 통한 부가가치 창출에 있다고 할 수 있다.

둘째, 디즈니식 서비스를 통한 고객만족이다. 철저한 현장중심 경영과 서비스 중시, 전문 교육기관인 Disney Institute를 통한 체계적 인력 양성에 중점을 두고 있다.

셋째, 시너지 창출 극대화이다. 영화 라이온 킹의 예를 들면 영화 ➡ 상품 ➡ 음반 ➡ 비디오 ➡ 퍼레이드 ➡ 애니멀 킹덤처럼 방송, 영화, 음반, 인터넷 등 기업의 모든 역량을 테마파크와 연계하여 1+1=2가 아닌 1+1=3 또는 그 이상의 효과를 창출하고 있다.

(3) 일본의 테마파크

일본의 경우 외래문화에 대한 강한 호기심과 유행에 민감한 일본인들의 심리적 특징이 테마파크를 급속도로 발전시킬 수 있는 기반이 되었다. 여기에 대기업은 사업의 다각화와 재테크의 일환으로 토지 매입에 의한 리조트 사업을 실시하였고, 리조트개발에 대한 금융완화정책 및 리조트 관련 법규의 완화까지 더해져 여가 시설 개발이 활성화되었다. 그러한 조류를 재빨리 포착하고 성공을 거둔 것이 도쿄 디즈니랜드인데, 개장되면서 일본에서 테마파크의 엄청난 붐을 일으켰다.

그 뒤 나가사키의 네덜란드 마을 하우스텐보스, 시가이어, 스페이스 월드 등 특정 주제에 개념을 한정한 '놀이공간' 곧 테마파크가 각지에서 잇달아 만들어졌으나 영업실적 악화로 어려움을 겪어 왔다. 그러나 도쿄 디즈니 씨파크와 유니버셜 스튜디오 저팬을 개장하면서 당초계획을 초과하는 성과를 보이면서 제2의 테마파크 붐을 일으키게 되었고, 현재 세계 제1의 테마파크로 자리 잡고 있다.

일본의 테마파크 '붐'을 지탱한 배경과 현상에 관해 살펴보면 〈표13〉과 같다.

표 7-19 일본의 테마파크 '붐'을 지탱한 배경과 현상

구분	배경
지방자치단체	도쿄로의 고도집중화 시정, 지역 활성화
민간기업	다각화, 경영자원의 효율적인 활용
소비자	누구나 가볍게 참가할 수 있는 대중오락에 대한 기대
미국기업	거대하고 자유로운 일본시장에 참여

자료 : 이엔피 컨설팅, 2003

일본의 테마파크는 특히 리조트 개발의 핵으로서 지역경제활성화에 있어서 중요한 대안으로 여겨지고 있으며 아시아에서 가장 발달한 곳이라고 할 수 있다.

일본의 테마파크는 미국 테마파크의 활동성 중심과는 달리 대규모의 조경과 시각적인 이미지 창조에 중점을 두고 있다.

도쿄 디즈니랜드는 1983년, 4월 미국 이외에서의 첫 번째 디즈니랜드로 개장하여 개장 첫해 9백만 명이라는 엄청난 숫자의 입장객이 방문하였다. 설립당시 성공가능성에 상당한 회의를 가지고 있었지만 현재 1,700만명 (2001년 기준)이라는 거대한 입장객을 확보하고 있는 세계 1위의 테마파크라고 할 수 있다. 도쿄 디즈니랜드는 전체 방문자의 95%가 두 번 이상 찾아가고 전체의 15%가 30회 이상 찾아갈 정도로 재방문객 확보에 성공하고 있다.

도쿄 디즈니랜드는 차별화 된 서비스를 창출하기 위하여 다양한 방안이 강구되고 있는데별화 중에서도 가장 중요한 것이 '테마화'이다.

도쿄 디즈니랜드는 "꿈과 마법의 왕국"이라는 대 주제에 7개의 서브테마를 가지고 있다.

표 7-20 TOKYO DISNEYLAND 개요

구분	내용
입지	일본 오사카시
개장일	1983년 4월 15일
면적	25만평
주요시설	디즈니랜드, 디즈니 씨, 익스피어리, 본 보야쥬, 호텔, 디즈니 리조트 라인 등
연간방문객 수 (2003년 기준)	도쿄 디즈니랜드 : 1,319만명 디즈니 씨 : 1,217만명
특징	차별화된 서비스를 창출하기 위하여 '테마화'를 강구함. 도쿄 디즈니랜드 성공으로 경제적 파급효과뿐만 아니라 여러 가지 비즈니스 기회를 제공하게 됨. 도쿄 디즈니랜드 제1전략은 고객을 끌어 모으기 위한 계속적인 추가투자임.
기본 테마	꿈과 마법의 왕국
테마와 내용	**WORLD BAZAAR** 빅토리아 왕조풍의 디자인으로 20C 초 미국거리모습을 재현
	ADVENTURE LAND DISNEYLAND, Anaheim의 ADVENTURE LAND와 동일한 컨셉
	WESTERN LAND DISNEYLAND, Anaheim의 FRONTIER LAND와 동일한 컨셉
	CRITTER COUNTRY 디즈니 영화에 등장하는 귀여운 Critter(작은 가축)들의 나라
	FANTASY LAND 꿈과 환상을 테마로 하고 있으며, 초대형 시설인 푸의 꿀사냥이 이곳에 있음
	TOON TOWN 디즈니 만화영화의 주인공들이 사는 마을을 형상화하여 모션의 변화를 조성하여 테마를 주고 있음
	TOMORROW LAND 최신 기술의 우주와 미래의 세계를 테마로 미래의 우주시대를 일본 최고의 기술과 상상력을 동원하여 만들 세계

도쿄 디즈니랜드의 성공요인은 주요상권으로서 관동 지역의 인구 3,800만 명을 확보하고 있다는 점이다. 다시 말해서 97년도 연간 입장객 수 1,668만여명 가운데 관동지역의 비율은 70%에 달한다. 물론 잡지나 책, 영

화를 통해 일본에서도 널리 알려진 디즈니랜드의 힘이 큰 역할을 하고 있기는 하지만 시의 적절하게 붐이 일어나는 시기에 어른들의 유원지로써 '영원히 완성되지 않는 왕국'을 연출해 온 것이 성공요인이었다.

(4) 한국의 테마파크

에버랜드는 1976년 국내 최초 가족공원인 용인자연농원이 전신이며, 국내 레저, 서비스 문화를 선도하고 가족놀이 문화 수준을 세계적으로 끌어올리는데 크게 기여하고 있다.

1996년 개장 20주년을 맞아 [21세기 체재형 복합리조트 단지] 로 도약시키고자 [에버랜드 Everland]라는 신규 CI를 도입하며 종합리조트 단지로 재탄생하였다. 1999년 세계 테마파크 7위에 선정된 이래, 에버랜드는 21세기 초일류 리조트 단지로의 도약을 꿈꾸며 세계인의 행복과 꿈을 실현시키기 위해 최고의 서비스로 노력하고 있다.

서울랜드는 1988년 5월, 서울올림픽을 앞두고 테마파크 최초로 문을 연 국내 테마파크의 대표주자로, 테마파크 조성을 위해 세계의 광장, 모험의 나라, 환상의 나라, 미래의 동산 등 각각 독특한 테마를 갖춘 위락시설을 다양하면서도 체계 있게 설치하여 개별적 주제가 "재창조"의 이념으로 통합, 수렴되도록 하였다. 94년 지하철 개통에 따라 서울랜드와 인근에 위치한 서울대공원의 동식물원, 산림욕장, 국립현대미술관, 초고속정보통신관 IT-WORLD등을 연계한 이용이 활성화되어 많은 사람들이 이용하고 있다.

표 7-21 에버랜드의 시설 및 공간

시설 및 공간		내 용
페스티발 월드	글로벌 페어	세계적 규모의 바자지구로, 프랑스, 이슬람, 스페인, 인도, 러시아 등 세계 각지의 아름다운 성 모양의 중·고대 건축양식 그대로를 재현해 놓은 역사, 문화의 산교육장 포시즌스 가든(Four Seasons Garden)은 프랑스식 정원과 네덜란드풍의 건축물들로 아름답게 꾸며 계절별 꽃 축제(4-5월 튤립, 7-8월 백합, 9-10월 국화)와 첨단 멀티미디어 레이저 쇼, 음악분수쇼등 사계절 축제의 장
	아메리칸 어드벤처	
	매직랜드	
	유러피언 어드벤처	
	이쿼토리얼 어드벤처	세계 유일의 사자, 호랑이가 한 곳에 방사되어 있는 복합 사파리인 "사파리월드"와 초식동물, 천연기념동물, 동물 스타쇼 등 동물의 다양한 모습을 체험하고 숨결을 느껴볼 수 있으며, 이밖에도 페스티발 월드에서 대형 첨단 멀티미디어 레이져쇼와 "매직 퍼레이드" 등 각종쇼, 이벤트, 축제가 펼쳐지는 곳
캐리비안 베이		워터파크로 물을 주제로 한 각종 어트렉션, 건강시설 갖춘 복합적·동적 4계절 물놀이 공간, 카리브해안이 주테마, 스페인풍의 석조건물, 야자수와 아열대 식물들, 난파선 등의 조형물, 세계 최장의 유수풀, 파도풀과 어린이풀, 열탕과 냉탕, 스파
에버랜드스피드웨이		국내 최초의 On-Road 자동차경기장-스피드와 코스를 누비는 스릴일반인을 대상으로 한 스피드웨이 체험주행
글렌로스 골프클럽		국내 유일의 회원제 골프클럽
스푸키 펀 하우스		신개념의 다크라이드, 참여형 놀이시설

자료 : 한국관광공사 자료 참조

표 7-22 서울랜드의 시설

레저시설	내 용
탑승시설	스카이x, 샷드롭, 도깨비바람, 블랙홀 2000, 킹바이킹외 32기종
관람시설	귀신동굴, 깜짝모험관외 7종
오락시설	화랑활터, IQ오락장 외 8종
공연시설	삼천리 대극장, 통나무 무대, 쟈르당 무대, 베니스 무대
야유회장	삼천리 피크닉 야유회장
계절시설	야외풀장(여름), 눈썰매장(겨울)

자료 : 한국관광공사 자료 참조

우리나라에서 본격적인 테마파크의 시작은 1989년 서울잠실롯데월드 개장 등으로 경쟁이 격화되면서부터이다. 자이로드롭, 아틀란티스 등 40여 종의 다양한 놀이시설이 있으며 매일 두 차례 대규모 판타지 퍼레이드 등 다채로운 공연이 선보이기도 한다.

표 7-23 롯데월드의 시설

시 설	내 용
롯데월드 어드벤처	모험과 신비를 주제로 한 세계에서 가장 큰 실내 테마파크(10%는 외국인) 최첨단 탑승시설을 비롯하여, 환상적인 퍼레이드, 각종 영상시스템, 레이저쇼, 공연, 각국의 음식을 연중무휴로 즐김
매직아일랜드	호수공원
민속박물관	한국의 오천년 역사와 민속 문화가 역사전시관, 모형촌, 놀이마당, 저자거리로 나누어져 쉽고 재미있게 재현
수영장, 아이스링크	
쇼핑몰, 스포츠센터, 호텔, 백화점	관광, 레저, 쇼핑, 문화, 스포츠를 한곳에서 해결할 수 있는 대단위 복합생활공간

자료 : 한국관광공사 자료 참조

표 7-24 롯데월드와 에버랜드의 비교

	롯데월드	에버랜드
입지적 여건	도시형 테마파크 • 서울입지에서 유리	도시외곽형 테마파크 • 수도권 이남 및 동부지역에 유리
개발·관리 주체	롯데에서 개발·운영, 집중투자 서울시의 관리감독-도시내 도시(town in town)의 형태	삼성의 집중적인 자본투자 용인시의 일관성 있는 관리홍보
조성배경	개장당시부터 톡특한 테마를 갖춤 • 복합성 갖춤(실내놀이공간, 실외 놀이공간, 백화점, 박물관, 호텔 등과 복합시설화)	유원지를 테마파크로 재개발 • 연계성·통일성 부족 복합성 갖춤(숙박시설, 자동차 경주장, 아쿠아랜드, 동물원과 복합화)
관광인구유치	서울인근지역 주민들이 짧은 시간내에 즐기는 실내놀이공원	넓은 구역에서 고객 유치하는 일부러 찾는 공원
시설의 차별성	실내 아이스링크, 자이드롭, 석촌호수	공연장, 분수, 사파리, 아쿠아 투어
우월성	입지 및 실내공간의 잇점	체험관광가능성과 체험가능자 수에 있어 우월

자료 : 최지남, 2003

7. 관광편의시설업

관광편의시설업의 종류는 관광유흥음식점업, 관광극장유흥업, 외국인전용유흥음식점업, 관광식당업, 관광순환버스업, 관광사진업, 여객자동차터미널업, 관광펜션업, 관광궤도업, 한옥체험업, 관광면세업 등 11가지가 있다.

표 7-25 관광편의시설업 현황

구 분		서울	부산	대구	인천	광주	대전	울산	세종	경기	강원	충북	충남	전북	전남	경북	경남	제주	합계
관광편의시설업	관광유흥음식점업	0	0	1	0	0	0	1	0	0	0	0	1	3	0	0	0	1	7
	관광극장유흥업	22	7	6	0	1	12	3	0	32	4	7	6	5	3	6	16	7	137
	외국인전용유흥음식점업	5	16	20	0	0	1	27	0	179	3	0	3	17	4	31	48	33	387
	관광식당업	437	136	96	85	49	59	43	6	388	31	13	22	77	7	13	52	148	1,662
	관광순환버스업	3	2	4	0	0	0	1	0	8	6	0	0	0	6	3	10	1	44
	관광사진업	10	1	0	0	0	0	0	0	2	0	0	0	2	0	0	0	4	19
	여객자동차터미널시설업	0	0	0	0	0	0	0	0	0	1	0	0	0	0	1	0	0	2
	관광펜션업(휴양펜션업)	0	0	0	18	0	0	3	1	58	78	4	83	34	61	48	82	97	567
	관광궤도업	0	0	2	1	0	0	0	0	2	3	0	0	1	2	1	1	0	13
	한옥체험업	134	2	22	12	10	0	1	4	45	32	28	36	247	299	388	57	0	1,317
	관광면세업	7	7	2	8	0	1	1	0	0	1	2	0	1	0	0	1	7	38
	기타																	13	13
	합계	618	171	153	136	60	73	80	11	714	158	55	151	387	382	491	267	311	4,218

한국관광협회 중앙회, 2019.3.31.기준

이 중 관광유흥음식점업, 관광극장유흥업, 외국인전용유흥음식점업, 관광식당업은 외식업과 일맥상통한다고 할 수 있다.

외식산업이라는 용어는 미국에서 1950년대 공업화단계에 진입하면서 Food service Industry 혹은 Dining-out Industry로 불려졌으며, 일본에서는 1970년대 이후 「마스코미」 지가 외식산업으로 번역하여 사용하기 시작하였다.

경우 외식산업이라는 용어가 사용된 것은 1980년대 접어우리나라의 들면서부터이며 외식산업에 규모의 경제가 적용되고 외식행위 자체가 사회·

문화·경제적인 영향을 받으면서 외식산업이 자리를 잡았다.

외식이란 집밖에서 식사하는 것을 의미하며, 외식산업은 인간의 음식에 대한 욕구를 요리나 음료에 의해서 직접 충족시켜주는 사업활동, 음식물과 휴식장소를 제공하고 원기를 회복시키는 사업으로서의 의미를 갖고 있다.

표 7-26 외식업과 요식업의 차이

구분	외식업(Food Service)	요식업(Restaurant)
식재	식재료(1차 가공된 재료)의 사용	원료의 사용
조리	기술과 기계 (품질의 균일화)	육감적인 외관의 기능 (품질의 비균일화)
경영방침	3S주의(Speed, Service, Standard)	개성화, 아이디어 중시
점포	효율중시	분위기와 입지 중시
교육	메뉴얼(Manual)중시	경험과 단골 중시
상권	대상권주의	소상권주의

자료 : 이지호·임봉영, 1996

외식산업의 특성을 나열해 보면 다음과 같다.

① 수요예측이 곤란하다.

② 입지의존성이 높다.

③ 건물·설비·분위기의 영향이 크다.

④ 종업원의 이직률이 높다.

⑤ 개별적 주문생산의 원칙이므로 주문판매고객의 기호가 강하게 영향을 미치는 사업이다.

⑥ 인적 서비스의 의존도가 높은 노동집약적 산업이다.

⑦ 신규 참여가 용이하며 소자본으로 용이하게 접근할 수 있는 산업이다.

⑧ 상품의 부패가능성이 높다.

외식산업은 음식·요리 중심과 음료·주류 중심으로 분류할 수 있다. 이를 구체적으로 살펴보면 다음과 같다.

표 7-27 외식산업의 분류

외식산업	음식요리중심	일반제공	일반음식점	한식당, 양식당, 중식당, 일식당, 전문음식점, 분식점, 패스트푸드, 전문관광식당업, 일반관광식당업, 기타음식점
			특수음식점	열차식당, 기내식당, 선박식당, 출장조리, 완제품판매, 택배음식 등
			부속음식점	호텔, 모텔 및 여관, 콘도, 쇼핑센터, 리조트, 편의점, 자동판매기 등
		집단제공	집단급식	학교, 기업, 병원, 군대, 교도소, 사회복지시설
	음료·주류중심	음료제공	휴게음식점	커피전문점, 다방, 전통찻집, 제과점 등
		주류제공	주류음식점	극장식당업, 외국인전용 유흥음식점업, 나이트클럽, 캬바레, 요정, 바, 호프, 단란주점, 룸싸롱 등

자료 : 정봉원, 2000

미국 레스토랑협회에 의한 외식산업의 분류를 살펴보면 크게 영리목적 (commercial feeding), 비영리목적(institutional feeding), 군인급식(military feeding)으로 구분한다. 이를 구체적으로 살펴보면 〈표 7-22〉와 같다.

표 7-28 미국레스토랑협회에 의한 외식산업계 분류표

구분		내용
영리목적 (commercial feeding)	일반외식업체	일반음식점, 전문음식점, 카페테리아, 출장음식, 일반음료 및 음주 판매점, 간이판매점
	위탁경영	구내식당(공장, 사무실, 빌딩, 대학, 병원, 종합운동장 등의 공공시설), 기내식
	숙박시설	호텔레스토랑, 모텔레스토랑, 자판기, 포장마차, 일반오락 및 스포츠장 음식판매
비영리목적 (institutional feeding)		직원급식, 학교급식, 교통시설 급식, 병원급식, 양로원·고아원·기타 장기투숙기관의 급식, 클럽·스포츠·오락캠프 급식, 커뮤니티센터
군인급식(military feeding)		장교식당 및 장교클럽, 일반군인급식

식품위생법상 외식산업을 분류해보면 휴게음식점영업, 일반음식점영업, 단란주점영업, 유흥주점영업으로 구분할 수 있다. 휴게음식점영업은 음식류를 조리·판매하는 영업으로서 음주행위가 허용되지 않는 영업이며 이에는 다방 및 과자점이 포함된다. 일반음식점영업은 음식류를 조리·판매하는 영업으로서 식사와 함께 부수적으로 음주행위가 허용되는 영업이며, 단란주점영업은 주로 주류를 조리·판매하는 영업으로서, 손님이 노래를 부르는 행위가 허용되는 영업을 말한다. 그리고 유흥주점영업은 주로주류를 조리·판매하는 영업으로서 유흥종사자를 두거나 유흥시설을 설치할 수 있고 손님이 직접 노래를 부르거나 춤을 추는 행위가 허용되는 영업을 말한다.

(1) 관광유흥음식점업

관광유흥음식점업은 식품위생법령에 위한 유흥주점영업의 허가를 받은 자로서 관광객의 이용에 적합한 시설을 갖추어 이를 이용하는 자에게 주류, 기타 음식을 제공하고 노래와 춤을 감상하게 하거나 춤을 추게 하는 업이다.

관광유흥음식점업의 지정기준을 보면 건물의 연면적은 특별시의 경우에는 330제곱미터 이상, 그 밖의 지역은 200제곱미터 이상으로 한국적 분위기를 풍기는 아담하고 우아한 건물이어야 하며, 관광객의 수용에 적합한 다양한 규모의 방을 두고 실내는 고유의 한국적 분위기를 풍길 수 있도록 서화·문갑·병품 및 나전칠기 등으로 장식하고 영업장 내부의 노래소리 등이 외부에 들리지 아니하도록 방음장치를 갖추어야 한다.

(2) 관광극장유흥업

관광극장유흥업은 식품위생법령에 따른 유흥주점 영업의 허가를 받은 자가 관광객이 이용하기 적합한 무도(舞蹈)시설을 갖추어 그 시설을 이용하는 자에게 음식을 제공하고 노래와 춤을 감상하게 하거나 춤을 추게 하는 업이다.

관광극장유흥업의 지정기준을 보면 건물의 연면적은 1,000제곱미터 이상이어야 하고, 홀면적(무대면적을 포함한다)은 500제곱미터 이상이어야 한다. 또한 관광객에게 민속과 가무를 감상하게 할 수 있도록 특수조명장치 및 배경을 설치한 50제곱미터 이상의 무대가 있어야 하며 영업장 내부의 노래소리 등이 외부에 들리지 아니하도록 방음장치를 갖추어야 한다.

(3) 외국인전용 유흥음식점업

외국인전용 유흥음식점업은 식품위생법령에 따른 유흥주점영업의 허가를 받은 자가 외국인이 이용하기 적합한 시설을 갖추어 그 시설을 이용하는 자에게 주류나 그 밖의 음식을 제공하고 노래와 춤을 감상하게 하거나 춤을 추게 하는 업이다.

외국인전용 유흥음식점업의 지정기준을 보면 홀면적(무대면적을 포함한다)은 100제곱미터 이상이어야 하며 홀에는 노래와 춤 공연을 할 수 있도록 20제곱미터 이상의 무대를 설치하고, 특수조명 시설 및 방음 장치를 갖추어야 한다.

(4) 관광식당업

관광식당업은 식품위생법령에 의한 일반음식점영업의 허가를 받은 자로서 관광객의 이용에 적합한 음식제공시설을 갖추고 이들에게 특정 국가의 음식을 전문적으로 제공하는 업이다.

관광식당업의 지정기준에서 인적 요건을 보면 한국 전통음식을 제공하는 경우에는 「국가기술자격법」에 따른 해당 조리사 자격증 소지자를 두어야 하고, 특정 외국의 전문음식을 제공하는 경우에는 해당 외국에서 전문

조리사 자격을 취득한 자나 「국가기술자격법」에 따른 해당 조리사 자격증 소지자로서 해당 분야에서의 조리경력이 3년 이상인 자 또는 해당 외국에서 6개월 이상의 조리교육을 이수한 자의 3 요건 중 1개 이상의 요건을 갖춘 자를 두어야 한다.

위생설비 면을 보면 주방과 홀, 식자재 보관시설 및 식기의 위생상태를 양호하게 관리하고 식기세척기와 손 소독기를 보유해야 하며 주방근무자는 조리복 및 위생화를 착용하고, 홀 근무자는 위생적인 복장을 착용해야 한다.

그리고 최소 한 개 이상의 외국어로 음식의 이름과 관련 정보가 병기된 메뉴판을 갖추고 있어야 하며 출입구가 각각 구분된 남·녀 화장실을 갖추고 있어야 한다.

(5) 관광순환버스업

관광순환버스업은 여객자동차운수사업법에 의한 여객자동차운송사업의 면허를 등록을 한 자로서 버스를 이용하여 관광객에게 시내 및 그 주변 관광지를 정기적으로 순회하면서 관광할 수 있도록 하는 업으로, 안내방송 등 외국어 안내서비스가 가능한 체제를 갖추고 있어야 한다.

(6) 관광사진업

관광사진업은 외국인 관광객을 대상으로 이들과 동행하며 기념사진을 촬영하여 판매하는 업으로, 사진촬영기술이 풍부한 자 및 외국어 안내서비스가 가능한 체제를 갖추어야 한다.

(7) 여객자동차터미널업

여객자동차터미널업은 여객자동차운수사업법에 의한 여객자동차터미널사업의 면허를 받은 자로서 관광객의 이용에 적합한 여객자동차터미널시설을 갖추고 이들에게 휴게시설·안내시설 등 편익시설을 제공하는 업으로, 인근 관광지역 등의 안내서 등을 비치하고, 인근 관광자원 및 명소 등을 소개하는 관광안내판을 설치해야 한다.

(8) 관광펜션업

관광펜션업은 숙박시설을 운영하고 있는 자가 자연·문화 체험관광에 적합한 시설을 갖추어 관광객에게 이용하게 하는 업으로, 지정요건은 자연 및 주변환경과 조화를 이루는 3층 이하의 건축물에 객실이 30실 이하이며 취사 및 숙박에 필요한 설비를 갖추고 바비큐장, 캠프파이어장 등 주인의 환대가 가능한 1 종류 이상의 이용시설을 갖추고 있어야 한다. 다만, 관광펜션이 수개의 건물 동으로 이루어진 경우에는 그 시설을 공동으로 설치할 수 있다. 또한 숙박시설 및 이용시설에 대하여 외국어 안내표기를 해야 한다.

(9) 관광궤도업

관광궤도업은 「궤도운송법」에 따른 궤도사업의 허가를 받은 자가 주변 관람과 운송에 적합한 시설을 갖추어 관광객에게 이용하게 하는 업이며, 지정요건은 자연 또는 주변 경관을 관람할 수 있도록 개방되어 있거나 밖이 보이는 창을 가진 구조이며 안내방송 등 외국어 안내서비스가 가능한 체제를 갖추고 있어야 한다.

(10) 한옥체험업

한옥체험업은 한옥(주요 구조부가 목조구조로서 한식기와 등을 사용한 건축물 중 고유의 전통미를 간직하고 있는 건축물과 그 부속시설을 말한다)에 숙박 체험에 적합한 시설을 갖추어 관광객에게 이용하게 하는 업이며, 지정요건은 1 종류 이상의 전통문화 체험에 적합한 시설을 갖추고 있어야 하며 이용자의 불편이 없도록 욕실이나 샤워시설 등 편의시설을 갖추고 있어야 한다.

(11) 관광면세업

보세판매매장의 특허를 받은 자(Duty free shop) 또는 외국인관광객 면세판매장의 지점을 받은자(Tax Refund shop)가 관광면세업자로 지정받을 수 있다.

관광학개론

An Introduction To Tourism

Chapter 08

관광마케팅

Chapter 08

관광마케팅

Ⅰ. 관광마케팅의 개념 및 기능

　마케팅이란 용어는 1920년대 미국에서 처음 사용된 이래 제 2차 세계대전 이후 유럽 각국에서 사용하게 되었다. 1950년대에 우리나라에 들어와 오늘날 '마케팅'이란 말을 그대로 사용하고 있으며, 일부에서는 그 단편적인 기능인 판매촉진활동만을 강조하여 흔히 판촉이라고 혼동하여 사용하고 있는 용어이기도 하다.

　마케팅(Marketing)의 본래의 의미는 시장이란 뜻의 Market에 현재진행형인 -ing이 붙어서 만들어진 것으로, 판매활동의 총칭으로서 생산자로부터 소비자에게 상품이나 서비스의 유통을 원활하게 하는 여러 가지 실무활동의 모든 것이라 할 수 있다. 즉, 아무리 훌륭한 제품을 만들었다고 해도 이것이 소비자 손에 들어가는 과정이 힘들고, 소비자들에게 인식되지 않으면 아무 소용이 없듯이 마케팅이란 "생산의 목적인 소비를 효과적으로 완성하기 위한 총체적 역할"이라고 할 수 있다.

　일반적으로 마케팅은 "상품과 가치를 생산하고 교환함으로써 개인이나 단체가 그들의 필요와 욕구를 얻는 사회·관리과정"이라고 정의(Kotler,

1996)되고 있다. 다시 말해 표적시장의 필요와 욕구를 알아내고, 경쟁자에 비해 효과적이고 효율적인 방법으로 시장에서 요구되는 만족을 전달하기 위하여 조직의 목표를 달성하는 핵심적인 요소라는 것이다.

여기에서 필요(needs)란 "무언가 기본적으로 부족하여 필요로 하는 것"을 의미하며, 욕구(wants)란 "필요한 것을 만족시켜 주고 채워줄 수 있는 구체적인 욕구"를 의미한다. 예를 들어 집안의 모임이 있어 부산에 가야 하는데 어떻게 갈 것인가를 생각중이라면, '부산에 가야 하는 것'은 필요이고, '어떤 교통수단으로 갈 것인지'는 욕구라 할 수 있다.

이러한 일반적 마케팅 정의를 기업의 입장에서 보았을 때는 "기업이 경쟁 하에서 생존과 성장목적을 달성하기 위하여 소비자를 만족시키는 제품, 가격, 유통, 촉진활동을 계획하고 실행하는 관리과정"이라고 정의(채서일, 2004)되기도 한다.

그러나 이는 단순한 이해 및 개념을 전달하기 위한 마케팅의 의미이고 진정한 개념의 마케팅이란 소비자의 관점에서 모든 것을 생각하고 행동하는 일련의 과정이 포함된 용어로 이루어져야 한다. 이러한 맥락에서 현대 마케팅의 선구자라는 피터 드러커(Peter Drucker)의 정의를 보면 "소비자를 잘 이해하여 제품이나 서비스가 그들의 욕구를 적절히 충족시킴으로써 자발적인 구매가 이루어지도록 하는 것(To Know and understand the customers so well that the product or service fits him and sells itself)"이라고 정의하였다.

또한 미국마케팅학회(AMA :American Marketing Association)는 1985년에 마케팅을 "개인이나 조직의 목적을 충족시키는 상호교환을 창출하기 위하여 아이디어, 재화 및 서비스를 개념화하고 가격결정하며 촉진 그리고 유통을 계획하고 실현하는 과정(The process of planning executing the conception, pricing, promotion, and distribution of ideas, goods, and services to create exchange that satisfy individual and organizational objectives)"으로 정의하였다. 미국마케팅학회의 정의는 첫째, 마케팅의 적용대상을 영리를 목적으로 하는 기업의 활동과 비영리조직체와 개인의 활동으로 간주하고 있고 둘째, 교환대상을 재화와 서비스뿐만 아니라 아이디어까지 포함시켰으며 셋째, 마케팅믹스의 요소들을 구체적으로 명시했다는 점에서 의의가 있다.

따라서 마케팅이란 고객의 요구 및 욕구를 파악하기 위해 시장조사를 통한 시장세분화 및 표적시장 설정 그리고 포지셔닝을 하고, 소비자를 만족시키는 제품, 가격, 유통, 촉진 등의 믹스전략을 계획 및 실행하는 관리과정으로, 조직체의 목표를 만족시키기 위해 보다 많은 시장 확보(판매)를 위한 전면적인 노력과 사후평가 및 계획조정과정까지 포함된다.

마케팅의 기능은 크게 세 가지로 분류할 수 있다.

첫째는 소비자의 욕구나 시장상황을 정확히 파악하기 위한 정보수집 활동(Marketing Investigation)이다.

둘째는 구입가능성이 있는 것을 상품화 계획하는 활동(Marketing Planning)이다.

셋째는 광고매체를 사용하여 소비자에게 정보를 전달하는 판매촉진 활동(Sales Promotion)이다.

특히 현대의 기업경영의 외부환경은 급속하게 변하고 시장과 소비자의 기호가 유동적이기 때문에 마케팅은 경영원리의 한 수단으로 적용되어 기업의 목적달성을 위한 활동으로 더욱 중요시되는 개념이기도 하다.

Ⅱ. 관광마케팅의 과정

관광마케팅은 일반 시장원리의 마케팅 수단을 도입하여 "관광상품이나 서비스를 공급자로부터 수요자에게 원활히 유통될 수 있도록 조정하는 활동"이라고 광의로 해석할 수 있다. 일반마케팅과 관광마케팅은 다 같이 소비자의 요구를 충족시키기 위한 수단으로서의 그 원리를 적용하는 방법은 동일하지만 관광마케팅은 일반마케팅과 여러 가지 면에서 차이를 보이는데, 다음과 같다.

첫째, 상품이 무형적이다.

둘째, 생산과정에서 소비자가 참여하여 소비자가 상품의 일부분이 되어 유형에 따라 그 서비스의 경험이 결정된다.

셋째, 품질의 균질성을 유지하기 어렵다는 것이다.

넷째, 유통경로가 제조업의 제품과 본질적으로 다르다는 점이다.

따라서 관광마케팅의 개념을 정립하고 그 마케팅의 방향성을 잡는데 있어서도 이러한 관광의 특징과 관광상품의 특성을 정확히 분석하여 명확한 목표시장을 선정해야만 급변하는 관광기업환경 및 국제경쟁 하에서 생존하고 발전할 수 있다.

또한 관광마케팅은 잠재되어 있는 관광욕구를 일으키는 활동에서부터 관광객에 대하여 관광욕구를 충족시켜 주는 것을 목적으로 하는 관광사업 활동이므로 단순한 시장조사, 계획, 홍보, 광고 등에 불과한 것이 아니고 이의 모든 것들을 포함하여 전략을 구사하는 광범위한 이른바 마케팅 믹스(Marketing Mix)의 개념을 갖는다.

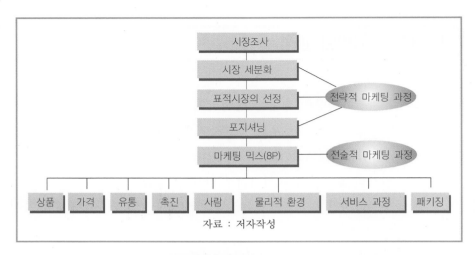

그림 8-1 관광마케팅 과정

관광마케팅의 일반적인 과정은 다음과 같다.
① 시장조사를 통하여 사업 기회를 확인하고
② 시장을 세분화하여 표적시장을 선정한 다음 포지셔닝을 하고
③ 마케팅 믹스 전략을 구축하는 일련의 과정이며
④ 시장확보 후 평가와 통제, 계획조정과정까지 포함한다.

관광마케팅 믹스(Marketing Mix in Medical Tourism)란 각종 마케팅 수단
들을 적절하게 배합한 것을 의미하는데, 표적시장(Target Market)에 대한
각종 마케팅 수단을 결합하여 그 목적달성을 극대화하는 것이다. 즉, 자사
의 관광상품이 소비자에게 가장 강한 반응을 일으켜 선택될 수 있도록 마
케팅 수단을 전략적으로 믹스하여 표적시장에 투하함으로써 소비자의 반
응을 환기시켜야 한다. 따라서 믹스전략은 최소의 비용으로 최대의 반응을
불러일으킬 수 있도록 마케팅 수단[4P : 상품(Product), 유통(Place), 가격
(Price), 촉진(Promotion)]을 통제 불가능한 환경변수(정치적, 경제적, 사회

적, 문화적 환경 등)에 최적으로 혼합시키는 전략으로 마케팅 전략수립을 위한 필수 전제조건인 것이다.

관광마케팅에 있어서는 전통적인 마케팅 수단인 4P에 People(사람), Physical environment(물리적 환경), Process(과정), Packaging(패키징)을 포함하여 8P로 분류하는 경향이 강하게 나타나고 있다. 이는 관광산업의 특성상 사람, 물리적 환경, 서비스 과정 등에 의존하는 부분이 많은 만큼 이 부분에 대한 중요성이 더욱 더 강조되고 있기 때문이다. 이 외에도 Programming(프로그래밍), Partnership(제휴), Participation(참가) 등을 포함하여 13P까지 분류하기도 한다.

Ⅲ. STP전략과 관광마케팅 믹스

1. STP 전략

관광수요가 증대하고 관광계층도 다양화됨에 따라 그 수요를 충족시켜서 이익을 추구하고자하는 관광기업은 비례적으로 증대하고 있다. 만일 수요와 공급이 서로 결합되지 못하고 관광시장에서 평행선을 이룬다면 결코 적절치 못한 현상만 유발될 것이다.

관광마케팅전략은 공급자측에게 수요의 내용을 충분히 파악하게 하는 기능을 제공하고, 수요자측에게는 보다 시간을 절약하면서 더욱더 경제적이면서 쉽게 관광상품을 이용할 수 있도록 하는 기본전략을 수립해야 한다. 그러기 위해서는 세분화, 표적화, 정위화 전략단계를 거쳐야 한다. 이에 따라 관광관련기업은 한정된 재원과 인력을 가지고 정확한 표적시장에 맞춰 여타기업에 비해 차별적이고 집중적인 마케팅 노력을 구사하여야 할 것이다.

관광마케팅을 시장에 적용하는 첫번째 단계는 관광시장을 세분화(Segmentation)시키는 전략인데 자신들이 생산하는 관광상품이 수요를 일으킬 수 있도록 관광시장에서 여러 가지 기준을 설정하여 나누는 작업이다. 즉, 성별 또는 연령별, 계층별, 지역별 등으로 소비자를 구별하는 단계이다. 시장세분화의 목적은 관광참가목적에 부합되는 표적시장을 선정하여 관광을 잠재적 수요자에게 인식시키기 위한 것으로, 서로 다른 특성을 지닌 다수의 집단을 적절한 기준에 의해 분류하는 것을 세분화(segmentation)라고 한다. 특히 최근에 들어서는 세대별 성향 및 소득별 성향이 뚜렷해지는 현상을 나타내고 있는데, 이러한 세분화작업은 관광마케팅의 중요한 토대가 된다.

두번째는 표적화(Targeting) 단계로, 세분화과정을 거친 다수의 세분시장 중에서 관광의 참가목적과 관광조직의 능력을 고려하여 매력적인 세분시장을 선택하는 것을 표적시장의 결정(targeting)이라고 한다. 이는 세분화한 시장 가운데서 자국 및 자사의 관광상품이 가장 두드러지게 선택될 수 있는 시장을 선정하는 단계로서, 예를 들면 계층을 기준으로 한 세분시장에서 상류계층을 표적시장으로 선정할 경우가 이에 해당된다. 이런 세분화와 표적화 단계에 따라 관광상품의 질이나 가격 등을 결정하고 명확한 마케팅 기법이나 방향성을 설정한다.

마지막 단계로는 정확한 위치를 정하는 정위화(Positioning) 단계로서 선택된 표적시장의 잠재적 수요자들에게 관광을 인식시키는 과정을 포지셔닝(positioning)이라고 한다. 관광상품을 사용하는 소비자에게 자사의 상품이 차별화된 이미지로 남게 위치시키는 전략을 의미한다. 특히 경제적 여유가 있는 계층이 주로 선택하고 무형적 특성을 가진 관광상품인 경우에 이 전략의 비중이 높은데, 관광관련기업의 이미지가 제품의 선택에 지대한 영향을 미치는 경우가 많다.

이렇게 세분화, 표적시장 결정 및 포지셔닝의 과정을 STP(Segmentation, Targeting, Positioning)과정이라고 하며, 그 절차는 〈그림 8-2〉와 같다.

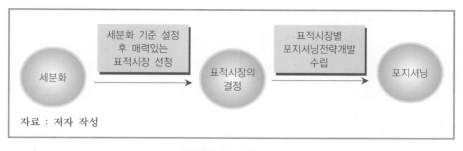

자료 : 저자 작성

그림 8-2 STP의 절차

STP과정을 수행하기 위해서는 우선 세분화의 기준을 설정해야 한다. 시장세분화에는 지리적 변수, 인구통계적 변수, 심리적 변수, 구매행동 변수 등 다양한 세분화 변수들이 있으며, 그 중 관광의 목적과 세부목표에 관련된 변수를 중심으로 세분화 기준을 설정하는 것이다. 세분화기준이 설정되면 이용된 세분화 변수에 따른 세분시장의 프로필을 작성하여 각 세분시장의 특성을 파악하게 된다.

그 다음 단계는 세분화된 시장과 관광의 목적을 비교하여 각 세분시장의 매력도를 측정한다. 그 중 매력도가 높은 세분시장을 표적시장으로 결정하게 되는 것이다. 끝으로 선택된 표적시장에 대한 포지셔닝 전략을 수립하게 되며, 이러한 포지셔닝 전략은 마케팅믹스 전략을 수립하는 과정으로 연결된다.

1) 시장세분화

관광에 참여하는 방문객에 대한 이해를 높이고, 이들의 욕구를 충족시키며, 효율적인 마케팅활동을 수행하기 위해서는 시장세분화(market segmentation)의 과정을 거칠 필요가 있다. 모든 관광은 관심이 있는 대상이 한정되어 있기 때문에 한정된 대상에 대한 접근방법과 프로그램이 효율적으로 설정되어야 성공적인 관광을 실시할 수 있기 때문이다.

일반적으로 관광에 참여하는 수요시장은 지리적·인구통계적·심리적으로 서로 다른 성격을 지닌 다양한 방문객들로 구성되어 있다. 따라서 이들 중 서로 비슷한 유형(types)의 특성(characteristics)을 지닌 사람들, 즉 동질성(homogeneity)을 지닌 하나의 집단을 형성시키는 과정을 시장세분화라고 한다.

관광관리자는 이러한 세분화과정을 통해 관광참여 확률이 높은 집단을 찾아내고, 잠재적 세분시장의 수요를 확인하며, 세분시장의 지속가능성과 규모를 인식하여 표적시장에 대한 비용효율성을 점검해 보아야 한다. 이와 같이 시장세분화는 관광조직이 지니고 있는 자원을 모든 소비자에게 투여하여 소진하는 것이 아니라 일정한 특성을 지닌 세분시장 중 가장 매력도가 높은 세분시장에 적은 비용을 투자하여 높은 효과를 얻기 위해 반드시 필요한 과정이라고 할 수 있다.

관광 잠재수요의 시장세분화에는 매우 다양한 변수들을 사용할 수 있으나 주로 지리적 세분, 인구통계적 세분, 심리적 세분, 행동 세분, 추구편익 세분 등이 주요변수로 사용되며 이에 대한 세분화 과정의 변수들은 〈그림 8-3〉의 순서로 나타낼 수 있으며, 변수별로 세분화하는 방법에 대해 알아보고자 한다.

관광의 수요시장을 세분화하는 것은 직접관찰(direct observation), 스태프의 인식(event staff's perception), 과거 방문객의 데이터(databases of past visitors), 설문조사(surveys) 등으로 가능하며, 이러한 방법이 병행되어 사용되는 것이 좋다.

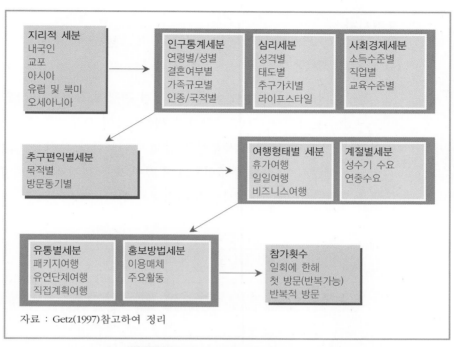

그림 8-3 관광 시장세분화의 주요 변수

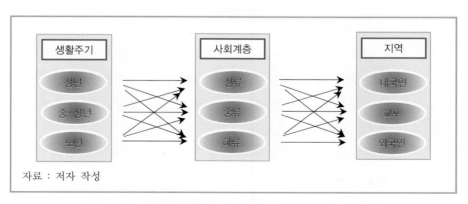

그림 8-4 관광시장 세분화의 예

2) 표적시장

(1) 세분시장의 평가

　　관광시장의 세분화에서 설명된 것처럼 관광에 참가할 대상으로 많은 세분시장이 존재한다. 그러나 각각의 세분시장이 모두 매력적인 시장이라고 할 수는 없으며, 관광의 세부목표 달성이 가능한 세분시장, 실시환경에 부합되는 세분시장, 자원의 투입으로 경제적 또는 비경제적으로 긍정적인 효과를 거둘 수 있는 세분시장을 선택해야 한다.

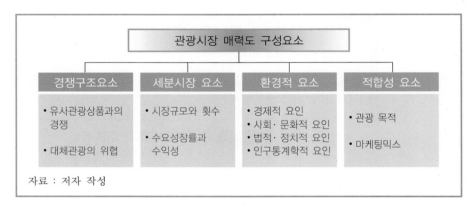

그림 8-5 관광시장의 매력도 구성요인

　　이를 위해 각 세분시장의 매력도를 측정할 필요가 있으며, 그중 매력도가 높은 세분시장을 표적시장으로 선택해야 한다. 세분시장의 매력도 측정을 위해 〈그림 8-5〉에서와 같이 환경적 요소와 경쟁구조 요소, 세분시장 요소 및 적합성 요소를 고려해 볼 필요성이 있다.

　　세분시장을 표적화함에 있어 그 시장의 경제적 상태와 경향, 인구통계적 변화, 사회·문화적 욕구, 법적인 제약 또는 정치적 지원 등의 환경적 요소가 고려되어야 하며, 표적화하고자 하는 세분시장이 관광의 목적과 부합되는지,

조직이 지니고 있는 인적자원과 재무적 자원으로 운용이 가능한 시장인지, 적합한 마케팅믹스를 적용할 수 있는지에 대한 적합성을 점검해볼 필요가 있다.

또한 세분시장의 규모가 어느 정도인지를 확인하여 일회성 관광 또는 일정한 주기 설정이 가능한지의 여부와 수요성장률과 이에 따른 관광 실시 수익성 등의 세분시장요인이 고려되어야 한다. 아울러 유사관광상품과의 경쟁구조, 잠재적 진입자의 위험 및 경쟁 등이 감안되어 세분시장의 매력도를 측정할 필요가 있다.

(2) 표적시장의 결정전략

관광 수요시장의 매력도가 측정되면 관광관리자는 어느 세분시장을 표적시장으로 할 것인지와 얼마나 많은 세분시장을 표적시장으로 할 것인지를 결정해야 한다. 관광수요의 표적시장을 선택하는 방법에는 비차별화 마케팅전략과 차별화마케팅전략 및 집중전략이 있다.

비차별화(undifferentiated) 마케팅전략은 수요자 전체시장을 대상으로 구분되지 않은 관광 프로그램과 동일한 촉진방법에 의해 불특정 다수의 대중을 대상으로 표적시장을 선택하는 전략이다.

차별화(differentiated) 마케팅전략은 세분시장 중 몇 개의 표적시장을 결정한 후 각각의 표적시장에 부합되는 관광 프로그램을 기획·운영하고, 각각의 세분시장에 적합한 촉진도구를 이용해 세분시장에 접근하는 방법이라고 할 수 있다.

집중화(concentrated) 마케팅전략은 매력도가 높은 특정 단일시장을 표적시장으로 선택하고, 그들에게 적합한 관광 프로그램을 구성하며, 선택된 시장에 도달할 수 있는 촉진도구를 활용해 특정시장만을 위한 집중적 마케팅활동을 수행하는 전략이다.

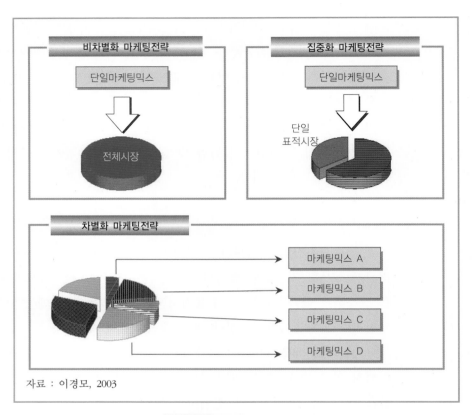

비차별화 마케팅전략

단일마케팅믹스

전체시장

집중화 마케팅전략

단일마케팅믹스

단일
표적시장

차별화 마케팅전략

마케팅믹스 A

마케팅믹스 B

마케팅믹스 C

마케팅믹스 D

자료 : 이경모, 2003

그림 8-6 표적시장 결정전략

3) 포지셔닝

세분시장의 평가에 의해 표적시장으로 결정된 잠재적 관광객들은 그들의 가처분소득과 시간을 활용한 관광을 다른 국가 및 지방으로 선택할 수 있다. 따라서 관광상품기획가는 실시하고자 하는 특정 관광에 참여하는 것이 다른 국가 및 지역관광 참여와 상이한 차별적이고 특징적인 이미지를 구축할 필요가 있다. 즉, 그 관광상품만의 차별적인 특징으로 인해 관광객의 욕구를 충족시킬 수 있다는 인식을 심어주고, 표적시장 내에서 효과적인 마케팅활동을 수행하는 것이다.

표적시장에 관광상품을 포지셔닝하는 방법으로는 관광객에게 가져다 줄 편익을 전달하는 속성·편익에 의한 포지셔닝과 관광객의 유형과 특성을 제시하는 참가자에 의한 포지셔닝, 국내외에서 실시된 성공적인 유사관광을 언급하거나 비교하는 포지셔닝 등이 있다.

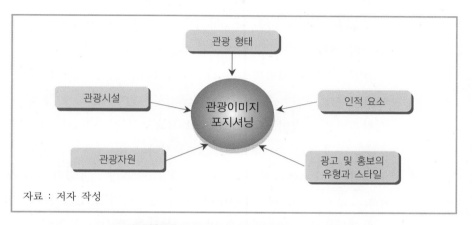

자료 : 저자 작성

그림 8-7 관광이미지 포지셔닝의 구성요소

이러한 포지셔닝의 위치를 다른 관광상품과 비교하여 2차원 또는 3차원의 그림으로 작성한 것을 포지셔닝맵이라고 한다. 포지셔닝맵은 관광상품기획가의 주관적 관점에서 관광의 특성을 기준으로 작성하는 것과 잠재적 방문자들이 인지하고 있는 지각을 중심으로 작성된 인지도(perceptual map)가 있다.

관광상품기획가가 주의해야 할 것은 프로그램의 아이디어 또는 운영중심의 사고에 빠지다 보면, 자기중심적인 포지셔닝맵을 작성할 우려가 있다는 것이다. 즉, '관광상품기획가가 무엇을 준비했느냐'도 중요하지만, '관광객이 원하는 것이 무엇이냐'가 매우 중요한 것이다.

2. 관광마케팅믹스

마케팅 믹스(Marketing Mix)개념은 1964년 보덴(Borden N. H.)에 의해서 제기된 이래 맥카시(McCarthy)에 의해 일반화되었다. 대상관광시장에서 세분화, 표준화, 정위화 분석에서 나타난 결과에 따라 그 시장을 개발하고 판매목표를 세운 후 이를 달성하기 위해 해당 기업에서 이용할 수 있는 모든 수단의 결합을 마케팅 믹스전략이라고 한다.

일반적으로 마케팅믹스는 관광상품기획가가 목표를 달성하기 위해 조종하고 영향을 미칠 수 있는 요소들로 구성되어 있다. 4P를 중심으로 한 마케팅개념을 도입한 McCarthy는 그 요소들은 상품(Product), 가격(Price), 유통(Place)과 촉진(Promotion)으로 설정하고 있다.

그러나 Cowell(1984)은 4P에 사람(people), 진행과정(process), 물증(physical evidence)을 추가하여 7P를 마케팅믹스로 설정하고 있다.

관광상품기획가가 관광의 마케팅 목표를 달성하기 위해 관리해야 할 마케팅믹스는 〈표 8-1〉에서와 같이 정리할 수 있다.

표 8-1 관광마케팅믹스

구성요소	내 용
상품(Product)	관광프로그램, 호텔 등의 시설내 서비스
가격(Price)	관광비용, 숙박·항공비용
유통(Place)	중간 판매인, 홍보매개체
촉진(Promotion)	광고, 인적판매, 홍보, 판매촉진,
사람(People)	종사자, 경영자, 관광조직
물리적 환경(Physical evidence)	호텔시설 및 관광시설
서비스 진행과정 (Process)	도착부터 출발까지의 서비스 진행과정
패키징(Packaging)	관광자원과의 연계, 관광상품화
협력(Partnership)	호텔, 여행사, 중앙정부, 지자체

자료 : 저자 작성

이러한 마케팅믹스는 독립된 계획에 의해 실행되는 것이 아니고 관광환경과 관광조직이 지니고 있는 자원에 따라 실행의 범위와 크기가 제한될 수 있다. 관광조직 환경에서의 마케팅믹스는 〈그림 8-8〉에서와 같이 외부환경과 개최조직의 가용자원에 둘러싸여 있음을 알 수 있다.

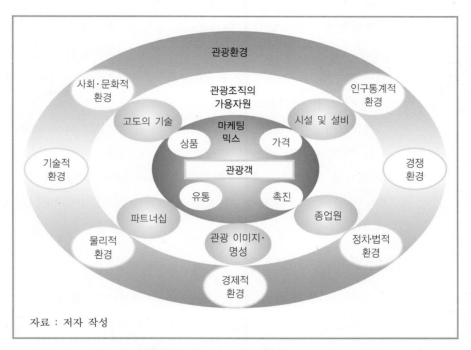

그림 8-8 관광조직환경에서의 마케팅믹스

관광마케팅에서 상품(product)은 참가자의 입장에서 볼 때의 관광에 구성되어 있는 모든 요소들이라고 할 수 있다. 즉, 관광에서 제공하는 프로그램, 직원서비스의 질과 수준, 부대시설, 정보교류의 기회, 관광서비스 환경, 관광지의 이미지 및 관광을 통해 얻을 수 있는 즐거움 등이 포함된다. 다수의 관광이 관광상품기획가의 생산지향(product oriented)적 사고로 관광객들의 욕구를 충족시키지 못하는 경우가 많다.

관광마케팅믹스에서 가격(price)이란 방문객이 관광에 참가하기 위해 지급해야 하는 비용으로, 시간비용, 교통비용, 숙박비용, 식음료비용, 관광비용 및 기념품구입비용 등이 이에 속한다. 따라서 관광에 참여하고자 하는 방문객은 이에 필요한 직접비용과 기회비용을 비교하게 된다.

관광마케팅믹스에서 유통(place)은 관광에 참여하기 위해 상품을 판매하고 구매하는 유통(distribution)을 의미한다. 예를 들어 여행상품은 여행사에서 판매할 수 있다. 아울러 'place'는 영어의 단어 뜻 그대로 관광이 시행되는 관광지의 의미로 사용되기도 한다.

관광마케팅믹스에서 촉진(promotion)이란 의사전달(communication)의 의미를 가지고 있어 커뮤니케이션믹스로 부르기도 하며, 이는 마케팅믹스의 4P중 가장 눈에 띄는 마케팅활동(Middleton, 1995)이라고 할 수 있다. 촉진믹스는 관광을 알리는 활동, 즉 광고, 인적판매, 홍보, 판매촉진 등이 포함된다.

1) 상품(서비스)

마케팅에서 상품(Product)이란 기업이 제공하는 잠재고객들의 욕구충족 수단으로서, 유형적인 재화뿐만 아니라 형태가 없는 서비스, 그리고 사람, 장소, 조직, 아이디어 등도 고객의 욕구와 필요를 충족시켜 줄 수 있다는 점에서 상품의 개념을 확대하고 있다.

상품은 마케팅에 있어서 가장 기본적인 요소로서, 상품에 대한 정확한 지식이 있어야 마케팅의 전략이나 방향을 설정할 수 있다.

특히 관광상품인 경우 그 대상물인 인프라시설, 교통·숙박시설 뿐만 아니라 장소로서의 관광지와 관광자원, 그리고 서비스까지 모든 것이 포함될 수 있어 한마디로 시장에서 고객의 욕구와 요구를 충족시켜 줄 수 있는 모든 것이라 할 수 있다.

일반적으로 관광상품이란 물적 소유권의 변화 없이 무형의 활동, 편익 및 만족을 제공받는 것이다. 관광서비스는 무형의 서비스로 가변적이며 인간의 직접적인 육체 및 정신적 노력에 의해 소비자에게 제공되므로 철저한 질적 관리와 신용을 최고의 조직목표로 삼아야 한다. 호텔 및 관광시설은 표적시장과 소비자의 요구나 욕구를 명확히 파악해야 하며 현재의 관광서비스에 대한 계속적인 평가도 수반되어야 할 것이다. 또한 소비자의 만족과 기대에 부응하여 현재의 서비스를 수정하거나 새로운 서비스를 도입하는 등 서비스의 조정이 필요하다.

관광지도 수명주기가 있다. 서비스수명주기(Service Life Cycle : SLC)나 상품수명주기(Product Life Cycle : PLC)는 도입기(introduction stage), 성장기(growth stage), 성숙기(maturity stage), 쇠퇴기(decline stage) 등 4단계로 구성되지만, 관광지 발전단계에 따른 수명주기론인 관광지 라이프사이클(Tourist Area Life Cycle : TALC)은 탐색단계(exploration stage), 주민참여단계(involvement stage), 개발단계(development stage), 강화단계(consolidation stage), 정체단계(stagnation stage), 쇠퇴단계(decline stage) 및 회복단계(rejuvenation stage)로 구분할 수 있다.

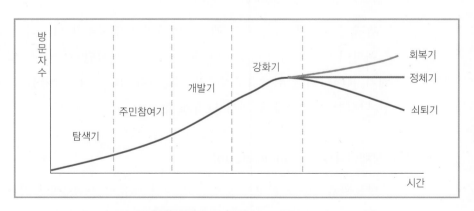

그림 8-9 버틀러의 관광지 발전단계

(1) 탐색단계(exploration stage)

소수관광객에 의해 관광지 특징이 결정되고, 불규칙 방문형태를 갖는다. 관광지는 관광객을 위해서 특별히 시설 제공이나 편의 제공이 없으며, 관광객에 의해 지역사회는 많은 영향을 받게 된다.

(2) 주민참여단계(involvement stage)

관광객의 점진적 증가로 일부 지역주민들이 관광시설이나 서비스를 제공하기 시작한다. 관광에 대한 지역관심이 고조되는 단계로 지역 스스로 관광개발의 필요성을 느끼고 참여하는 단계이다.

(3) 개발단계(development stage)

점차 광고 등의 관광객 유치활동을 수행하며, 관광지의 자연적 환경이 적극적 개발로 급속히 변화되는 단계이다. 특히 숙박시설은 지역의 특성이 사라지게 되고 더욱 크고 화려한 현대적 시설로 대체되는 현상을 볼 수 있다.

(4) 강화단계(consolidation stage)

관광지 운영에 있어 주요 관광사업체의 운영형태가 다국적 기업에 의한 프랜차이즈나 체인이 등장한다. 또한 대규모 관광단지 등에서 집중적 시설 배치가 이루어진 위락업무지구가 형성된다. 또한 경쟁상황을 극복하기 위한 다양한 노력들을 전개해 나가게 된다.

(5) 정체단계(stagnation stage)

방문관광객수가 최고조에 이르고 지역 고유의 자연관광자원과 인문관광자원의 고유성 또는 진정성이 상실되며 인공적, 조작적 환경으로 변형된다. 또한 지역관광수용력이 한계에 이르러 사회문화, 경제, 환경 등 제반 문제들이 나타나기 시작한다.

(6) 쇠퇴(decline) 및 회복단계(rejuvenation stage)

재생단계의 경우, 관광지의 지속적 재개발과 재혁신을 통해 관광의 지역 발전 효과에 긍정적인 의미가 부여되고 새로운 이미지 창출을 시도하게 된다. 그러나 쇠퇴단계의 경우 관광지가 새로운 경쟁자에 밀려 급격한 관광자의 감소와 함께 지역의 몰락을 맞게 된다.

2) 가격

아담스미스(Adam Smith)는 시장에서의 보이지 않는 손(Invisible Hand)이라는 가격이 시장에서 소비와 공급을 조절한다고 하였는데, 이와 같이 가격(Price)이란 소비자가 자신의 필요와 욕구를 충족하기 위해 시장에서 제품을 구입하려 할 때 판매자에게 그 반대급부의 금전적 대가로서 지불하는 것이라 할 수 있다.

가격이란 상품의 가치를 측정할 수 있을 뿐 아니라 소비자에 대한 만족도의 평가도구이기도 하다. 소비자는 제품의 질과 가격이 비례한다는 일반적인 상식을 가지고 제품을 구매하기 때문에 그 가격에 맞는 제품의 구성요소가 결부되지 않는다면 이는 곧 불만의 요소가 될 뿐만 아니라 차후 제품 선택에 악영향을 미칠 수 있는 부분이다.

따라서 가장 적절한 가격결정을 위해서는 기업의 내적 요소인 원가, 마케팅 방향, 조직의 내부적 특성과 외적 요소인 시장의 규모와 특성, 경쟁업체, 외부적 제약요소 등을 면밀히 분석하여 가격 결정을 해야 한다.

관광비용은 상품의 가격으로서의 기능을 지니고 있어, 저가를 결정하게 되면 관광객의 방문횟수를 최대화하여 접근성을 확대(increase accessibility)

하는 기능을 갖게 된다. 이렇게 비용을 최소화하는 결정은 상품홍보 등의 목적을 지닌 관광에 이용된다.

또한 관광비용을 높은 금액으로 책정하게 되면 상류계층의 세분시장(upscale segment market)을 유인하고 접근성을 축소(decrease accessibility)함으로써 시장을 분할하는 기능을 갖게 된다.

관광비용을 결정하는 데는 다양한 방법이 사용될 수 있으며, 비용 수준에 영향을 미치는 요인도 다수 존재한다. 주요 영향요인으로는 새로운 시설과 설비의 투자, 인건비, 정부 또는 지방자치단체의 재정적 지원 등이 있다. 관광비용은 투여된 금액과 수입으로 확보된 금액을 고려하여 그 수준을 결정하게 된다.

3) 유통

유통(Place)이란 제품이나 서비스가 최종소비자에게 전달될 수 있도록 하는 과정과 일체의 상호의존적 조직체계를 의미하는데, 현대사회가 복잡·다양화되면서 관광상품의 유통경로도 시장에서 생산자가 직접 소비자에게 전달하는 원시단계에서부터 인터넷을 통한 사이버 시장에서의 전달경로까지 다양한 방법으로 진행되고 있다.

관광상품의 경우, 생산과 소비가 동시에 이루어진다고 해서 유통경로를 무시할 수 있는데, 적절하고 효과적인 유통시스템을 구사해야만 최대의 효과를 거둘 수 있다. 즉, 가장 일반적인 방법은 호텔 및 여행사에 직접 방문 또는 전화로의 예약인데, 구매단계부터 여행 도·소매업자, 정부의 관광기구, 각종협회, 인터넷 등의 다양한 경로가 존재하기 때문에 자사의 관광상품에 맞는 유통경로를 구축해야 한다.

4) 촉진

촉진(Promotion)이란 소비자에게 자사의 상품을 알리고 다수의 경쟁상품 속에서 자사의 상품을 선택하게 하여 최종 구매까지 이끌어 내는 시장 개척수단이라 할 수 있다.

관광의 촉진이란 계획된 비용내에서 관광 참여를 유도할 목적으로 해당 관광에 대해 실제 및 잠재방문객을 대상으로 정보를 제공하거나 설득하는 마케팅노력의 일체를 말한다. 촉진은 아무리 훌륭한 상품 및 서비스로서의 관광이라고 하더라도 이를 잠재방문자에게 알리는 것이 중요하므로 의사전달(communication) 과정이라고 말하기도 한다.

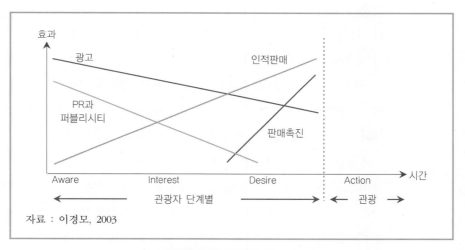

자료 : 이경모, 2003

그림 8-10 촉진수단의 효과

일반적으로 촉진믹스에는 광고, 퍼블리시티, 판매촉진, PR, 인적판매 등이 포함되며, 촉진믹스가 수행하는 역할은 관광지의 인지도 향상, 긍정적 이미지의 형성, 경쟁관광지과 관련된 위치결정, 표적시장에 관련정보 제공, 관광수요의 창출 등이다.

(1) 광고

광고(Advertising)란 일정한 대가를 지불하고 매스미디어를 이용하여 상품 또는 기업의 이미지를 전달하는 커뮤니케이션의 한 수단이다. 광고는 관광관련기업이 표적 집단에게 정보를 제공하거나 설득하기 위해서 관광에 관해 유료로 대중매체를 이용해 알리는 모든 활동이라고 할 수 있다. 관광 광고에는 매체광고, 안내서의 제작과 배포, 소식지(newsletter)의 제작과 배포, 비디오와 시청각 자료의 배포 등 매우 다양한 종류가 있다.

광고는 기업이 제공하는 상품의 판매를 촉진하거나 이미지를 제고하는 것으로, 주요 광고매체는 TV, 라디오, 신문, 잡지, 옥외광고판, 그리고 인터넷 등이다. 인터넷 광고는 더욱 중요성이 커지고 있고, 기업의 광고예산은 많은 부분을 차지하고 있으며 전통적인 마케팅 수단과 동시에 실행해야 한다. 이러한 광고는 소비자 마케팅 커뮤니케이션 중 주도적인 형태로 서비스 마케터가 고객과 접촉하게 되는 최초의 요소이며 해당상품에 대한 고객들의 인지, 정보 제공, 고객 설득, 기억 등의 역할을 수행하게 된다. 따라서 서비스 상품에 대한 실제적인 정보를 제공하고 서비스 상품의 내용 등에 대해서 고객들에게 인지시켜 둠으로써 핵심적인 역할을 수행한다고 볼 수 있다.

오늘날 서비스 광고에 대한 지침은 제품과 비교해서 차별화되고 있는 서비스의 특성에 근거해서 만들어지고 있다. 서비스의 특성은 무형성, 생산과 소비의 동시성, 이질성, 그리고 특정고객에 대한 맞춤화 등을 생각해 볼 수 있다. 서비스 특성과 관련된 광고요소들은 첫째, 서비스가 무형적인 것이기 때문에 유형적인 것을 통한 구체성이 제시되어야 한다. 둘째, 서비스의 동시성, 소멸성 때문에 고객과 서비스 제공자 사이의 상호작용이 이루어져야 한다. 셋째, 서비스는 제품에 비하여 상대적으로 이질성이 강하기 때문에 증거제시가 이루어져야 한다. 넷째, 서비스는 특성상 행위과정이므로 서비스 절차가 서비스 구매에 영향을 미칠 수 있다.

광고는 다양한 매체를 통해 실행할 수 있다. 관광지 및 관광상품 광고에서 주로 이용되고 있는 매체는 신문, 라디오, 텔레비전, 잡지, 인터넷 등이다.

(2) PR

PR(Public Relations)은 어떤 조직이나 상품과 관련하여 긍정적인 관심을 유발하는 뉴스 제공, 기자회견, 특별한 이벤트의 개최, 뉴스가치가 있는 활동에 대하여 제3자를 통한 후원을 통해 호의적인 지역 및 호텔 이미지를 만드는 활동을 의미한다. 주요 PR수단으로는 언론관계, 상품홍보, 기업커뮤니케이션, 로비 그리고 카운셀링 등이 있다.

PR에는 여러 가지 수단이 사용된다. 가장 대표적인 수단이 뉴스이다. PR담당요원은 자기호텔 및 상품·서비스에 대해서 유리한 뉴스를 발굴하거나 만들어 낸다. 뉴스내용은 자연적으로 발생할 수도 있지만 PR요원이 뉴스를 만들어 낼 수 있는 이벤트나 활동을 제안할 수도 있다. 또 다른 PR수단은 특별행사인데, 컨퍼런스, 언론사 순방, 개원행사, 팸투어 등을 들 수 있다.

표적시장의 고객들에게 도달하고 영향을 주기 위해서는 PR요원들은 인쇄물을 이용하기도 하는데 연례보고서, 브로슈어, 기고, 그리고 사내뉴스나 잡지 등이 이에 포함된다.

홍보(publicity)는 협의의 PR이며 PR의 가장 대표적인 수단인데 광고와 달리 별도의 비용을 지급하지 않고 관광을 신문, TV 등 언론매체를 통해 알리는 것이다. 홍보는 마케팅 발주처와 직접적으로 이해관계가 없는 매스미디어나 공공기관에 의해서 발행, 보도되는 지면 또는 공중파, 케이블 매체를 이용하여 자사의 상품이나 기업에 대해 기사, 보도, 화제 거리를 다루게 함으로써 호텔 및 기업의 상품이나 이미지, 관광의 긍정적 이미지를 간접적으로 알리는 활동이다.

특히 지나치게 많은 광고로 인해 고객들의 반응이 둔해지고 광고를 기억하지 못하는 가운데 홍보를 통한 커뮤니케이션은 소비자들에게 신뢰를 형성하고 호텔의 긍정적인 이미지를 구축하는데 많은 기여를 한다.

이는 호텔 및 기업에서 직접적인 경비를 부담할 필요가 없고 공신력이 있는 기관에서 행하는 것이기 때문에 일반광고와는 달리 높은 신뢰성을 느낄 수 있다. 이는 지자체나 해외의 관광청에서 촬영장소를 제공하여 지역 이미지 제고, 보도자료(press release)의 작성과 배포, 뉴스, 컨퍼런스, 친선대사의 임명 등 다양한 방법으로 실행할 수 있다.

관광의 경우에도 홍보가 필요한데, 매체이용자들이 관심을 갖고, 그 부분을 집중적으로 관찰하므로 관광상품기획가는 퍼블리시티를 적극적으로 활용할 필요가 있다. 그러나 퍼블리시티를 활용하기 위해서는 관광이 뉴스로서 충분한 가치가 있어야 하고, 구독자 또는 시청자의 관심을 끌만한 기사가 되어야 하며 보도자료가 명확해야 한다.

(3) 판매촉진

판매촉진(sales promotion)은 통상 판촉이라고 칭하는데 광고, 인적판매, 홍보를 제외한 모든 촉진활동을 의미한다. 이는 서비스상품의 즉각적인 구매나 판매를 권장하기 위해서 행해지는 단기적인 인센티브로서 쿠폰, 프리미엄, 가격할인, 그리고 고객의 구매와 미디어에 대한 관심을 자극하는 다른 여타의 행위 등으로 이루어진다.

판매촉진은 소비자에게 직접적으로 다가서는 전략이지만 인적판매처럼 직접 소비자에게 상품을 판매하기보다는 상품 및 회사의 인지도를 높여 구매의욕을 증진시키는 방법이다. 이러한 판매촉진은 가격지향적인 것과 비가격지향적인 유형으로 구분될 수 있는데 가격지향적 판매촉진은 가격할인, 환불·상환으로 구성되며, 비가격지향 판매촉진은 샘플, 쿠폰, 프리미엄, 경연대회 및 경품, 단골고객프로그램 등이 있다.

판매촉진은 매출을 자극하는 가장 좋은 수단으로 그 비중이 점차 높아지고 있지만, 판촉에 대한 지나친 과신은 호텔과 브랜드 자사에 해를 끼칠 수 있다. 서비스 충성도는 해당 서비스에 대해 상대적으로 좋은 태도를 가지고 반복적으로 구매를 하는 것을 말하는데 이와 관련된 용어로 의사충성도(spurious royalty)라는 것이 있다.

판매촉진은 마케팅 전략에 따라 다양하게 나타나지만, 관광을 촉진시키기 위하여 수행하는 활동으로는 국가정부 및 지자체, 지역의 호텔, 여행사 등이 참석하는 국제회의, 관광설명회 및 전시회 등을 개최하거나 관광객을 조직·구성할 수 있는 사람들을 초청하여 지역을 답사시키는 팸투어(familiarization tour)를 시행하기도 한다.

가격할인의 경우, 경쟁지역 및 호텔이 비슷한 전략을 쓰거나 대체서비스가 등장하게 되면 소비자는 바로 다른 서비스로 구매를 전환하게 되므로 자주 사용하지 않는 것이 좋다.

(4) 인적판매

인적판매(Personal Selling)는 판매를 하고 고객관계를 구축하는데 있어서 기업의 대리인이 행하는 대면방법으로 직접 고객을 찾아 대화를 통해 구매를 유도하는 활동이기 때문에 다른 촉진활동과는 달리 고객과 상호접촉을 통해 고객의 욕구에 유연하게 적용할 수 있다. 한편 고객의 입장에서는 직원을 통하여 서비스 기관과 접촉할 수 있으며 글로는 설명하기 어려운 기술이나 복잡한 정보를 얻을 수 있다. 이 방법은 잠재적 고객에게 선호되는데, 상품에 대한 확신을 주기 때문에 구매행동을 유발시키는데 가장 효과적인 촉진수단이다. 그러나 상대적으로 느리고 고객 한 사람당 소요되는 비용이 많이 들며, 유능한 직원을 관리하고 유지하는데 제한이 따르므로 많은 고객을 상대로 하는 상품에서는 적합하지 않은 수단이라 할 수 있다.

5) 사람

사람(People)이야말로 관광마케팅에서 가장 중요한 변수라고 할 수 있다. 이는 유·무형의 관광상품이 소비자에게 전달되는 과정에서 그 매개변수로 사람이 항상 존재하기 때문이다. 특히 서비스와 결부되어지는 '사람'이라는 요소는 제품의 질을 유지시키는 가장 중요한 포인트이다. 최근 들어 이러한 사람에 대한 인식을 새롭게 하고 표준화된 서비스의 산출을 위해 많은 호텔 및 관광관련기업에서 막대한 비용을 인적 자원관리에 투입하고 있는 현실이다.

서비스 운영의 성공을 위해 올바른 인적자원 관리전략이 필요하다. 따라서 이를 위해 직원을 어떻게 채용하고 동기를 부여해서 유지할 것인가에 대해 고심한다. 또한 서비스 직원은 우수한 서비스 제공을 통한 고객만족, 생산성, 매출액 제고 등 3가지 차원에서 그들의 직무를 수행하게 된다.

한편, 직원들과 관련한 내부고객만족도 중요하나, 이러한 직원만족이 필요조건이기는 하지만 우수직원 확보만큼 충분조건은 아니라는 점을 인식하여야 한다. 서비스기관에서는 "올바른 출발은 올바른 사람을 채용하는 것에서부터 시작된다."라는 말이 더욱 더 적용된다. 적임자만이 가장 강력한 자산이라고 할 수 있다.

6) 서비스 과정

서비스 과정(Service Process)이란 서비스가 전달되어지는 절차나 메카니즘 또는 활동들의 흐름을 의미하는 것으로 서비스 운영체계와 서비스 경로가 어떻게 연계되어 고객들에게 서비스 경험 및 결과물을 창출하는가를 말한다. 특히 서비스 제공자와 고객 간 서비스 접촉빈도가 높은 고접촉서비스에서의 서비스 과정은 고객들 자체가 서비스 운영체계의 한 부분으로 통합되어 운영됨으로써 더욱 중요하게 작용하게 된다.

일반적으로 미흡하게 구성된 서비스 과정은 낮은 품질의 서비스를 전달하거나 서비스시간을 지연시키게 되므로 고객들의 불편을 초래한다. 또한 서비스 일선직원들에게는 올바른 직무수행을 방해하여 낮은 생산성을 초래하는데, 이는 서비스 실패의 가능성을 증가시키게 된다.

서비스 마케터의 입장에서 서비스과정이 어떻게 이루어지고, 서비스 운영체계의 어떤 부분에서 서비스와 고객이 어우러지는지에 대해 살펴보는 것은 매우 중요한 직무 중의 하나이다.

서비스는 일정한 결과물을 갖는 경우도 있지만 대부분의 서비스는 일련의 과정이며, 흐름의 형태로 전달되어진다. 따라서 서비스과정은 서비스 상품 그 자체이기도 하면서 동시에 서비스 전달과정인 유통의 성격을 가지게 된다.

서비스과정에서의 고객은 과정 자체에 참여하게 되는 일정한 역할을 수행하기 때문에 단지 서비스 결과물만을 평가하는 것이 아니라 서비스를 제공받는 전 과정과 거기서 얻어지는 경험을 훨씬 더 중요하게 받아들인다. 이러한 서비스과정과 직원들의 업무처리능력은 고객의 눈에 가시적으로 보이게 되므로 서비스의 품질을 결정하는 매우 중요한 역할을 하고, 구매 후 고객만족과 재구매 의사에 결정적인 영향을 끼칠 수 있다.

그렇기 때문에 서비스 과정을 설계할 때에는 고객이 느끼는 점들에 대해 특별히 주의해야 하고 반드시 고객의 관점에서 접근해야 한다.

7) 물리적 환경

관광서비스의 물리적 환경(Physical environment)은 복잡하고 다양한 요소로 구성되는데, 주변요소, 공간적 배치와 가능성, 표지판, 상징물과 조형물 등이 있다.

표 8-2 관광서비스 환경

서비스 스케이프		기타 유형적 요소
〈시설 외부〉	〈시설 내부〉	
• 시설의 외형, • 외부 디자인 • 간판 등의 안내표지판 • 주차장 • 주변 환경	• 내부 장식과 표지판 • 벽의 색상 • 가구 • 시설물 • 실내공기/ 온도	• 직원 유니폼 • 광고 팜플릿 • 호텔 소개책자 • 청구서 및 영수증 • 메모지 • 상품안내서

자료 : 저자 작성

(1) 주변요소

주변요소는 시각, 청각, 후각, 미각, 촉각과 같은 인간의 오감에 관련된 요소로, 음악, 향기 등과 같은 환경의 배경적 특성들을 일컫는다. 이러한 주변요소는 때로는 사람들이 인식하지 못하는 경우에도 정서적 상태·인식 혹은 태도 및 행동에 영향을 미치게 된다. 이렇게 수많은 요소로 구성되는 주변요소는 고객들에게 어떤 요소 하나하나가 별도로 다가오는 것이 아니라 전체적으로 통합되어서 인식되어지는 게스탈트(gestalt : 모든 대상을 부분이 아닌 조직된 덩어리로 지각하는 경향) 개념으로 다가오게 된다. 이러한 이유 때문에 관리자가 의도하는 서비스 환경을 창출하기 위해서는 수백 가지의 다양한 디자인과 미세한 부분까지도 함께 통합하여 운용하여야 한다.

이러한 최종적인 분위기는 고객들이 서비스 시설을 무드 있는 시설로 인식하게 되는데, 이러한 주변요소로는 음악, 향기, 색채 및 조명, 서비스 시설의 사이즈 및 형태, 온도 등을 포함한다. 이러한 여러 요소들이 통합되어 고객들에게 적절하게 인식됨으로써 바람직한 고객들의 반응을 이끌어내게 된다. 인간의 오감은 미묘한 차이에도 신속하고 강력하게 반응한다. 따라서 음악, 향기, 색상, 조명 등을 적절히 활용하게 되면 소비자들의 감성에 보다 쉽게 호소할 수 있다. 그러므로 이러한 요소들을 소비자들의 욕구나 목표, 소비자들의 특성, 그리고 제품의 특성 및 브랜드 컨셉 등을 파악하여 일관성 있고 시너지 효과를 낼 수 있도록 적절히 활용해야 할 것이다.

가. 음악

음악을 마케팅에 처음 이용한 것은 호텔의 로비나 사무실 등에서 조용하면서 쾌적한 환경을 만들기 위함이었으나, 점차 서비스 시설이나 매장에서 서비스와 관련하여 고객의 인식 및 행동에 강력한 영향을 미치게 되었다. 예를 들면 느린 박자의 음악은 빠른 박자의 음악보다 레스토랑 등의 서비스 시설에 더 오래 머물게 하고, 친숙하지 않은 음악이 친숙한 음악보다 쇼핑객들로 하여금 더 많은 쇼핑을 하게 된다.

한편, 음악을 효과적으로 사용하게 되면 고객이 서비스를 기다리는 시간에도 대기시간에 대한 인식 측면에서 좀 더 짧은 시간으로 인식하게 되며, 고객만족을 증대시키는 효과가 있다.

나. 향기

음악과 마찬가지로 향기도 어떤 특정한 심리상태로 사람들의 사람들을 유도하며, 이 특정한 심리상태가 사람들의 행동에 영향을 미치게 된다. 이런 향기는 서비스 시설에 배어 있으면서 고객들이 의식적이거나 혹은 무의식적으로 인식하는 요소이다.

이러한 서비스 시설의 향기는 고객들의 감정적 혹은 평가적 반응, 기분에 강력한 영향을 미치며 또한 매장 내 행동 및 구매의사에도 영향을 미치게 된다.

후각연구가인 Hirsch(1991)는 10년간의 연구를 통해 향기 및 미각을 잘 이용하면 인간의 행동을 효율적으로 관리할 수 있다고 했는데, 예를 들어 치과 진료실의 대기시간의 느낌을 이완시키거나, 체육관에서 좀 더 강한 훈련이 되게끔 활력을 불어넣을 수 있게 된다는 것이다.

다. 색

소비자들이 자극을 받아들이는 과정은 감각, 주의, 지각, 이해의 순으로 진행된다. 따라서 감각은 매우 중요한 자극 수용기관이다. 이 오감 중에서 가장 중요한 것이 시각인데, 인간의 오감 중 가장 발달한 기관이기도 하다. 소비자가 제품에 대해 가지는 첫인상의 60%는 색상에 의해 결정된다고 한다. 색은 자극적, 정적, 표현적, 감정적, 교란적, 문화적, 격정적, 상징적 특성을 가지고 있어 생활 모든 면에 파고들어 많은 영향을 미치고 있다.

표 8-3 색에 대한 연상 및 반응

구분	따뜻한 정도	자연 상징물	색에 따른 일반적 연관과 반응
빨간색	따뜻한	지구	고 에너지와 열정: 흥분 및 자극
주황색	가장 따뜻한	일출	감동, 표현, 온정
노랑색	따뜻한	태양	낙관주의, 순수함, 지적임, 분위기 고조
녹색	시원한	성장 잔디와 나무	교육적인, 회복시키는, 무조건인 사랑
파란색	가장 시원한	하늘과 바다	안정, 고요함, 충성심
남색	시원한	일몰	화해와 신성함
보라색	시원한	바이올렛 꽃	신성함, 스트레스 제거, 내적인 안정을 만듦

자료 : Lovelock Christopher & Wirtz Jochen, 2007

색상을 이용하여 서비스 시설 내부의 고객이 느끼는 온도를 조절할 수가 있는데, 일반적으로 따뜻한 색은 기분 및 환기상태를 돋우어주면서도 근심 정도도 높여주게 된다. 반면에 차가운 색은 환기상태를 감소시켜주며 평온함, 안정감, 애정 및 행복감 같은 감정을 이끌어낸다.

서비스 환경 하에서 색에 대한 선호도는 사람마다 다르겠지만 일반적으로 따뜻한 색에 대해 더 끌리는 것으로 나타났다. 따뜻한 색은 빠른 의사결정에 도움을 주고, 저관여 상황의 의사결정 및 충동구매에 가장 적합한 색이며, 차가운 색은 고관여 상황의 의사결정에 시간이 필요한 경우에 도움이 된다.

한편, 사람들이 생활을 하는데 있어 중요한 것 중의 하나는 빛이다. 빛은 인간의 사고와 행동에 큰 영향을 미치기 때문에 서비스 매장에서는 특히 조명에 관심을 기울일 필요가 있다. 밝은 빛은 자극적이어서 사람들로 하여금 활동적으로 만드는 반면, 적당한 빛은 차분하고 안정적인 분위기를 만들어 주게 된다.

(2) 공간적 배치와 기능성

관광서비스 환경하의 공간적 배치와 기능성(special layout & functionality)은 고객의 요구 및 특정 목적을 수행하는 측면에서 특별히 중요하게 여겨진다. 공간적 배치는 가구, 수납공간, 장비 및 기계류의 정렬되는 모양이나 크기를 말하며 이들 간의 공간적 관계를 말한다. 기능성은 고객과 직원의 목적 달성을 용이하게 하는 능력을 뜻하는 것으로 상기 물품들이 서비스 업무의 수행을 용이하게끔 하는 정도를 의미한다. 이러한 공간적 배치와 기능성은 고객들의 구매행위, 고객만족 그리고 서비스 기관의 업무수행에 영향을 미친다.

서비스 환경의 공간배치와 기능성은 직원에 대한 의존 없이 자신이 직접 서비스를 수행해야 하는 셀프서비스 환경에서 특히 중요하다. 따라서 ATM, 셀프서비스 식당, 주유소, 인터넷 표시의 기능성은 고객만족에 결정적인 영향을 미치게 된다.

(3) 표지판, 상징물과 조형물

서비스 시설의 외적인 요소들이 회사의 이미지를 전달하거나 특정구역 및 부서, 출입구의 안내, 금연 및 줄서기 안내 등의 행동지침을 제공함으로써 외재적·내재적 신호로서의 역할을 수행한다. 서비스시설에 처음으로

내방하는 고객들은 시설내의 표지판, 상징물과 조형물(sign, symbol & artifacts)을 이용하여 각종 시설 등을 이용하는 경우가 많으며, 이를 통해 서비스 과정 및 시설에 대한 수준과 형태, 그리고 기대감에 대한 단서를 얻는 경우가 많다.

고객들이 서비스시설의 표지판, 상징물과 조형물로부터 올바른 의미전달을 못 받게 되면 서비스 진행이 불확실해지거나 불안감을 가져오므로 바람직한 서비스 전달이 어려워지게 된다. 이러한 표지판, 상징물과 조형물이 혼란스럽게 되어 있으면 특히 경험이 없거나 처음 내방하는 고객들은 간혹 길을 잃어버려 서비스 실패를 경험하게 된다. 대부분의 사람들은 호텔, 공항, 쇼핑센터 등에서 표지판, 안내판 등의 시설에 익숙하지 않을 때, 길찾기 등의 애로를 겪게 되는 경우가 많다.

서비스시설 환경의 설계자들은 서비스 전달과정에서 고객들이 명확하게 안내될 수 있도록 표지판, 상징물과 조형물을 설계해야 한다. 특히 서비스 현장 내 직원들이 부족하거나, 셀프서비스의 비중이 높거나, 신규고객이나 이용 빈도가 낮은 고객들이 비율이 높아진 경우에는 표지판, 상징물과 조형물의 역할이 더욱 중요하게 작용한다. 이러한 상황 하에서 표지판, 상징물과 조형물은 고객들에게 서비스과정이 어떻게 이루어질 것인가를 예측하게 해줌으로써 서비스과정이 명확하게 이루어지게끔 하는 역할을 하게 된다.

(4) 관광서비스 환경요소로서의 직원관리

관광서비스 직원과 고객들의 외양 및 행동은 서비스 환경으로부터 창출되는 서비스시설에 대한 인상을 강화시키기도 하고 떨어뜨리기도 한다. 대부분의 고객들은 서비스제공자에 의해 창출되어지는 주변 분위기 뿐 만 아니라 그들의 외양이나 행동에 의해서도 영향을 받게 되기 때문에 이에 대해 특별히 신경을 쓰고 있다.

관광서비스 직원들의 용모는 제공받게 될 서비스 품질에 대한 고객들의 인지적 신념에 종종 영향을 미친다. 직원들이 고객들에게 전달하게 될 이미지를 통제하기 위해서 호텔은 직원들에게 유니폼을 입도록 하고 있는데, 이는 직원들의 용모를 인지적이고 감정적인 모델로 고객들에게 전달하도록 하는데 목적을 두고 있다.

관광서비스직원들의 행동과 분위기가 고객들에게 영향을 미치는 반면, 고객들의 행동과 분위기도 관광서비스 직원들에게 영향을 줄 수 있다. 신경질적이거나 기분이 저조한 고객보다는 기분이 좋은 상태에 있는 고객들에게 더 나은 서비스를 제공하게 된다.

8) 패키징과 프로그래밍

패키징(Packaging)과 프로그래밍(Programming)은 관광산업만의 독특한 마케팅 믹스 구성요인이다. 이것들은 관광제품 및 서비스의 특성인 서비스의 즉각적인 소멸성과 수요·공급을 일치시키는 문제를 극복하도록 돕는데 사용될 수 있기 때문이다.

관광기업에서 패키징의 개념은 다양한 서비스를 고객에게 소구력 높게 제시되도록 묶고 관광객들이 이용하기 편리한 제공물이 되도록 결합하는 것을 의미한다. 즉, 관광기업들이 상호 관련되거나 보완관계에 있는 서비스를 단일가격 체계 내에 결합하는 과정을 패키징이라 부르고 이를 관광객에게 제시하여 관광행동을 구체적으로 일으키게 하는 상품을 패키지 상품이라고 한다.

관광서비스를 구매하는 관광객은 여러 가지 개별적 서비스를 따로 구입하는 것보다 포괄적인 시스템으로 구입하는 경우가 많다. 이러한 요구에 부응하기 위해 패키지 상품에 어떤 서비스를 포함시킬 것인가 하는 문제는 관광기업에서 매우 중요하다. 왜냐하면 패키지 상품에 내재된 특정 서비스에 관광객이 불만족하면 패키지 전체에 대한 불만으로 이어져 반복구매를 회피함은 물론, 부정적인 구전의 형성에 참여할 가능성이 크기 때문이다.

패키징 프로그램의 다른 중요한 특징은 서비스와 제품을 해당목표시장의 욕구와 일치시키는 수단을 제공한다. 예를 들어 관광산업은 모든 여러 특별관심단체(Special Interest Group)를 위한 다양한 패키지 상품을 제공한다. 패키징은 목적지 믹스의 많은 요소들을 묶고 여러 개의 관광조직체의 서비스와 제품을 결합한다는 측면에서 또한 중요하다. 패키지는 하나의 가격으로 여러 개의 서비스와 제품을 포함하는 관계로 고객에게 편리하다.

한편, 프로그래밍(Programming)도 관광기업에서 중요하다. 프로그래밍은 고객소비를 증가시키거나 특정 패키지나 관광서비스에 매력성을 첨가시키기 위해서 특별활동과 이벤트 혹은 다른 종류의 프로그램을 제공하는 것을 의미한다.

프로그래밍은 현재 관광기업이 제공하는 서비스에 추가적인 소구가 부여되도록 특별히 기획된 행사나 활동을 의미하므로 관광객의 구매를 자극하는 한편, 그들이 특정 서비스나 서비스 패키지에 지속적인 관심을 갖도록 만드는데 유용하다.

상당수의 패키지는 프로그래밍 요소를 자체에 포함하고 있으므로 패키징과 프로그램은 불가분의 관계에 있다. 예를 들면 관광에는 항공편 예약, 현지관광, 숙박 등은 물론이고 이벤트 프로그램이 포함되어 있기 때문이다.

패키징과 프로그램이 관광 마케팅에서 차지하는 역할과 중요성은 막대하다. 패키징과 프로그래밍이 상호 결합되면 관광관련 기업은 다음과 같은 이점이 있다.

첫째, 서비스 제공자는 핵심서비스의 수요증대와 함께 부수적 서비스의 수요도 창출시킨다. 패키지 가격을 통한 원가의 절감은 관광수요를 자극한다.

둘째, 패키지 가격을 통해 시너지 효과(synergy effect)를 발생시키므로 저렴한 가격으로 관광 서비스를 제공할 수 있다.

셋째. 관광기업은 수요를 균등화시킬 수 있으며, 1인당 소비액을 증대시킴은 물론 반복구매를 유도하여 수익성을 향상시킨다.

넷째, 다양한 욕구를 가진 특정수요 집단에 적합한 시장세분화 전략을 구사할 수 있으며, 서비스를 보완하여 매력적인 서비스 상품을 창출시킨다.

패키지 프로그램 상품이 성행하게 된 이유를 고객 측면과 관광 참여업체의 측면에서 보면 〈표 8-4〉와 같다.

표 8-4 패키지 프로그램 성행이유

대상	내 용
고객 측면	■ 편리성 – 관광객의 구매행위 단순화, 다수의 서비스를 단일가격으로 구매 ■ 경제성 – 비용절약으로 경제적 이익, 구성요소 선택의 어려움과 번거로움 해결 ■ 서비스 품질의 지속적 확보 가능 – 다양한 패키지 프로그램의 내용과 품질을 상호 비교 가능하여 선택의 폭이 넓어짐 ■ 특화된 관심사항을 만족시킴 ■ 관광효과 제고
참여 업체 측면	■ 수요 균등화 – 비수기의 업무량 증대, 평균비용 절감 ■ 특별한 목표관광 시장에 대한 소구력 향상 ■ 업무량의 예측 가능과 효용성 개선 ■ 시설물, 매력물, 행사자원의 완벽한 사용 – 항공기, 호텔 등의 유휴성 방지 ■ 새로운 시장성향에 관한 정보 파악의 가능과 융통성 확보 ■ 빈번히 여행하는 관광객에게 적극적으로 접근 ■ 체재일수 및 관광 소비량의 증대 ■ 관광객의 만족도 향상 ■ PR 및 홍보효과 제고

자료 : 신도길 외(2009) 참고하여 저자정리

9) 파트너십

관광기업에서 파트너십(Partnership: 전략적 제휴 또는 제휴마케팅)이란 공동목적을 가진 몇 개의 자율적인 관광기업들이 부분적으로 사업영역과 특정자원을 공유하는 유연한 결합을 의미한다. 이러한 결합은 경쟁관계가 날로 심화되어 가고 있는 오늘날의 관광업계에서 영역이 다른 관광기업의 자원을 활용함으로써 마케팅 비용을 절약하고, 이용객의 유치를 더욱 적극화하여 수입증대를 도모하므로 유용한 대안으로 평가받고 있다.

파트너십은 2가지 이상의 관광목적지 혹은 조직체를 포함하는 협조마케팅 프로그램을 의미한다. 이처럼 2가지 이상의 관광기업이 관련되었을 때 패키지는 제휴개념이 되고, 제휴광고 또는 공동광고는 대표적인 제휴마케팅의 사례가 된다. 국제적으로 경쟁이 격화되고 있는 관광산업에서도 다른 조직체와 함께 자원을 공유하는 것은 성공에 도움을 준다. 관광지들은 항공사, 호텔, 여행사들과 제휴하여 유치 및 홍보를 위한 공동마케팅을 실시하고 있다. 협조광고(cooperative advertising)의 예를 들면 캐리비안 제도의 섬들은 '작은 스위스(little Switzerland)'개념을 광고하기 위해 힘을 합쳤다.

전략적 제휴 또는 파트너십은 제휴참가 관광관련기업들로 하여금 각종 자원의 상호보완을 통해 다양한 이익을 창출시킨다. 기술과 정보의 공유, 위험 분산, 규모의 경제성, 그리고 관광기업의 조직 활성화를 통해 자기업의 비용구조와 수요구조에 유리한 영향을 미친다. 그러나 관광관련기업의 전략적 제휴는 보상도 크지만 이에 못지않게 위험도 수반된다. 전반적으로 제휴관계는 관광기업간의 이해관계의 결합이며, 인간관계의 확대이므로 갈등요인이 상존하기 마련이다.

제휴에 따른 위험을 극복하고 효과적인 전략적 제휴목적을 달성하려면 참여관광기업들은 ① 자사의 전략적 위치와 제휴의 당위성 분석 → ② 최적 파트너 선정 → ③ 성공적인 제휴를 위한 협상지침의 준비 → ④ 다각적인 협상전략의 모색 → ⑤ 협상내용의 구체화 → ⑥ 법적 구조 및 재무관계의 매듭이란 단계를 거치면서 다음 사항을 철저히 검토하여야 한다.

첫째, 제휴관계를 모색하고 있는 관광기업은 자기업을 중심으로 어떠한 관광기업과 제휴를 맺어야 시장의 요구에 가장 효과적이고 적합한가를 분석해야 한다. 이와 함께 파트너 간에 비용과 위험을 분산시키면서 상대로부터 기술 및 정보와 관련된 전문성을 확보할 수 있는가를 평가하여야 한다.

둘째, 파트너가 자기업의 취약부분과 약점을 최대한 보완할 수 있는가를 분석하여야 한다.

셋째, 파트너가 현재 경쟁력이 강하며, 관광객들로부터 호의적인 평판을 받고 있는가를 확인해야 한다. 만약 그렇지 못할 경우 가까운 장래에 성장 가능성이 있는 관광기업인가를 확인해야 한다.

넷째, 제휴관계의 성립은 종사원들 간에 미리 충분한 이해가 있어야 하고, 또 그들의 적극적인 협조가 전제되어야 하므로 제휴관계가 종사원들에게 유용한 현장훈련의 기회가 되어야 한다.

다섯째, 제휴관계의 성립 이후 제휴 관광기업의 경영자들은 서로 미래의 발전을 위한 기획 프로그램을 개발할 수 있는 능력이 있어야 하고, 이를 위해 제휴관광기업들은 제휴관계를 맺기 전에 시장공략 방안을 명확히 설정해 두어야 한다.

Ⅳ. 고객만족

고객만족(Customer Satisfaction : CS)은 1970년대 시장을 잃기 시작한 기업들이 그 손실을 회복하고, 만회하기 위하여 이러한 기본 원리의 사용에서 시작되었다. 고객만족은 병원 및 기업의 이익과 직결되어 있으므로 고객만족의 수준을 높이면 관광기업의 이익이 증가한다.

고객을 만족시키기 위한 요소는 직접적 요소와 간접적 요소로 구분할 수 있다. 직접적 요소는 일반적으로 상품 및 서비스로 구분할 수 있고 여기서 다시 세분화된 요소가 작용하여 고객의 만족 또는 불만족의 결과를 나타낸다. 간접적 요소로는 기업 이미지가 있는데, 이것은 기업이 고객을 통해 이익을 창출하는 조직체이므로 고객이 직면하고 있는 사회적 문제를 공동으로 해결하는 등 사회적 마케팅을 실시하고 있다.

표 8-5 고객만족 경영의 3요소

종류		요소	내용
직접 요소	Hardware (상품)	고객이 직접 접하는 물리적 요소	시설, 장비, 환경, 주차장, 부대시설
	Software (고객서비스)	고객과 직·간접으로 접하는 무형의 요소	서비스 내용, 대기시간, 상담시간, 이용편리성, 불만처리, 홍보, 예약시스템, Q&A
간접 요소	Humanware (이미지)	서비스를 제공받으면서 느끼는 요소	태도, 복장, 말투, 친절, 절차, 전화응대

자료 : 저자작성

고객만족 서비스를 성공적으로 실천하는 관광기업은 경쟁병원 및 기업보다 고객을 더욱 만족시킬 수 있기 때문에 경쟁우위확보효과를 기대할수 있다. 고객만족 서비스의 효과는 크게 3가지로 볼 수 있는데, 첫째는 재구매 고객 창출이고, 둘째는 비용절감, 그리고 셋째는 최대의 광고효과이다.

만족한 고객은 반복 구매시에도 같은 상표를 찾게 됨으로써 상표 충성도(Brand Loyalty)를 갖게 되므로 한번 이루어진 고객과의 관계를 평생의 고객으로 유지할 수 있는 가능성이 커지는 것이다. 고객에게 만족을 주고, 나아가 고객이 반복 구매할 수 있도록 해야 한다.

반복구매고객을 확보하기 위해서는 고객의 기업에 대한 의존도를 제고시키는 것이 필요하다. 즉, 전환비용을 극대화시키는 것이 매우 중요한 작업이 되며 이것이 관계마케팅의 시발점이 된다. 그리고 고객에게 최대의 만족을 제공함으로써 고객이 타제품을 선택하지 않도록 제품에 대한 의존도를 높이도록 해야 한다.

그리고 신규고객 확보는 많은 노력이 필요하지만, 고객이 처음 소비한 제품에 만족하여 재구매나 반복구매를 하게 되면 그 제품을 구매하도록 설득할 필요가 없기 때문에 판매비, 광고비 등이 크게 절감될 뿐만 아니라 고객 설득에 드는 시간을 A/S나 고객의 불만해결에 사용할 수 있다.

또한 제품에 만족한 고객은 구전을 통해 당해제품의 광고효과를 극대화시켜주는데, 구매행동에 가장 중요한 영향을 미치는 것은 마케터의 촉진보다 소비자들 간에 자연스럽게 이루어지는 호의적 커뮤니케이션이다. 고객만족은 구전효과로 인해 어떤 대중매체 홍보보다도 뛰어난 효과를 발휘해주며 적은 노력으로 최대의 홍보효과를 추구할 수 있게 해준다.

Chapter 09

관광개발

Chapter 09
관광개발

Ⅰ. 관광개발의 개념 및 목적

1. 관광개발의 개념

인간의 관광욕구를 충족시켜 주기 위한 사회의 필요성에 의해 나타난 공급측면의 관광개발은 최근 경제성장과 여가시간의 증대, 사회적 인식과 가치관의 변화 등에 따른 관광수요의 증가추세와 더불어 관심의 대상이 되고 있다. 관광개발이 나타내는 각종 효과 중에서도 특히 국가나 지역의 경제적 효과가 높은 평가를 받고 있다.

관광개발은 수요와 공급 간의 조화로서 각종 편익효과 제고를 추구하는 데 기본 목적을 두고 있는데, 이러한 기본 목적의 구체적 내용은 지역 또는 국가의 균형있는 경제발전을 도모하고, 궁극적으로는 총체적 사회편익의 극대화 실현에 있다.

다시 말해 관광개발은 고용기회의 유발, 소득증가, 세수입 증대 그리고 경제구조 다변화 등의 경제적 편익을 제공하고 지역과 국가의 경제 활성화와 성장에 효과적인 수단이며, 사회가 추구하는 경제·사회적 목표에 기여하고 있다.

관광개발은 주체와 대상에 따라 목적과 내용이 달라질 수 있다. 개발주체가 공공부문인지 민간부문인지, 개발규모가 대규모인지 소규모인지에 따라, 목적과 내용이 달라질 수 있다. 또한 개발대상이 관광 공급측면인지, 수요측면인지, 중점이 관광자원, 관광시설, 관광서비스, 관광홍보, 관광진흥, 관광마케팅 중 어느 것인가에 따라 관광개발의 정책과 방향이 달라질 수 있다.

관광개발의 정의를 살펴보면, 관광자원의 가치를 보다 효과적으로 보전하고 새로운 가치를 증진시킴으로써 관광자원의 특성을 살려 관광활동상의 편의를 증진시키고 관광객의 유치와 관광소비의 증대를 목적으로 하는 개발사업을 말한다.

관광개발의 개념을 정리하면 첫째, 관광자의 욕구를 충족시키고 지역민의 편의를 증진시키기 위하여 관광자원의 가치를 증진시키고 둘째, 관광자 이용편의를 증진시키기 위한 교통 및 정보체계와 각종 관광이용시설 및 서비스를 정비하며 셋째, 지역 및 국가의 경제뿐만 아니라 나아가 사회 발전을 도모하기 위한 일련의 과정으로 정의할 수 있다.

그러나 관광개발의 개념은 관광현상의 다양화에 따라 이에 대응하기 위한 광의의 의미를 내포하게 되고, 이러한 추세는 시대변화에 따른 관광개발에 대한 개념변화를 가져올 것이다.

2. 관광개발의 목적

관광개발의 주요 목적은 저개발지역의 산업진흥으로서 고용기회 증대와 교역의 원활화를 도모하는데 있다. 그러나 이 외에도 관광개발사업은 증가하는 관광수요와 지역 및 국가개발이라는 2가지 요청을 동시에 충족시켜야 하므로 양면의 조화가 중요하다.

따라서 국가차원에서는 관광자 효과와 국민경제적 효과를 포함한 종합적 효과를 추구하는데 있고, 지역차원에서의 관광개발은 경제효과를 위주로 한 지역진흥을 목표로 관광소비증대에 전적으로 의존하게 된다.

관광개발의 목적을 정리하면 첫째, 관광공간을 제공하기 위하여 둘째, 지역이나 국가경제를 발전시키기 위하여 셋째, 관광자원의 가치를 증가시키고 넷째, 관광자원과 관광자 보호이다. 이들 목적을 달성하기 위한 관광대상은 자연·인문관광자원, 교통기반시설, 각종 관광시설자원, 정보조직과 제공체계, 각종 서비스체제 등이며, 이들에 대한 구체적인 내용은 다음과 같다(이미혜, 2002).

① 관광공간 제공

관광공간을 제공한다는 것은 인간이 여가시간에 일상생활권을 벗어나 매력적인 자연과 문화 등의 환경에 접하려는 욕구를 충족시키기 위한 공간을 제공하는 것이다. 이렇게 함으로써 국민의 건강을 증진시키고, 문화교류, 근로의욕 고취, 생활의 질 향상 등이 이루어진다.

② 경제발전

관광개발은 지역과 국가경제를 발전시킬 수 있다. 관광개발로서 개발투자효과, 고용증대, 관광소비에 의한 관광수입 증대 등의 경제효과가 지역이나 국가개발을 촉진하여 궁극적으로 경제발전을 도모한다.

③ 관광자원 가치증대

관광자원 가운데는 자연 그대로의 자원 자체가 매력적인 관광자원이 될 수 있지만, 매력적인 관광자원의 가치만으로는 관광자를 유인할 수 없다. 다시 말해 자연과 인문관광자원만 가지고 있다하여 관광객을 유치하기에 충분한 조건이 갖추어진 것이 아니라 그 곳에 놀이시설·숙박시설·편의시설 등 관광시설이 적절하게 추가됨에 따라 관광활동을 하는데 즐거움과 재미를 더하거나 편리해질 수 있어야 관광수요가 증가한다는 것이다. 그리고 이로인해 관광서비스의 생산과 소비 증가추세도 이루어질 수 있게 된다는 것이다.

④ 관광자원과 관광자 보호

관광개발을 통하여 관광자원과 관광객을 보호한다는 것은 무분별한 관광자원 이용을 미연에 방지한다는 것과 관광객이 관광활동과정에서 발생하게 될 각종 자연적 또는 인위적 사고 등에 대하여 사전에 방지하는 것을 의미한다.

Ⅱ. 관광개발의 대상 및 유형

1. 관광개발의 대상

관광대상은 관광자원과 관광시설을 의미하는데, 이는 관광행동을 일으키게 하는 매력이나 유인력을 지닌 것으로 관광자의 욕구를 충족시키는 모든 목적물을 말한다.

관광개발은 자원이 가지는 관광효과와 관광가치 증대가 과제이므로 이를 효율적으로 수행하기 위해서는 다음과 같은 내용들을 검토하여야 한다(정석중 외, 2001).

첫째, 관광자원의 정비와 보완을 중심으로 한 개발을 들 수 있다. 관광자원은 관광개발을 통해 인간의 관광욕구를 충족시킬 수 있으므로 관광자원의 개발방향은 자원 특성에 따라 추진되어야 한다.

둘째, 관광편의를 도모하는 제반시설을 들 수 있다. 제반시설은 관광지에 이르기까지의 도로를 비롯한 교통수단과 관광지에서 필요한 숙박시설, 식당시설, 오락시설, 스포츠시설, 레크리에이션시설 등의 수용시설을 총칭하는 것이다. 이러한 제반시설들은 관광자원의 특성과 조화를 이루어야 한다.

셋째, 관광을 진흥시키기 위한 제도정비가 필요한데, 시설개발정비에 치중하는 진흥시책과 제도의 정비도 무시할 수 없다.

이러한 내용을 중심으로 한 구체적인 관광개발대상은 관광자원, 교통기반시설, 각종 관광시설자원, 관광관련 정보조직과 제공체계, 각종 서비스개선 등에 관한 것이다.

1) 관광자원

새로운 자연관광자원을 개발하여 환경을 정비하고, 문화재를 수집하고 진열·복원·보수·증축하는 일련의 개발행위가 관광자원의 개발에 해당된다. 관광행태가 변화함에 따라 관광자원에 대한 가치부여에도 변화가 발생하게 되며 관광자원 영역도 넓어지게 된다.

관광행태 추이를 보면 과거보다 적극적·동적·능동적으로 변화하고 있는데, 관광자원 가치가 높다는 것은 일반적으로 관광객 유치능력이 크다는 것을 의미한다. 따라서 관광행태 변화에 맞추어 관광자원 가치를 높게 하기 위해서는 종래 관광자원에 한정하지 말고 관광개발사업을 통하여 의도적으로 관광자원을 창조한다든가, 또는 부수적으로 해당관광자원과 관련한 각종 이벤트를 개최함으로써 관광자원 가치를 보다 증대시켜야 한다.

2) 교통기반시설

교통기반시설은 관광자에게 관광동기를 부여하기 위하여 필요하다. 출발지에서 목적지까지의 각종 도로와 교통시설 등의 교통기반시설을 정비함은 관광시장과 관광지 연결을 보다 원활하게 함을 말하는데, 이것은 관광개발사업의 가장 중요한 부분이 되고 있다.

교통기반시설을 정비함에 있어서는 지역사회의 요청, 지역조건, 경제사정 등을 고려해야 하며, 기존 교통망을 최대한 이용하되 관광루트상의 불완전한 부분의 개발정비에 중점을 두어야 한다.

3) 각종 관광시설

각종 관광관련시설을 개발한다는 것은 관광자 수용태세의 정비를 가리키는데, 이것은 관광자원을 중심으로 한 총체적 환경을 조성함과 함께 놀이시설·숙박시설·식음시설·휴게시설·안내시설 등의 체제와 환대기능을 가진 시설을 갖추는 것을 가리킨다. 이 밖에 생활기반환경의 정비도 중요한데, 상하수도, 오물과 쓰레기처리시설 정비, 공원과 가로수 등 미관시설의 정비 또한 필요하다.

4) 관광관련 정보조직과 제공체계

관광개발에서 정보조직과 정보제공체계를 확립한다는 것은 PR 및 홍보 등을 위하여 각종 정보매체를 효율적으로 이용할 수 있도록 함을 가리킨다. 이것은 지역이나 국가가 지닌 특성과 관광자원에 관한 정보를 제공할 수 있게 되는데, 정보제공은 관광자의 만족수준에 크게 영향을 미치게 될 뿐 아니라 관광시장 개척의 역할도 하게 된다.

5) 각종 서비스개선

관광관련서비스 개선은 관광종사자들의 자질향상을 위하여 어학실력 향상, 전문적 지식습득, 예절교육 등을 통하여 관광객에게 양질의 관광서비스를 제공할 수 있도록 하는 것 또한 관광개발의 중요한 대상이 된다.

2. 관광개발의 유형

관광개발의 유형기준은 다양한데, 관광대상 곧 객관적인 활용면에서의 관광개발 유형에 대한 각각의 내용을 설명하면 다음과 같다(정석중 외, 2001).

1) 자연관광자원 활용형

자연관광자원은 그 가치가 비교적 우수하기 때문에 관광개발이 용이하게 이루어진다. 자연관광자원은 산악·해안·온천·동굴·내수면 등이 있고, 자연감상·피한·피서·스키·해수욕 등의 관광활동이 이루어진다.

2) 인문관광자원 활용형

관광자원의 가치 활용에 있어서 유·무형의 인문관광자원을 활용하는 개발방식으로는 일상생활과 관련 있는 관습이나 풍속, 축제, 유물, 유서 깊은 역사적 건물이나 역사유적지, 문화재 등을 활용한다.

3) 교통편 활용형

현대에 있어서는 관광자가 일상생활권을 떠나 관광지까지 이동하는 접근성 문제가 관광지의 가치를 더욱 더 높이는 요인으로 작용하고 있다. 교통수단의 정비는 관광목적보다는 생활환경의 향상이나 경제활동의 추진목적으로 사회기반시설을 갖추고 교통체계를 정비하게 되는데, 부수적으로 관광개발도 이루어지는 것이다. 교통시설 이용상 편의와 이점을 살리는 방법으로 고속도로의 인터체인지, 철도역의 정차역, 도로변 휴게소, 항만·공항 등이 있는데, 주변은 관광자원의 가치가 그다지 뛰어나지 않아도 관광개발이 가능할 것이다.

4) 지명도 활용형

관광자가 특정 관광지를 방문하는 것은 이미 해당 관광지에 대한 관광지 가치나 매력요인에 관한 정보를 통해 비교우위성을 갖고 방문하는 관광행동으로 이루어지는 것이다. 다만 관광자원의 가치가 그다지 우수하지 못한 경우라도 잘 알려져 있는 경우에는 접근성 등의 편의성으로 관광객들이 많이 방문하므로 관광개발이 이루어져야 한다.

5) 관광대상 창조형

관광개발에 있어 특정 매력이 없는 관광대상일 경우에는 인위적으로 관광대상을 창조하거나 저해요인을 해소하는 개발방법도 있다. 그러나 이러한 유형은 관광대중화를 배경으로 하여 이루어지는데, 공공기관이 적극적인 관광개발에 편승하는 경우나 탁월한 창조력을 가진 민간 대기업이 아니면 실현이 불가능하게 된다. 따라서 공공부문이나 기업은 관광대상을 창조하는 관광개발을 위해 노력해야 한다.

6) 지역산업 활용형

지역특성을 기반으로 관광활동을 연계시킬 수 있는 개발형태로서, 지역산업인 농업·임업·어업 등을 활용하여 관광토산품, 향토음식, 축제 등과 같은 관광상품을 개발하는 방식이다. 이러한 개발유형은 지역경제성장을 촉진함으로써 가치가 높게 평가되므로 지역차원에서 중요하게 강조되고 있다.

Ⅲ. 관광개발의 권역화

1. 관광권의 개념 및 설정 의의

관광권의 일반적인 개념은 관광자원을 효율적으로 관리 및 보존, 그리고 개발하여 관광자의 요구를 충족시키기 위해 합리적으로 적정화한 지역이라고 할 수 있다. 따라서 일정지역을 단위로 한 관광권은 관광자원의 통일성과 독특성을 형성하여야 하며, 국토의 전반적인 공간질서면에서는 서로 유기적인 연계성을 확보하여 관광자원을 보다 다양하게 조성하여야 한다.

관광권의 설정으로 인해 각 권역 특성에 맞도록 관광자원을 특화하고, 관광관련 제반 정책수립에 있어서 관행정의 효율성을 높이며 관광지의 지역편중 억제와 관광개발에 의한 지역간 균형발전을 도모할 수 있다.

또한 산발적 개발로 인한 자연환경 파괴를 막고 투자의 효율성을 높일 수 있으며 관광자의 다양하고 체계적인 관광활동을 도모할 수 있다.

2. 관광권 변천과정

관광권역은 관광자원의 균형적 발전과 효율적 관리를 해 수차에 걸쳐 재설정되었는데, 최초의 관광권역은 1972년 제 2차 경제·사회발전 5개년 계획상의 10대 관광권 설정이다. 그 후 1979년에는 한국관광진흥장기계획상에서 8대 관광흡인권 24개발소권으로 조정되었고, 1983년 국민관광 장기종합개발계획에서는 8대 관광이용권 26개발소권으로 재조정되었다. 또한 1990년에는 제1차 관광개발기본계획에 근거하여 5대 관광권 24개발소권으로 조정되었고, 2001년 제2차 관광개발기본계획에 근거하여 7대 문화관광권으로 형성되어 시·도 관광권역별 개발을 사용하고 있다.

표 9-1 10대 관광권

관광권	관광지	권역의 기능	주요관광자원
수도권	서울, 인천, 수원, 청평, 북한산성, 남한산성, 판문점	수도로서의 복합기능(도시 관광지)	고궁, 박물관, 호수, 민속촌, 판문점, 골프장
부산권	해운대, 동래, 진해, 태종대, 범어사, 통도사, 해인사	항구도시로서의 복합기능(도시 관광지)	해수욕장, 온천, 벚꽃놀이, UN군 묘지, 사찰
경주권	경주, 김포, 포항	신라 고도로서의 사적문화 기능	신라문화유적지, 왕릉, 사찰, 박물관, 석굴암, 고대사적, 공업단지
제주권	한라산, 용연폭포, 만장굴, 천제연, 정방폭포	바다와 산, 동굴의 자연경관 종합위락기능	굴, 폭포, 분화구, 낚시, 수렵, 식물군락, 해수욕장
한려수도권	충무공유적지, 삼천포, 여수, 해금강, 오동도	해로와 섬의 자연경관, 이충무공 유적지	해안절경, 섬, 낚시터, 이충무공 유적지, 해수욕장
설악산권	춘천,강릉,원주,속초,설악산,오대산,치악산	산악과 해안의 자연경관	산악, 계곡, 폭포, 호수, 해안 등의 자연경관, 사찰, 스키장, 해안수욕장
부여권	부여, 공주, 유성, 온양, 내천, 계룡산	백제고도의 사적문화	백제문화유적지, 왕릉, 사찰, 성역, 온천, 해수욕장
속리·무주권	속리산, 덕유산, 법주사, 무주구천동	사찰 및 산악과 자연경관	사찰 및 산악과 자연경관사찰, 탑, 석물, 문화재, 계곡, 폭포
지리산권	남원, 구례, 지리산, 화엄사, 조계사, 송광사	산악의 자연경관	사찰, 지리산, 계곡의 자연경관
내장산권	내장산, 무등산, 모악산	산악과 단풍의 자연경관	사찰, 단풍의 자연경관

자료 : 문화체육관광부, 2001

1) 제1차 관광개발기본계획과 5대 관광권

관광개발기본계획은 전국적이고 장기적인 안목에서 관광자원개발계획을 수립하여 관광의 양적·질적 성장을 유도하기 위한 것이다. 제1차 관광개발기본계획(1992-2001년)에서는 관광자원을 효율적으로 개발이용관리보전하고 관광자의 욕구를 적극적으로 수용하기 위해 5대 관광권 24개 개발소권으로 권역화하였다. 또한 관광루트를 체계적으로 설정함으로써 관광활동이 보다 편리하고 쾌적하게 이루어지도록 주요관광지들을 연계하는 관광루트를 표준화하였다.

표 9-2 5대 관광권과 24개발소권

구분	대권	개발소권	비고
제1차 관광개발 기본계획	중부관광권	서울근교권	대권 : 개발소권을 전제로 하여 설 정하는 한편, 가급적 행정구역을 중 시하여 설정 소권 : 실질적인 개발 및 관리·운영 등의 강력한 제도적 자원을 전제로 하여 관광수요 및 공급측면과 자원 의 특성에 따른 기존 관광지 밀집도 를 최대한 고려하고 투자효율의 극 대화 등을 고려하여 설정하였다.
		인천해안권	
		춘천권	
		치악산권	
		설악산권	
		강릉태백권	
	충청관광권	태안해안권	
		공주·부여권	
		청주속리산권	
		충주호권	
	서남관광권	변산해안권	
		전주·군산권	
		지·덕산악권	
		광주근교권	
		서다도해권	
		남다도해권	
	동남관광권	주왕산권	
		안동권	
		대구근교권	
		울릉도권	
		합천권	
		부산·경주권	
		한려해상권	
	제주관광권	제주권	

자료 : 문화체육관광부, 2001년

2) 제2차 관광개발기본계획과 7대 관광권

제2차 관광개발기본계획(2002~2011년)은 급변하는 환경변화에 따른 새로운 비전과 전략을 제시하며 선진적 문화관광사회 육성에 적극 기여하기 위해 관광개발의 기본방향을 미래지향적으로 제시하는 계획이다. 기존 5대권 24소권 체제하에서 제기되었던 관광권역과 집행권역의 불일치로 인한 계획의 실천성 미비를 개선하기 위하여 관광권역의 구분을 16개 광역

지방자치단체를 기준으로 재설정하고 각 관광권역별 관광개발기본방향을 설정하였다.

표 9-3 7대 관광권

관광권역		거점지역	권역별 개발내용
제2차관광개발기본계획	수도권	서울(종로구, 중구, 용산구, 송파구)	국제 관광교류 중추도시로 육성
		인천(중구, 강화)	동북아 국제관광 관문도시로 육성
		경기(수원, 용인, 이천, 파주)	국제적 수준의 관광휴양지역으로 육성
	강원권	강원(속초, 춘천, 강릉)	청정 산악·해양 관광지역으로 육성
	충청권	충북(충주)	중부내륙 관광휴양지역으로 육성
		충남(공주, 부여)	서해안 해양관광 중심지역으로 육성
		대전(유성구)	첨단과학 특화관광도시로 육성
	호남권	전북(남원)	전통문화예술 관광지역으로 육성
		전남(목포, 진도, 영암)	다도해 해양·문화관광지역으로 육성
		광주(동구)	서남권 문화예술 관광도시로 육성
	대구·경북권	경북(경주, 안동)	전통 역사문화 관광지역으로 육성
		대구(중구)	동남권 역사문화관광 거점도시로 육성
	부산·경남권	경남(통영, 하동, 산청)	한려수도 해양·역사문화관광지역으로 육성
		울산(남구)	산업교류기반 문화관광도시로 육성
		부산(중구, 동구, 해운대구)	동북아 해양관광 거점도시로 육성
	제주권	제주(제주시, 서귀포)	국제관광자유지역으로 육성

※ 16개의 시도에 30개의 문화관광거점지역 설정

자료 : 문화체육관광부, 2007

이 계획은 전국을 7대 문화관광권으로 나누어 관광개발을 추진하는 것으로 문화관광거점지역 육성사업과 특화관광사업 추진으로 대별된다. 문화관광 거점지역 육성사업은 전국의 30개 지역을 선정하여 관광객이 불편하지 않도록 기반여건을 개선하는 것으로, 관광안내소 설치, 안내표지판 개량, 안내지도 제작 및 보급, 화장실 개량 및 신축, 해외홍보물 제작 및 배포, 관광서비스 개선 등이다. 특화관광사업은 거점지역을 중심으로 외국인이 선호하는 관광자원을 발굴 및 육성하는 것이다.

3. 광역권 관광개발

관광개발의 범위가 넓은 지역에 분포하고 있으므로 연계개발과 관리의 효율성을 위해 광역관광권을 채택하고 있는데, 광역관광권이란 2개 이상의 시·도 전부 또는 일부가 동질적인 특성을 지닌 관광자원 등을 함께 설정하여 놓은 권역이다.

이에 따라 광역권별 연계를 강화하는 관광개발사업인 6대 광역 관광권 개발사업을 추진하고 있으며, 남해안 관광벨트 개발, 유교문화권 관광개발, 서해안권 광역관광개발, 지리산권 관광개발, 동해안권 관광개발, 평화생명지대 관광개발 등 각 광역 관광권별로 지역 특성을 살려 관광개발이 추진되고 있다.

이는 지역경제 활성화 및 국가균형발전을 실현하기 위해 지역의 성장 가능성과 지역의 자원개발 잠재력을 토대로 각 권역별 관광발전 체계를 구축하는 것이다. 광역별로 유기적인 관광연계개발을 도모하고 있으며 광역권 관광개발사업의 진행 및 성과 등을 평가할 수 있는 체계를 「관광진흥법」 개정에 반영하여 제도화하고 있다.

표 9-4 광역권 관광발전체계 재정비를 위한 사업 방향

사업명		사업방향	사업시기
남해안 관광벨트 개발사업	(2000-2009, 총투자비 3조 6,257억원)부산~목포간 남해안 일원 29개 시·군, 64개 사업	종료시점의 도래에 따라 보완개선 사항을 남해안 관광클러스터 개발사업에 반영	~2009년
유교문화권 관광개발 사업	(2000-2010, 총투자비 1조 5,308억원) 경북 북부지역 4개시 7개 군, 186개 사업 추진	광역자치단체 차원에서 전담 기구를 설립하여 향후 사업추진의 마무리 및 포스트 사업추진을 위한 기반 조성	~2010년
서해안 광역관광개발 사업	(2008-2017, 총투자비 4조 967억원) 4개도 20개 사군, 3개 거점관광지 및 19개 연계 관광지 개발	안면도+대천, 새만금+변산, 무안(+영암·해남)을 서해안 3대 거점으로 하고 주변의 관광지와 연계하는 Hub & Spoke 방식으로 추진	2008~2017년
지리산권 광역관광 개발	(2008-2017, 총투자비 2,860억원) 3개도 7개 시·군, 관광 순환로 연계 사업 등 25개 사업	지역밀착형 특화개발을 위하여 자연 친화형 생태관광자원개발, 테마형 문화 관광자원개발, 도농 교류형 농촌체험관광자원개발 세 가지 개발전략에 따라 추진	2008~2017년
동해안권 관광개발	(2009-2018, 총투자비 4,727억원)4개 광역사도 11개 사군, 재미있는 관광 상품 이야기 등 25개 사업	중부권 광역관광개발계획 수립 : 기존 6대 관광광역권에서 소외된 지역인 중부권의 관광발전을 위해 중부권의 관광개발여건을 조사 및 계획수립 추진	2009년~
평화생명지대(PLZ) 관광개발	(2011-2020, DMZ와 민통선 및 접경지역의 남측 인접 10개 사군, 4개 권역, 6개 시범관광코스 개발		

Ⅳ. 관광루트와 관광코스

효과적인 관광자원의 이용은 관광객이 안전하고 편리하게 관광지에 접근하여 이색적인 경험이나 자신들이 원하는 혜택을 얻을 수 있도록 하는 데 있다. 즉, 관광자원의 이용이란 관광객과 관광계획의 실질적 관리이기도 하고, 관광지를 유지·보전하기 위한 계속적인 활동이라고 할 수 있다.

내용적으로는 관광지에 있어 관광가치를 저하시키지 않으며, 관광자원으로서의 매력성을 유지하여 적정한 관광행위를 할 수 있도록 하기 위한 일련의 인간 및 공간질서의 관리역할을 하는 것이다.

관광자원의 이용과 관리는 관광의 수요와 공급시장을 형성함으로써 상호 유기적인 관계에 있다. 즉, 수요에 의해서 공급의 가치가 결정되며, 공급에 의해 수요가 창출되기도 한다. 따라서 효과적인 관광자원의 이용을 위해서는 접근수단으로서 관광루트와 관광코스의 개발은 물론, 관광자원에 대한 정보 관광자원 해설 등의 관광자원 이용체계의 확립, 그리고 관광지의 효율적인 관리가 이루어져야 한다.

1. 관광루트

관광루트는 관광목적지까지 각종 교통수단(공로, 철도. 해운. 항로 등)이 연결되어 관광객으로 하여금 관광지의 이용이 용이하도록 함으로써 이용패턴과 관광대상의 다양성(여행목적, 기간, 거리 등)이 배합되도록 하여 관광동기를 충족시켜 주는 교통로를 의미한다. 즉, 관광루트란 관광객 유동이 발생할 수 있거나 현재 관광객 유동이 발생하고 있는 통로를 말하는 것으로서, 관광교통로라고 할 수 있다.

관광루트는 거주지와 관광목적지로 연결되는 통로이므로 유동의 방향성이 없다. 즉, 두 지점간의 관광루트는 관광객 유동이 서로 다른 방향으로 발생하고 있다.

따라서 관행화된 관광교통로는 관광루트, 관행화되지 않은 모든 교통로는 관광코스로 볼 수 있다. 관광코스와 관광루트는 여행계획을 수립할 때 중요한 요인이 되며, 특히 관광루트는 일반적인 관광상품 구성시 적용되기도 한다. 관광루트는 특정관광 교통로와 그 교통수단에 국한되는 것이 아니며 관광루트의 명칭이 루트 설정목적에서 특정교통로를 명시할 수 있는데, 항공 관광루트, 고속도로 관광루트, 철도 관광루트 등을 예로 들 수 있다.

우리나라의 관광루트는 1972년의 10대 관광권에서 형성되었고, 오늘날에는 관광권역 내에서 주요관광지와 관광명소간을 연결하여 관광활동이 편리하고 쾌적하게 이루어질 수 있도록 권역내에 설정하고 있다.

관광루트는 단독으로 존재하는 각 자원을 효과적으로 연결하여 지역의 관광매력을 더욱 크게 하는 것으로, 관광지를 점에서 선 그리고 면으로 매력을 확대해 가는데 기여하게 된다. 따라서 관광루트는 정비와 개발의 내용에 따라 관광루트 자체가 여행의 대상이 될 수 있다.

2. 관광코스

관광코스는 관광자가 관광을 목적으로 거주지를 출발하여 관광지를 방문한 후 다시 거주지로 돌아 올 때까지의 경로를 말한다. 코스를 미리 정해둔 계획성 관광의 경우일지라도 관광자가 그때의 상황에 따라 임의로 변경이 용이할 뿐만 아니라, 관광루트와는 달리 반드시 방향성을 가진다. 다시 말해 관광코스는 관광자가 집을 출발하여 이동장소를 옮겨가면서 최종적으로 집으로 다시 돌아오는 일련의 통행경로를 뜻하며, 관광코스는 관광자의 특성, 관광기간, 교통조건, 관광목적지의 위치와 관광자원의 특색 등에 따라 그 유형이 다르다.

1) 관광코스의 기본유형

관광자의 이용형태는 키이형(스푼형), 피스톤형, 탬버린형(순환형), 안전 핀형의 4가지의 기본유형 중 어느 한 가지에 속하게 된다.

(1) 키이형(스푼형)

키이형은 관광자가 집을 떠나 목적지에 도착한 다음 현지에서 관광활동을 하되, 2곳 이상의 목적지가 근접되어 있어서 이들 목적지에서 관광활동을 한 후 피스톤형과 같이 동일한 루트를 따라 집에 돌아오는 형태이다. 이러한 관광코스에서의 관광목적지는 서로 다른 관광자원이 다수 분포되어 있고, 관광활동도 다양하게 전개되고 있으며, 피스톤형보다 여행시간과 그 경비가 많이 소요된다.

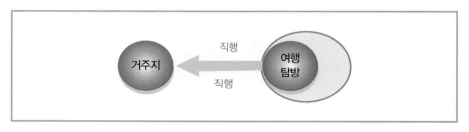

그림 9-1 키이형(스푼형)

(2) 피스톤형

피스톤형이란 관광객이 집을 떠나 목적지에 도착한 다음 현지에서 관광활동을 한 후, 다시 집으로 돌아오는 관광코스이다. 이것은 거주지와 목적지 사이의 통로를 동일한 관광객이 방향을 유지하고 두 번 통과하는 경우를 뜻한다.

　피스톤형은 관광지가 방문하는 목적지가 대체로 산악의 계곡이나 해안·도서일 경우에 주로 나타난다. 즉, 교통의 장애요소가 되는 산악·바다·사막 등이 목적지에 분포하여 목적지에 도달하는 통로가 하나인 경우 그 관광코스는 피스톤형이 된다. 피스톤형은 당일 귀환형 관광형태에서 많이 나타난다.

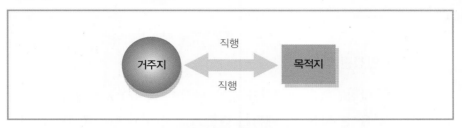

　　　　　　　　　그림 9-2　피스톤형

(3) 탬버린형(순환형)

　탬버린형은 관광자가 주거지를 떠나 목적지를 방문하고 곧바로 거주지로 돌아오지 않고 제2의 목적지를 방문하는 형태이다. 다시 말해 탬버린형은 2개 이상의 목적지가 존재하고 있어 관광자는 다른 목적지를 방문할 때마다 다른 교통로를 선택하게 된다. 관광코스의 여러 형태에서 여행시간과 여행경비가 가장 많이 소요되는 관광형태가 탬버린형이다.

　탬버린형은 체재형의 관광코스로 관광객들이 일반적으로 가장 만족해하는 형태인데, 관광자가 시간과 경제적 여유를 갖고 있으며 관광목적지가 여러 곳에 산재하고 있는 경우 선택되는 형태이다.

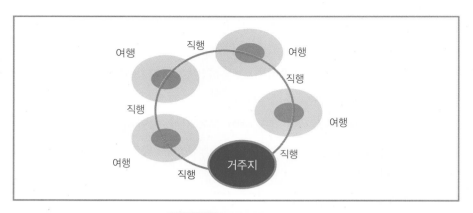

그림 9-3 탬버린형(순환형)

(4) 안전핀형

안전핀형은 관광자가 집을 나서서 목적지에 도착하여 현지에서 관광활동을 한 다음, 올 때와는 다른 루트로 귀가하는 형태로, 이것 역시 목적지가 2곳 이상이 근접해 있는 경우에 나타난다. 이는 주말여행이나 짧은 숙박여행일 경우에 선택되는 형태이다.

그림 9-4 안전핀형

목적지의 관광대상은 키이형과 유사하지만, 다른 교통로를 이용하여 귀환함으로써 새로운 교통로와 교통수단의 즐거움을 맛볼 수 있으므로 주로 자가용이용객이나 자유로운 여행 형태를 원하는 관광객이 선호한다.

2) 관광코스의 종류

관광코스는 설정한 의도에 따라 다음과 나누어 볼 수 있다.

(1) 계절별 관광코스

계절별 관광코스는 아름다운 꽃이나 축제·행사 등 4계절의 매력 있는 소재를 묶는 코스이다. 축제나 행사에 대해서는 개최기일이 근접해 있는 것끼리 가능한 연결해서 하나의 코스를 구성하는 것이 바람직하다.

(2) 테마별 관광코스

관광코스를 설정하는 경우 기본적으로 자연자원과 인문자원을 포함하고 전체적으로는 다양한 코스로 구성하는 것이 바람직하다. 동일유형의 자원이 연속해 있으면 관광객은 처음에는 감동하지만 차츰 싫증을 내기 시작하여 감동이 약해지기 때문이다. 그러나 특정테마에 관심을 갖는 관광객에게는 각종 자원을 짜 맞춘 정식코스는 그다지 의미가 없다. 오히려 하나의 테마에 관련된 자원을 배합하여 구성한 코스가 의미 있다. 지역에 존재하는 여러 가지 소재를 발굴하여 그것을 묶어가는 것이 중요한데, 이러한 테마별 코스는 지역의 관광이미지에 폭과 깊이를 주며 동시에 지역주민에게도 향토를 생각하는 여행으로서 의미가 있게 된다.

(3) 지역별 관광코스

대부분의 숙박관광여행자들은 광범위한 자유여행보다 비교적 근거리에 위치한 지역을 방문하는 여행의 형태가 많은데, 지역별 관광코스는 이러한 지역위주 관광객을 대상으로 하는 코스이다. 따라서 구체적으로 지역을 몇 개의 블록으로 나누고 각 블록단위로 관광코스를 설정하는 것이다.

(4) 광역관광코스

전국에서 방문하는 관광객이 이용할 수 있는 코스이다. 먼 거리에서 방문하는 만큼 관광객의 주변지역도 광범위하므로 인접하는 도시와 협력하고 유명관광지를 주제로 코스를 설정하고 정기관광버스를 운행하는 것도 좋은 방법이다. 코스설정을 비롯해 여행업자 및 목적지의 버스회사와 제휴하는 방법도 있다.

3) 관광코스의 설정시 고려사항

관광코스 설정은 관광자가 거주지에서 목적지까지 개설되어 있는 1개 이상의 관광루트 중에서 비용, 시간, 주변경관, 기타 요인 등을 고려하여 가장 적절한 1개의 루트를 선정하고, 다시 다른 목적지 또는 거주지에 이르는 루트 가운데서 가장 적절한 1개의 루트를 선정하는 일련의 행위이다.

관광코스는 불변적인 것이 아니라 상황이 변화함에 따라 용이하게 적절한 코스를 선정할 수 있으며 관행화되어 있지 않다는 것이 관광루트와의 차이점이다.

관광코스를 설정할 때에는 편리하고 쾌적하고, 안전해야 한다는 원칙아래 보다 양질의 관광경험을 할 수 있도록 시간과 공간구조에 따라 체계적으로 설정되어져야 한다.

관광코스를 설정할 때 고려해야 할 사항을 보면, 이동자의 욕구와 요구, 이동소요시간과 체재시간, 관광자원 및 시설의 종류·위치·용량·내용, 이용 가능 교통수단, 주변과의 연계성, 관광제약요인, 지역사회와의 관계 등이 있다.

관광학개론

An Introduction To Tourism

Chapter 10
관광정보

Chapter 10
관광정보

Ⅰ. 관광정보의 개념과 중요성

1. 관광정보의 개념

일반적으로 관광객들은 불확실한 관광정보나 잘못된 정보를 믿고 의사결정을 하거나 목적지를 이용하였을 경우에 큰 어려움을 겪거나 기대값에 비해 만족도가 저하되기 때문에 이용하려는 목적지나 호텔 등에 대해 정확한 사전에 관광정보를 습득하는 것을 매우 중요하게 생각한다.

관광객의 욕구가 개성화되어감에 따라 이에 대응하는 관광자원 및 시설(교통, 편의시설 등)에 대한 최신 정보를 정확하고 신속하게 제공하는 체제의 확립이 요구되고 있다. 목적지에 대한 정보 제공은 새로운 관광수요를 창출하여 목적지의 경제활성화에 기여하고 있으므로 관광정보는 의의가 높아지고 있다.

건(Gunn, 1979)은 관광객에게 정보를 제공하는 모든 프로그램과 물리적 개발사항들은 관광체계 내에서 매우 중요한 요소이며, 관광객이 관광루트, 관광대상, 서비스 및 시설들에 대해 알지 못하거나 접근하는 방법을 모른다면 관광객과 관광사업자 모두에게 만족을 주지 못한다고 하였다.

김천중(2001)은 관광정보란 "관광객의 관광욕구를 충족시키기 위한 관광행동 결정에 유익한 정보, 관광사업자와 관광기관에게 관광수요와 공급 그리고 관광객 행동에 관한 가치있는 정보"라고 정의하고 이명진(1994)은 관광정보란 "관광객들이 관광행동을 선택·결정하는데 필요로 하는 정보를 제공할 목적으로 관광경험에 관한 정보를 수집하고 가치를 평가하여 이를 근거로 관광지와 관광지 내에서의 여가활동에 대한 정확하고 유익한 정보를 제공하고 안내 및 시설을 통하여 관광객의 만족수준을 높임은 물론, 관광지의 관리도 용이하게 하는 것"이라고 정의하고 있다.

관광정보는 수요측면과 공급측면으로 나누어 정의할 수 있다. 수요측면에서의 관광정보란 "관광객의 관광욕구를 충족시키고 목적지향적인 관광활동을 위해 가치 있는 형태로 처리·생산·전달되는 관광관련 정보"라 정의할 수 있으며, 공급측면에서 관광정보란 "관광객들이 관광행동을 선택·결정하는데 필요로 하는 정보를 제공할 목적으로 관광객들의 관광경험에 관한 정보와 가치를 평가하여 이를 근거로 목적지와 목적지 내에서의 관광활동에 대한 정확하고 유익한 정보를 제공하고, 안내를 통해 관광객의 만족을 높임은 물론 목적지의 관리도 용이하게 하는 것"이라 정의할 수 있다.

관광정보의 개념을 정리하면 "관광이용자(수요자 및 공급자 포함)의 욕구를 충족시키며, 목적지향적인 관광활동을 위해 가치 있는 형태로 수집·가공·제공되는 일련의 관광관련 정보"라 할 수 있는데, 이는 관광객들의 관광목적에 부합되는 정보로 관광객과 대상을 연결하는 매개체라고 할 수 있다.

2. 관광정보의 중요성

효과적인 관광정보 시스템 구축을 위해서는 관광정보이용자와 제공자의 관점에서 정보의 중요성을 파악하고 이해하는 것이 필요하다. 유용한 관광정보는 경험을 풍부하게 하고 목적지로의 접근을 용이하게 하는데, 지적수준이 강하고 경험이 풍부한 관광객일수록 목적지에 대한 상세하고 정확한 관광정보를 원한다.

관광정보는 관광주체인 관광객과 관광객체인 관광시설 및 휴양시설, 관광자원 등의 관광대상을 연결시켜주는 관광매체로서의 관광체험 욕구를 충족시키며, 관광객들의 목적지향적인 선택활동을 하는데 있어 중요한 역할을 한다.

인터넷을 통한 정보의 확산은 관광산업체와 타 산업에 미치는 영향이 크기 때문에 온라인 정보는 관광사업의 영역확대 측면에서도 중요한데, 온라인 정보서비스는 관광정보 이용자와 제공자에게 비용감소의 효과와 정보선택의 다양성 효과를 가져 온다.

관광정보의 중요성을 관광정보이용자 입장과 관광정보제공자의 입장으로 나누어 생각해 볼 수 있다. 우선 관광정보이용자 입장에서 보면 다음과 같다.

첫째, 관광정보이용자들은 인터넷 관광정보를 통하여 기회가 존재 여부를 알 수 있고 기회획득방법도 알 수 있어 관광경험에 대한 질을 높게 해 준다.

둘째, 관광정보는 관광객이 간접적으로 체험할 수 있는 기회를 제공함으로써 목적지의 관광시설이나 관광자원을 깊이 이해하는데 도움을 준다.

셋째, 관광 계획 및 교통, 숙박, 음식 등에 관련된 관광정보를 획득하고 예약을 용이하게 해 준다.

넷째, 관광정보는 관광객이 의사결정을 하는데 있어서 위험요인을 줄여주며 올바른 판단을 내리게 해준다.

다섯째, 인터넷 관광정보는 세계적인 유통망을 가지고 다양한 잠재고객에게 제공될 수 있으며, 인쇄매체와 비교했을 때 저렴한 비용으로 시간과 공간을 초월하여 필요한 정보를 획득할 수 있다.

관광정보제공자의 입장에서 관광정보의 중요성을 보면, 관광시장의 경쟁환경에서 경쟁우위를 유지하기 위해서는 관광객의 유치가 필수적인데, 관광객에게 유익하고 흥미 있는 관광정보를 제공함으로써 정보자체가 경쟁력의 원천이 될 수 있으며 관광상품을 관광객에게 구매로 연결시켜 체재일수를 늘린다.

또한 관광정보 제공이 쌍방향으로 이루어지는 경우, 관광객들로부터 유익한 정보를 획득하여 관광시장의 특성을 알 수 있게 해주며, 관광객들로부터 얻은 정보를 통하여 문제점을 개선할 수 있고, 잠재 관광시장을 공략하는데 도움을 줄 수 있다.

관광정보는 관광객과 관광자원 및 관광시설 등을 연결시키는 매개역할을 하므로 잠재관광객에게 관광자원 및 시설 등의 존재를 인식할 수 있는 기회를 제공한다. 또한 목적지를 결정하지 못한 사람들에게는 목적지의 각종 상품들에 대해 호감을 갖도록 유도함으로써 관광객의 수를 늘릴 것이다.

이처럼 관광정보는 관광객에게 유익하게 사용되므로 관광정보에 대한 수요는 더욱 늘어날 것이다

Ⅱ. 관광정보의 기능과 특성

1. 관광정보의 기능

관광정보는 주로 관광객의 의사결정을 지원하는 기능으로 인식되어 왔지만, 관광환경이 복잡해지고 욕구가 다양해짐에 따라 관광정보의 기능이 확장되고 있다. 관광정보는 누가, 언제, 어떤 상황에서 사용하느냐에 따라

상대적인 가치를 가지므로, 이용자에게 정확하게 전달될 수 있도록 사전에 제공자와 이용자간의 공통적인 커뮤니케이션 수단이 조성되어야 한다. 또한 정보의 양과 질의 균형적인 측면을 고려하여 생산된 정보라야 유용하게 활용될 수 있다.

관광정보의 기능은 관광객의 의사결정에 중대한 영향을 미치는 직접적 기능과 의사결정 외의 다른 분야에도 영향을 미치는 간접적 기능으로 분류될 수 있다.

직접적 기능이란 관광행동을 선택할 때 관광정보가 판단이나 예상의 자료가 됨으로써 합리성과 신속성을 제공하며, 의사결정에 따른 불확실성을 감소시켜주고, 관광객에게 욕구 및 동기를 자극하여 잠재관광수요를 창출한다는 것을 의미한다. 이에는 마케팅 커뮤니케이션의 기능과 교육적 기능의 2가지 기능이 있다. 우선 마케팅 커뮤니케이션의 기능에 대해 살펴보면, 관광정보는 목적지를 결정하지 못한 사람에게 방문을 유도함으로써 관광객들을 끌어들이는데, 관광객들이 정보의 제공 및 이용정도가 많을 경우에는 체재일수를 늘리는 촉매제가 되고 관광상품의 판매를 증가시킬 수 있다. 그리고 교육적 기능에 대해 살펴보면, 관광정보는 관광객에게 관광자원 및 시설에 대한 역사·문화·사회적 배경과 가치를 전달하는 교육적 역할을 하게 된다. 관광정보는 지인, 안내책자, 컴퓨터를 통해 전달되며, 정보탐색자도 경험이나 탐색된 정보를 타인에게 알려주기 때문에 정보 탐색자들에 대한 효율적인 정보제공은 교육적 파급효과를 이끌어 낼 수 있다.

간접적 기능이란 관광정보의 효용은 관광객의 의사결정뿐만 아니라 다른 분야에도 다양한 영향을 미친다는 것으로, 관련조직과 지역을 활성화하며 관광객의 관광활동을 월활하게 해준다는 것이다. 이에 대해 구체적으로 살펴보면 다음과 같다. 첫째, 관광정보 제공은 관광수요를 창출하고 이윤을 증대시키며 관광관련 조직구성원의 업무에 대한 욕구와 직무만족을 증진시킴으로써 관련조직을 활성화시킨다는 것이고 둘째, 관광정보는 관광산업의 경영합리화와 목적지 및 지역경제 활성화를 도모할 수 있고 잠재 관광객들의 수요를 자극하여 관광을 창출하며 지역경제의 활성화를 가져온다. 셋째, 관광정보는 목적지의 혼잡을 감소시켜 관광객의 목적지에 대한 인식을 제고시킬 수 있으며, 목적지 주민들과의 갈등을 감소시켜 현지 사정에 대한 이해를 도우므로 관광의 위험을 최소화할 수 있다. 또한 정확하고 상세한 관광정보는 관광자의 만족스러운 관광활동에 영향을 미친다.

2. 관광정보의 특성

관광정보의 특성을 나열하면, 무형성, 변화성, 매체의존성, 비체계성, 가치특정성, 컴퓨터 의존성 등으로 범위가 다양하며 구체적으로 살펴보면 다음과 같다.

첫째, 관광정보는 무형성을 지니고 있다. 관광정보는 일정한 형태를 지녔다고 할 수 없으며, 목적지의 상황이나 정세에 대한 자세한 소식이나 자료로서 제시된다.

둘째, 관광정보는 가치특정성을 지니고 있다. 관광정보는 관계없는 사람에게는 단순한 일반지식에 불과하고 큰 변화를 초래하지 않으며, 행위를 수반하는 의사결정에 있어 그것을 필요로 하는 사람에게만 가치를 갖는 지식이다.

셋째, 관광정보는 비체계성을 지니고 있다. 관광정보는 어떻게 분석·해석·이해하느냐에 따라 가치가 달라지며, 주변의 제반 상황들과 관련이 있으므로 관광정보를 효과적으로 이해하기 위해서는 해당 관광정보의 배경 또는 상황의 이해가 중요하다.

넷째, 관광정보는 가치체감성을 지니고 있다. 관광정보는 사회·경제적 변화에 매우 민감하며, 관광객의 욕구 변화 때문에 적재적시에 알맞은 관광정보를 제공해야 하는데, 그렇지 못하면 그 가치는 당연히 감소하게 된다는 것이다. 관광정보는 어떤 행위를 수반하는 의사결정을 위한 지식이기 때문에 그 역할이 열매 맺지 못하면 그 가치가 줄어든다. 따라서 이러한 모든 상황에 부응하는 효율적인 관광정보의 체계적인 관리가 필요하다.

다섯째, 관광정보는 매체의존성이 강하다. 관광정보는 안내자료, 컴퓨터 통신망(PC통신, 인터넷), 각종 관련서적 등을 통하여 제공되고 있으므로 매체에 대한 의존성이 높다고 할 수 있다.

여섯째, 관광정보는 변화성을 지니고 있다. 관광정보는 주위상황에 따라 다양한 변화를 보이므로 관광정보업체는 다양한 정보를 탐색하여 철저한 분석을 해야 한다.

일곱째, 관광정보는 컴퓨터 의존성을 지니고 있다. 관광정보는 범위가 다양하고 방대하여 컴퓨터 등에 의존하지 않고서는 불가능하므로 컴퓨터는 관광정보에 있어서 중요한 요소가 되었다. 특히 컴퓨터는 관광에 대한 정보를 제공하고 저장하고 체계화시키며 인터넷을 통해 다양한 정보를 공유하게 한다.

Ⅲ. 관광정보의 제공형태

관광정보의 제공형태는 온라인(on-line)과 오프라인(off-line)의 2가지가 있다. 온라인을 통한 정보제공은 사이버 상에서의 정보제공을 말하고, 오프라인을 통한 정보제공은 인쇄매체(신문, 잡지 등)을 이용하는 것과 멀티미디어 매체(TV, CD, 핸드폰 등)을 이용하는 것, 그리고 관광객들의 구전, 직접체험 등이 있다.

1. 온라인 정보

1) 인터넷 정보서비스의 개념 및 특징

21세기는 지식정보화 사회이므로 인터넷을 통하지 않으면 관광정보를 미리 입수하는 것이 쉽지 않으며 인터넷의 비중은 매우 크다고 할 수 있다. 인터넷은 목적지의 관광정보를 다양하게 제공하고 이를 통한 관광정보 수집이 대중화되고 있기 때문에 인터넷을 통한 관광정보는 관광객을 유치하는 마케팅커뮤니케이션의 중요수단으로 자리 잡고 마케팅 도구로서의 큰 역할을 담당하고 있다.

인터넷은 다른 매체에 비하여 신속하게 전 세계의 정보를 수집·검색하고 가격이 저렴하며, 이용자가 쉽게 사용하고 참여할 수 있는 쌍방향적인 개발형 네트워크라는 장점을 가지고 있기 때문에 전세계적으로 매우 효과적인 정보제공 수단으로 자리매김하였으며 새로운 정보전달 매체로 각광받고 있다.

인터넷 정보서비스는 기존 매체와는 다른 새로운 특성들을 구체적으로 살펴보면 다음과 같다.

첫째, 표적집단에 대한 접근이 용이하여 이용자 개개인에게 개별서비스를 제공할 수 있으므로 서버관리자는 이용자들의 속성과 특성을 파악하여 관심 있는 정보와 내용을 파악하고, 잠재적 고객인지 아닌지를 파악할 수 있다(Blattberg & Deighton, 1991).

둘째, 전 세계인을 대상으로 정보를 제공하는 측면에서 볼 때 저렴한 비용으로 정보서비스가 제공되므로 기존의 정보매체보다 경제적이라고 할 수 있다.

셋째, 다양한 형식과 내용의 정보서비스가 제공되는 점이다(Barker & Gronne, 1996). 기존의 매스미디어가 제한된 채널선택권을 이용자들에게 제공하는 반면, 인터넷은 이용자들에게 무수하게 많은 채널을 제공하는데,

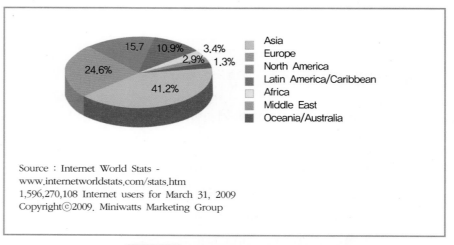

Source : Internet World Stats -
www.internetworldstats.com/stats.htm
1,596,270,108 Internet users for March 31, 2009
Copyright©2009, Miniwatts Marketing Group

그림 10-1 대륙별 인터넷이용 인구비율

이러한 다양성은 정보이용자들의 선택의 폭을 넓혀주고 욕구충족의 기회를 확장시켜준다.

넷째, 인터넷에 접근할 수 있는 시스템을 가진 전 세계인을 대상으로 정보서비스 제공이 가능하므로 정보서비스 대상이 무제한하다고 할 수 있다.

다섯째, 인터넷이라는 가상공간을 통해서 이용자는 운용팀 또는 다른 이용자와의 교류작용이 가능하므로 쌍방향 커뮤니케이션을 가능하게 한다.

여섯째, 인터넷은 시·공간의 제약을 거의 받지 않으므로 문자를 비롯한 동영상 및 음향 등 멀티미디어를 이용해서 무제한의 정보를 전달할 수 있다.

인터넷은 1989년부터 급속히 증가하여 가장 효과적인 마케팅 도구로 인기를 유지하고 있다. 이용인구로 볼 때는 아시아가 41.2%, 유럽이 24.6%, 북미가 15.7%, 남미가 10.9%를 차지하였다.

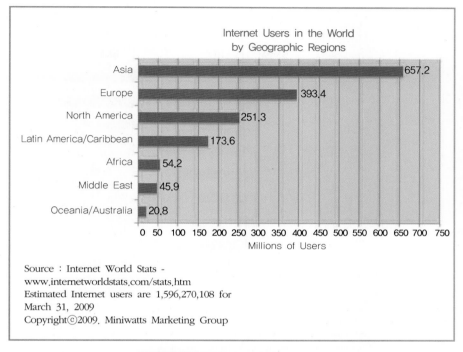

그림 10-2 대륙별 인터넷이용 인구수

이용인구수로 보면 아시아가 657백만 명, 유럽이 393백만 명, 북미가 251
백만 명, 남미가 174백만 명, 아프리카 54백만 명, 중동이 46백만 명, 대양
주 21백만 명의 순이었다.

한편, 전세계적으로는 인터넷이용률은 23.8%이고, 북아메리카가 74.4%,
대양주 60.4%, 유럽 48.9%, 남미 29.9%, 중동 23.3%, 아시아 17.4%, 아프리
카가 5.6%의 이용률을 보이고 있다.

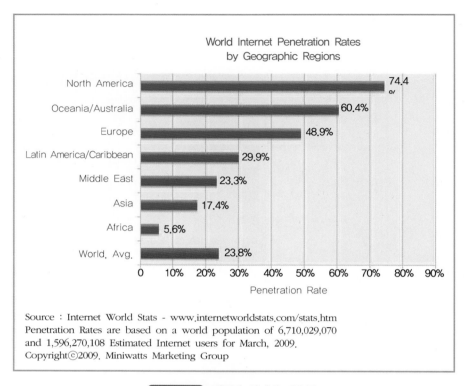

World Internet Penetration Rates
by Geographic Regions

Region	Penetration Rate
North America	74.4%
Oceania/Australia	60.4%
Europe	48.9%
Latin America/Caribbean	29.9%
Middle East	23.3%
Asia	17.4%
Africa	5.6%
World, Avg.	23.8%

Penetration Rate

Source : Internet World Stats - www.internetworldstats.com/stats.htm
Penetration Rates are based on a world population of 6,710,029,070
and 1,596,270,108 Estimated Internet users for March, 2009.
Copyright©2009, Miniwatts Marketing Group

그림 10-3 대륙별 인터넷 이용률

국내 인터넷사용자는 2009년 현재 3,680만 여명에 이르는 것으로 나타나 76.1%이상이 인터넷을 이용하는 것으로 나타났다. 일본(73.8%), 타이완(66.1%), 홍콩(69.5%)도 70% 내외의 인터넷 이용률을 보이고 있고, 중국(22.4%), 필리핀(21.5%), 태국(20.5%), 베트남(24.4%) 등은 20% 내외의 인터넷 이용률을 보이고 있다.

그러나 이용인구수로 보면 중국이 298백만 명, 일본이 94백만 명, 인도가 81백만 명, 한국이 37백만 명이 이용하는 등 아시아가 전 대륙의 인터넷 이용자 중 41.2%에 해당되는 이용률을 보이고 있다.

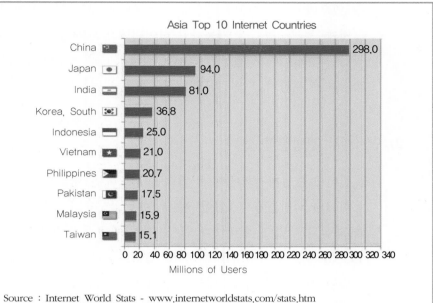

Asia Top 10 Internet Countries

Country	Millions of Users
China	298.0
Japan	94.0
India	81.0
Korea, South	36.8
Indonesia	25.0
Vietnam	21.0
Philippines	20.7
Pakistan	17.5
Malaysia	15.9
Taiwan	15.1

Source : Internet World Stats - www.internetworldstats.com/stats.htm
Estimated Asia Internet users 657,170,816 for 2009 Q1
Copyright©2009. Miniwatts Marketing Group

그림 10-4 아시아 국가별 인터넷이용 인구수

인터넷은 주로 웹(web)을 중심으로 이루어지고 있는데, 인터넷 사용의 편리성과 표현의 다양함, 빠른 기술개발속도 등으로 인하여 인터넷의 다른 많은 기능들 중에서 특별히 중요하고 대표적인 기능으로 인식되고 있기 때문이다.

인터넷 웹의 특징을 보면 다음과 같다(김기영, 1996).

첫째, 정보의 양방향성이 가능하므로 적극적·능동적인 수용자층에게 웹을 이용한 광고가 효율적이며 만족을 주며 정보제공 및 흥미유발의 기능을 한다.

둘째, 맞춤광고·타깃광고가 가능하므로 접속자나 수용자들의 성향을 데이터베이스화하여 사전에 파악할 수 있다.

셋째, 표현양식이 다양하여 텍스트·그래픽·음성·동영상 등을 표현할 수 있으며 어떤 형태의 내용도 기능적으로 덧붙이는 것이 가능하다.

넷째, 정보종합화가 가능하고 하이퍼텍스트 개념을 이용하여 좁은 화면 공간을 효율적으로 활용가능하다. 적극적·능동적인 이용자들에게 축약된 화상을 제시하며, 다음 화면에서 구체적인 내용을 볼 수 있다.

2) 인터넷과 관광산업

인터넷은 현대사회에서 큰 변화를 선도하는 가장 영향력 있는 매체이며, 유비쿼터스 컴퓨팅시스템이 광범위하게 확산됨으로써 인터넷의 영향은 더욱 확산되고 있다. 인터넷과 웹사이트는 관광객 입장에서는 최상의 서비스를 제공하는 관광기업을 비교 및 결정하는 능력을 제공하고, 관광산업과 관련된 기업측면에서는 매우 중요한 마케팅 도구로서 관광상품과 서비스를 홍보하기 위해 활용되므로 이용이 증가하고 있다.

한국의 인터넷 이용비율은 세계 최고수준이고, 판매와 시장에 있어 인터넷이 차지하는 비중이 매우 크다고 할 수 있는데, 이에 따라 전세계를 통틀어 시간과 공간의 제약이 없는 온라인시장을 통한 관광산업의 성장세가 가속화되고 있으며 시장규모는 예측할 수 없을 정도로 빠르게 성장하고 있다. 이는 관광상품이 가지는 무형성의 특성을 웹에서 가장 잘 표현할 수 있고, 관광산업 각 업종간의 상호보완적인 시스템 연계가 업무능률의 효율성 극대화로 인해 관광상품의 거래가 용이하기 때문이다.

따라서 관광분야의 경쟁력을 키우기 위해서는 인터넷을 이용한 효과적인 정보시스템의 구축이 필수불가결한 조건이 될 것이다. 특히 정보화 지수가 높은 선진국에서는 잠재관광객들이 인터넷을 통해 관광정보를 입수하므로 다른 어떤 사업보다 관광산업에 있어 인터넷의 중요성은 높아진다.

관광분야에서 여러 종류의 정보시스템이 각 분야별로 개발·적용되어왔는데, 초기의 관광정보시스템은 자사방문 고객들의 정보를 관리·제공하여

업무의 편익과 효율성을 도모하는 내부정보시스템이 주류를 이루었다. 그러나 관광분야의 급속한 성장으로 대규모 호텔이 발달함에 따라 이들은 소속된 업체들과의 원활한 정보의 교류가 필요하게 되었다. 또한 개인의 개성적 욕구실현의 강도가 커지게 되자 관광시장은 기존의 서비스 내용 뿐 아니라 고도의 지적 전문성까지 필요하게 되어 쌍방향적 커뮤니케이션 형태의 특징을 갖게 되었다.

이는 정보통신기술의 발전에 따른 정보통신 분야의 지원으로 가능하게 되었으며, PC통신과 인터넷 같은 쌍방향 커뮤니케이션들이 새로운 정보제공의 수단으로 활용되었다.

관광목적지 정보시스템은 그 적용범위와 대상이 국내·외를 포함하는 불특정 다수인에 의한 정보이며 다수의 전용 단말기를 설치해야 하는데, 이러한 문제들은 인터넷이 가지고 있는 광역성, 다양성, 경제성 등의 특성으로 일시에 해결할 수 있다. 결국 관광정보시스템에 인터넷이 도입되면서 관광사업자들은 고객요구에 대한 신속한 대응, 마케팅 활동의 효율성 제고, 별도의 판매거점 불필요, 시간적·공간적 제약의 극복, 유통채널의 단축, 소자본 한계극복 등과 같은 기능을 제공하게 되었고, 관광객들에게는 다양한 상품정보를 제공함으로써 사전 간접경험과 기회를 주어 관광상품의 거래를 활성화하는 계기가 되었다.(박종찬, 1999)

3) 인터넷 관광정보

관광정보를 탐색하는 관광객이 그 욕구를 충족시키기에 가장 빠른 수단이 인터넷 관광정보이다. 인터넷 관광정보란 웹상에서 게시판, 이메일 서비스, 영상 및 동영상 등을 통해 각종 관광관련 정보를 접할 수 있도록 관광시설 등의 예약정보, 여행정보, 경험정보, 교통정보 등으로 체계화시켜 시청각으로 제공되는 정보라고 할 수 있다.

각 지방자치단체, 한국관광협회, 언론기관, 관광알선회사, 여행사, 항공사, 호텔 등 다양한 주체들은 홈페이지 등을 통해 관광정보를 제공하고 있다. 인터넷을 통해 접할 수 있는 관광정보의 범위는 매우 광범위하며, 실시간 접속이 가능한 체계를 갖추고 있으며, 각국의 관광청 및 항공사, 관광알선회사, 여행사, 호텔 및 지방자치단체에서 인터넷을 통해 홍보하고 있다.

인터넷상에서 제공되는 관광정보의 내용은 〈표 10-1〉과 같이 요약·정리할 수 있다.

표 10-1 인터넷 관광정보의 유형과 내용

유형	내용
예약정보	관광시설 및 휴양지 예약, 여행상품 예약, 항공·숙박 예약, 각종 이벤트 입장권 예약, 렌터카 관련 예약 및 취소 관련 정보
가격정보	관광시설 및 휴양지 이용가격, 여행상품 가격, 항공권 및 숙박가격, 기타 할인가격 정보 및 환율정보
여행정보	관광자 정보, 문화재 유적, 자연경관, 이벤트 정보
교통정보	교통, 기차시간표 및 관광지 내의 모든 교통정보와 교통요금
경험정보	경험, 추천 관광지 관련정보

자료 : 김천중(2004)을 참고하여 저자작성

관광관련 인터넷웹사이트는 개인컴퓨터에서 해당국가의 관광정보를 탐색할 수 있고, 이메일을 이용하여 자료의 요청과 질문이 가능하며, 예약 및 지불이 가능하다. 그리고 관광 웹사이트에서 관광활동, 관광목적지, 볼거리, 지도, 숙박, 식당, 쇼핑정보 및 이미지 정보 등도 구할 수 있다.

인터넷 관광정보는 공간적·시간적 제한을 받지 않고 쌍방향 커뮤니케이션이 가능하며, 정보전달을 위한 광고비가 저렴하다. 또한 광고분량에 제한이 없으며, 광고효과 측정에 용이하여 데이터베이스마케팅이나 효과적인 다이렉트마케팅을 할 수 있는 기초자료가 될 수도 있다.

인터넷 관광정보는 필요한 정보만을 선택하여 접할 수 있는 이용자 중심 매체로서, 웹을 통해 정보방식이 이뤄지기 때문에 표현양식이 텍스트뿐만 아니라 그래픽, 음성, 동영상 등 매우 다양한 방식으로 지원이 가능하다.

또한 정보를 쉽게 검색할 수 있는 검색엔진의 기능도 제공하고 있어서 이용자들의 다양한 정보욕구를 충족시켜주는 동시에 이용자들이 여러 표현방식으로 제공되는 현장감 있는 정보를 접할 수 있다는 면에서 다른 매체들보다 선호도가 높다고 할 수 있다.

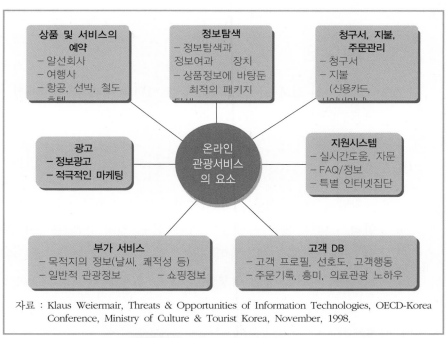

자료 : Klaus Weiermair, Threats & Opportunities of Information Technologies, OECD-Korea Conference, Ministry of Culture & Tourist Korea, November, 1998.

그림 10-5 인터넷 온라인 관광서비스

웹사이트는 효율적으로 디자인되어 이용자들에게 가치 있는 정보를 제공하는 것이 중요한데, 인터넷 관광 홈페이지가 마케팅커뮤니케이션에서 중요한 이유는 2가지가 있다. 첫째는 인터넷 외에 지역의 관광정보를 사전에 입수하는 것이 어렵고, 둘째는 인터넷을 통한 관광정보 탐색이 편리하기 때문이다.

인터넷을 이용한 관광정보의 효과는 첫째, 관광기업에서 회원제 도입 및 활용으로 잠재고객에게 지속적인 정보제공할 수 있고 둘째, 웹페이지를 통해 관광기업의 마케팅 및 홍보가 가능하며 셋째, 웹을 통한 예약시스템 활용으로 매출을 증대할 수 있다. 그 밖에 개인 홈페이지나 인터넷 동호 등을 통해 경험담, 정보전달 및 습득, 친목도모를 할 수 있고 관광지에 관해 빠르게 정보를 습득 및 제공할 수 있으며 정치·경제·사회·문화적 환경 등의 습득을 통한 목적지를 이해할 수 있다.

2. 오프라인 정보

오프라인 정보는 구전, 인쇄 및 멀티미디어 매체, 직접체험, 전화상담 등으로 제공되는 정보를 말한다.

1) 구전

일반적으로 구전은 가장 신뢰성이 있고 영향력 있는 정보형태의 하나로 알려져 있다. 많은 사람들이 가족·친구·친지 등을 통하여 유용한 정보를 얻고 관광행동을 결정하며 관광상품을 구입한다. 관련종사자들도 고객이나 다른 지인을 통해 정보를 얻을 수 있다.

2) 직접체험

직접체험은 관광상품에 대한 직접적인 체험지식을 얻는 것으로, 관광관련 정보취득의 가장 좋은 방법이다. 이의 유용한 수단으로는 팸투어 (Familiarization Tour : 시찰초대여행)가 있다. 팸투어는 관광공급업자가 관광시설, 호텔, 목적지 등에 여행업자, 보도관계자 등을 초청해서 루트나 관광지, 관광시설, 관광대상 등을 시찰시키는 것이다. 관광공급자는 상품을 보다 많이 판매하도록 하기 위하여 이러한 여행을 기획하는데, 이에 소요되는 경비일체 또는 일부를 부담한다.

팸투어에 참가한 여행업자나 보도관계자 등은 공급자에 의해서 기획된 곳을 시찰하고, 행사에 참가하고, 목적지에 대한 기록을 작성하며, 새롭게 느낀 점에 대해 의견을 나누도록 요구된다. 여행업자는 상품기획을 통해 상품판매에, 보도관계자들은 보도를 통해 상품홍보에 기여를 한다.

3) 인쇄 · 멀티미디어 관광정보

인쇄 · 멀티미디어 관광정보의 대표적인 형태로는 지역에서 발간하는 관광안내책자, CD-ROM, 도로 및 교통 지도책자, 언론매체 등 크게 네 가지로 분류할 수 있다(오익근, 1998). 이들 각 매체의 특성을 살펴보면 다음과 같다.

첫째, 관광안내책자는 관광지에 관심을 가지고 있는 관광객이 목적지 정보를 접할 수 있는 판촉물로, 정보의 내용은 풍부하고 다양하다는 장점이 있지만, 배포에 어려움이 많고 일반인이 접하기도 어려운 점이 많아서 주로 특정 목적지에서 사용하는 홍보수단이다.

둘째, CD-ROM을 통한 안내정보는 국내외 관광관련 정보가 CD에 수록되어 현지 관광정보와 동영상을 제공하는 것으로, 관광지의 교통 · 자원 · 숙박시설 · 음식점 · 쇼핑 · 레크리에이션 · 기후 등의 안내정보를 수록하고 있다.

셋째, 도로 · 교통지도 책자는 자세한 도로망이 수록되어 있어서 주로 개인적으로 여행하는 관광객들에게 길잡이 역할을 한다.

표 10-2 관광정보의 형태

	정적 유형	동적 유형
여행전	브로슈어, 안내책자 구전, CD-ROM	전화, 팩스, 이메일 관광알선회사 및 여행사, 인터넷
여행중	안내부스 안내책자 관광시설 및 호텔의 TV	전화, 팩스, 이메일 목적지 정보체계 인터넷, 직접체험

자료 : Sheldon, P.J, Tourism Information Techology, 1997, p.9.

넷째, 언론매체의 정보는 주로 생생한 경험담을 바탕으로 작성되므로 안내가 매우 자세하고 현장감이 있다는 장점이 있다.

신문에서는 특집기사의 형식으로 관광방문 경험담을 소개하고, 잡지에서는 별책부록으로 목적지에 관한 정보를 제공한다.

신문은 가장 비중이 큰 광고매체이며, 짧은 시간에 가장 광범위한 도달률을 성취할 수 있는 매체이다. 신문매체의 장점은 전 국민을 대상으로 할 수 있고, 상세한 설명이 가능하므로 설득력과 신뢰성이 있다. 또한 대중소구가 가능하며 동종업체 간의 공동광고가 가능하다. 반면 단점은 신문은 매일 발행되므로 광고의 수명이 짧고, 잡지에 비해 인쇄효과가 떨어지며 비용이 많이 든다.

전문지 광고는 여행사에서 특정세분시장을 대상으로 표적화된 광고를 시행할 수 있다는 점이 매우 매력적인 광고매체이며 관광전문지나 여성전문지 등의 전문지를 통하여 목표 청중에 쉽게 접근할 수 있다.

우편광고(DM : Direct Mail)는 다른 광고매체에 비하여 효과적으로 목표 고객을 겨냥할 수 있다는 장점을 가지고 있고 개인적 접촉이 가능하며, 도달률이 높고, 인상의 잔상시간이 길다. 또한 시장세분화가 용이하며, 비용이 저렴하고, 신속하고 시기적절한 광고가 가능하다는 장점을 가지고 있다. 그러나 표적시장의 청중에게 제대로 전달되었는지 확인하기 어렵다는 단점이 있다.

TV는 전 국민을 대상으로 광고를 할 수 있는 강력한 광고매체로, 장점으로는 메시지의 전달효과가 강하기 때문에 상품구매력을 높일 수 있고 광고의 신뢰성이 크며 광고 소구층의 폭이 넓다.또한 시청각 자료로 구성되므로 현실감 있게 전달 가능하며 감정이입이 가능하다. 단점으로는 다른 매체에 비해 광고료가 높고 시간적인 한계성이 있으며 기록성이 결여되기 쉽다. 또한 특정 대상층을 집중적으로 소구하기가 어렵다.

브로슈어는 광고매체이자 관광정보를 제공하는 중요한 자료로, 관광관련기업의 마케팅 계획에서 가장 중요한 부분을 차지하고 있다. 관광상품은 무형성을 가지고 있기 때문에 관광의 간접경험, 상품과 서비스의 장점을 잘 나타내줄 수 있는 브로슈어(brochure)가 필수적이다.

USB 및 CD는 방대하고 다양한 관광정보를 간단하게 담기 수월하므로 주요한 관광지 및 시설의 자료를 고해상도의 사진과 동영상으로 고객에게 제공할 수 있다. 이에는 관광도시, 휴양지 안내 사진과 동영상, 관광정보 소개, 축제 및 박람회 등의 내용이 담겨있는 국가 홍보용과 관광알선회사 및 여행사 상품안내, 휴양시설 및 호텔의 각종 시설과 이용안내, 관광루트 등의 내용이 담겨있는 민간차원 홍보가 있다.

Ⅳ. 관광정보시스템

1. 관광정보시스템의 정의

정보시스템에 대한 정의는 매우 다양하고 명확한 정의가 내려져 있지는 않지만, 이응규(1996)의 경우는 광의와 협의의 개념으로 구분하여 설명하고 있다. 광의의 개념은 조직의 운영관리 및 의사결정 지원을 위해 정보를 제공하는 사용자와 기계의 통합시스템으로 컴퓨터의 하드웨어, 소프트웨어, 분석·계획·통제 및 의사결정을 위한 모형, 그리고 모델 베이스를 활용한 시스템을 의미한다. 협의의 개념은 필요한 자료를 수집·분석·가공·저장하여 중간관리층의 현재와 미래의 반구조적 의사결정을 지원하는 시스템으로 볼 수 있다.

즉, 정보시스템이란 컴퓨터와 정보통신기술을 바탕으로 데이터를 수집·입력·가공·분석하여 놓았다가 의사결정과 같은 기업의 중대한 사항이나 이용자들의 목적에 맞는 적합한 정보자료를 지원하는 시스템이라고 할 수 있다.

박종찬(1999)은 관광정보시스템이란 여행목적지에서 일정작성에 이르기까지 서비스를 특정 통신망을 이용하여 제공받고, 여러 여행상품과 사전에 비교하여 보다 효율적인 여행이 가능하도록 유도하는 시스템으로 정의하였으며, 김영호(2007)는 관광정보시스템이란 관광객·종사자·경영자에게 필요한 관광정보와 부수정보를 데이터베이스로 구축한 컴퓨터시스템이며, 목적지, 관광시설, 교통, 숙박, 예약, 여행일정, 가격, 문화, 기후, 환율, 고객정보, 관련회사 정보, 매출액, 이익 등에 관한 총체적 자료"라고 정의하였다.

따라서 관광정보시스템이란 효율적인 관광이 가능하도록 관광자원 및 시설, 관광사업, 관광상품 등의 관광정보를 데이터베이스로 구축한 컴퓨터시스템이라고 할 수 있다.

관광정보시스템은 관광수요를 새롭게 창출하여 관광목적지의 지역경제를 활성화시키는데 그 목적을 두고 있으며, 관광수요의 고도화와 다양화에 적극적이고 능동적으로 대처하기 위해 이용자들에게 관광환경과 관련된 관광현상에 대한 적응력을 향상시켜 주고 있다.

2. 관광정보시스템의 기능

정보화 사회에서는 정보통신과 컴퓨터시스템의 발달로 필요한 정보를 신속하고 정확하게 제공받을 수 있게 되었다. 과거에는 필요한 정보를 찾기 위해서 신문, 팸플릿, 설명서 등의 관련서적 등을 주로 이용해 왔는데, 이러한 매체들을 통한 정보탐색은 많은 시간과 비용이 소모되고 보관과 관리에도 어려움이 있었다.

관광정보시스템은 정보기술과 컴퓨터시스템의 발달로 인해 정보를 단순히 보관·저장하는 기억매체로서의 역할뿐만 아니라 시간관리에 이르기까지 그 기능을 확대하고 있으며 예약 및 교통수단 등의 상황에 대한 대처능력을 수행함으로써 관광의 가치를 보다 더 증대시키고 있다.

관광객들은 견문확대, 문화교류, 위락, 즐거움, 건강, 스포츠 등의 이유로 인해 관광을 고려하게 되는데, 이때 관광정보시스템은 관광자의 특성(기간·예산·취향·건강상태) 등에 맞추어 관광정보를 제공하며 예약사항에 대한 정보와 교통 혼잡도를 감안한 정보까지도 제공하여 전문적인 안내인의 역할까지 수행하고 있다. 또한 이용자들은 관광정보시스템에 직접 연결하여 수집된 자료를 선택하고 정보를 살펴보기 때문에 인적 상담보다 더 광범위하고 객관적인 정보를 접할 수가 있다.

따라서 관광정보시스템은 관광객의 욕구에 대처할 수 있는 관광지에 대한 최신 정보를 정확하고 신속하게 제공함으로써 관광수요의 창출과 지역경제 활성화를 도모할 수 있다는 점에서 체제의 확립이 필요하다.

관광정보의 구성요소는 정보공급자, 정보생산자, 정보이용자로 구분할 수 있는데, 정보공급자는 국내와 환경적인 요소(정치·경제적·사회·문화적 요소, 생태적·과학·기술적 요소)와 정보이용자의 내적 측면(가치관 및 라이프스타일)을 정확히 파악하여 제공해야 한다. 정보생산자는 수집된 각종 정보를 축적·가공·처리하는 시스템운영자로서 관광에 대한 전문적인 지식을 갖춘 컴퓨터 프로그래머가 이에 적당하다. 그리고 정보이용자는 관광객, 관광기업, 지역사회, 공공단체, 국가의 관광정책 결정자, 관광학계 등이 포함되는데, 이들은 정보공급자에도 해당된다.

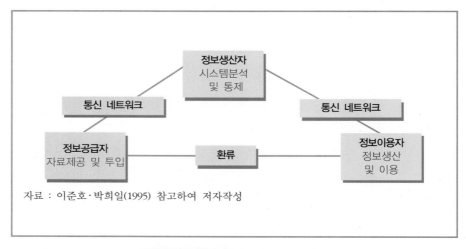

자료 : 이준호·박희일(1995) 참고하여 저자작성

그림 10-6 관광정보시스템의 구성요소

3. 관광정보시스템의 개발효과

관광정보시스템은 업무 효율성을 위한 부분적인 내부정보시스템과 함께 각 업체들 간의 원활한 정보교류에 영향을 미치고 있다. 그러나 관광의 변화와 발전이 급속하게 진전되면서 개인의 욕구 실현의 강도가 커지게 되자 관광시장은 고도의 전문성과 관광 등의 서비스 내용까지 필요하게 되어 인터넷과 같은 쌍방향 커뮤니케이션들이 새로운 정보제공의 수단으로 활용되었다.

관광목적지 정보시스템은 그 적용범위와 대상이 국내·외를 포함하는 불특정 다수인에 대한 정보이기 때문에 인터넷이 가지고 있는 광역성, 다양성, 경제성 등의 특성들이 이를 해결해준다. 관광사업자들에게는 마케팅활동의 효율성 제고, 고객 요구에 대한 신속한 대응, 시간적·공간적 제약의 극복, 유통채널의 단축, 별도의 판매거점 불필요, 소자본 한계 극복 등과 같은 여러 가지 가능성을 제공하게 되고, 관광객들에게는 다양한 상품및 서비스를 제공하여 사전 간접경험과 기회를 주어 관광상품 및 서비스의 거래를 활성화시키는 계기가 되었다.

관광산업에서 인터넷을 활용한 정보시스템 개발로 인하여 얻을 수 있는효과를 보면 관광산업 분야의 효과, 관광객의 효과 그리고 사회적 효과로세분화할 수 있는데 그 내용은 〈표 10-3〉과 같다.

표 10-3 관광정보시스템의 개발효과

관광산업 분야의 효과	• 관광객과 관광업체간의 유통단계 축소 • 관광상품의 가격경쟁력 제고 • 유통비와 건물 임대료 절감 • 관광업체의 유연성 증진으로 관광산업 구조 변화 • 무형의 상품과 서비스에 대한 거래 증대
관광객의 효과	• 실시간 관광상품 구매 가능 • 중간마진을 줄여 저렴한 가격에 관광상품 구입 • 다양한 검색으로 관광상품의 선택폭이 넓어짐
사회적 효과	• 관광상품의 조회와 구매가 가능하여 관광객들의 이동시간이 줄고 교통체증과 주차난 감소 • 사회 각 부문에 정보화 마인드 확산

자료 : 김천중(2004)

4. 관광기업의 정보시스템

정보기술은 유통체계와 관련해서 관광산업의 정보전달방법을 급진적으로 변화시켜 왔다. 관광산업의 핵심은 여러 분야의 기업 집합체이며 규모에 있어서 다양한 형태를 가지고 있다. 여행업자, 호텔 및 항공사 등의 프린서팔(principal)들은 상품을 효율적으로 판매하기 위해 정보가 필요하므로 부서나 기업 간에 통신수단이 필요하다.

여행업자들은 효과적인 판매를 위해 상품의 가격이나 항공권의 할인가격 및 예약방법 등과 관련된 규정이나 규칙에 관한 것 등의 상품의 정보를 알려고 하며 판매목표에 적합한 여러 가지 자료를 검토한다.

잠재고객들도 조건에 가장 적당한 것을 고르기 위해서는 관광시설 현황, 항공스케줄, 티켓의 형태, 좌석의 등급, 호텔 및 휴양지 등의 다양한 정보가 필요하다.

정보통신기술이 발전하고 관광의 추세가 다양성, 특성화되어감에 따라 관광정보의 주요원천은 여행대리점에 의존하는 직접접촉(대면접촉)보다는 인터넷이 중요한 역할을 하고 있다.

1) 전통적인 정보통신기술의 이용

(1) 사무실내

첨단기기의 발전 분야는 변화가 빠르기 때문에 관광전문가는 모든 산업부문에 있어서 이러한 기술의 발전에 따라 가고 있으며, 관광상품의 판매업무는 대부분 자동화되었고, 여행사업무의 대부분은 컴퓨터 예약 시스템에 의존하고 있다. 판매자는 재판매의 가능성을 증가시키고자 할 때 서비스 수준을 향상시킬 수 있는 새로운 기술을 도입해야 한다.

관광상품 판매자는 항공스케줄 확인, 전화를 이용한 송장발부, 고객에게 편지를 보내기 위하여 팩시밀리를 사용하였다. 항공 티켓을 팩스로 보냄으로써 상거래가 보다 빠르고 저렴하게 이뤄졌다. 팩스를 이용한 통신은 전화통신 만큼 빠르고 편리할 뿐만 아니라 서면서류 작성시 발생하는 오해를 감소시켜 준다.

CD나 비디오 카세트 레코더(VCR)는 스텝진을 교육시키는데 사용될 뿐만 아니라 고객에게 여행목적지 정보를 제공하는데 이용되었다. 때때로 비디오는 판매의 수단으로서 브로셔를 대신하였다. 고객은 비디오 및 동영상를 통해 관람한 후에야 비로소 관광시설 및 목적지에 대해 많은 정보를 알게 되었다고 느낀다. 비디오 및 동영상은 판매자가 정보를 전달해 주는 시간을 절약해 준다. 잠재고객은 비디오를 주변사람들과 함께 본 후에 관광여부 및 목적지를 결정하기도 한다.

또한 고객에게 정보를 제공하거나 내부에서 정보를 처리하는 방법에 영향을 주는 방법으로 디지털 비디오시스템, ISDN 전화시스템, 프린터 등이 있다. 디지털 비디오시스템은 특정한 단말기와 비디오디스크를 사용하는 것으로, 판매자는 고객에게 관광시설, 호텔의 객실 및 유람선의 선실, 관광내용 등을 담은 비디오를 보여 주며 관광상품에 관한 여러 정보를 프린트해 줄 수 있었다. ISDN(Intergrated Services Digital Network) 전화시스템은 판매자가 전화를 받기 전에 누구로부터 걸려온 전화인지를 알려 주었으며, 여행사직원이 시간을 절약할 수 있도록 고객명부가 자동적으로 컴퓨터단말기에 나타났다. 또한 프린터는 컬러로 된 브로셔를 프린트할 수 있기 때문에 수백장의 브로셔를 저장하기 위한 공간을 마련할 필요가 없었다.

(2) 사무실 외

경쟁이 격심하고 복잡한 관광상품시장의 경우 정도의 차이는 있지만 판매자의 조언에 의존하는 경향은 변하지 않을 것이다. 그러나 새로운 기술의 개발은 사무실 내에서뿐만 아니라 사무실 외의 여러 장소에서 관광상품을 판매하는데 효과적이며 비디오키오스크(video kiosks), 비디오텍스트(videotext) 및 기타 기기에 의해 고객이 직접 예약을 할 수 있다.

비디오키오스크는 '자동예약판매'를 위해 공항이나 쇼핑몰과 같이 보행자가 많은 곳에 설치할 경우, 새로운 시장개발과 더불어 제공회사에 대한 광고효과도 가져다준다.

비디오키오스크는 관광객에게 다양한 휴가지, 여행지, 패키지 여행상품을 보여주는 총천연색이고 빠르게 움직이는 기행영화를 보여줄 수 있는데, 특별히 관심 있는 것을 보았을 경우, 예약부분에 표시된 스크린의 키를 선택하여 누를 수 있다. 고객에게 관광상품의 전 과정을 알려 주는 비디오키오스크는 사용 중에 의문이 있으면 회사에 전화를 걸어 상세한 정보를 얻을 수 있는데, 대부분의 키오스크에는 원하는 스케줄과 예약확인 및 기타 정보를 인쇄해 주는 프린터가 있다.

비디오텍스트는 총천연색 그래픽과 PC의 스크린이 합쳐진 형태로 관광상품을 구매하려고 여행사에 들르는 것이 힘든 사람을 위하여 PC를 통해 가정에서 직접 상품을 구매하는 방법이다. 비디오텍스트의 작동은 유선 TV와 유사한데, 고객은 비디오텍스트 회사가 제공하는 홈쇼핑 서비스를 신청하며 전화선을 통해 가정의 컴퓨터에 연결된다. 신청자는 '메뉴 선택'으로부터 관광상품을 선택할 수 있는데, 다양한 서비스를 제공받을 수 있으며 개인적인 메시지도 제공받을 수 있다. 쇼핑을 원하는 사람은 가정에서 주문을 하고 신용카드로 지불이 가능하며 티켓과 기타 서류는 공항에 운송된다.

2) CRS와 GDS

정보통신분야의 기술혁신은 관광산업 발전에도 크게 영향을 미치고 있다. 관광산업의 성장 및 중요성의 증가와 함께 여러 부문 사이의 효과적이고 효율적인 교류가 강조되고 있는 가운데, 정보통신기술은 가장 효과적인 체계로 정보를 습득·가공·분석·정리·전달한다. 대규모의 회사들은 내부정보기술을 갖추고 있으며, 그 시스템들은 회사의 특별한 요구에 맞추는 반면, 소규모 회사들은 외부에서 만든 시스템에 적합한 시스템을 고른다. 관광산업은 여행사 등 소규모 기업들이 협동하여 이러한 것을 이루어낼 수 있다.

내부조직시스템(inter-organizational)은 유통체계에서 서로 다른 부분사이에 교류를 포함하는데, 여행업자는 상품에 대한 정보를 획득하고 프린서팔과 패키지를 협조할 필요로 관광을 예약하려고 하며, 항공사와 호텔들은 요금변경, 특별가격제공과 예약확인을 목적으로 여행업자와 통신체계가 필요하였다.

CRS(컴퓨터 예약 시스템)는 여행업자와 항공사, 호텔, 렌트카회사를 연결하는 주요통신경로이고 목적지 마케팅시스템(DMS)은 예약과 소비자 지향적인 정보를 제공하고 있다. 목적지 마케팅시스템(Destination Marketing System :DMS)은 정보와 예약을 포함하고 국가적·지역적·전세계 수준으로 운영되는데 도착 전 정보, 도착 후 정보, 예약과 상품 데이터베이스 등의 정보를 제공한다.

CRS(Computerized Reservation System :컴퓨터 예약 시스템)는 항공업계가 최초로 개발했으며, 컴퓨터 단말기를 통해 항공권이나 호텔의 숙박 등과 같은 관광상품의 가격이나 운임 및 기타 종합적인 정보를 제공하고 예약, 발권, 판매, 마케팅의 수단으로 활용되고 있는 종합적인 관광서비스 정보관리시스템이며, 여행업자가 여러 프린서팔의 컴퓨터와 연결하여 항공좌석, 렌트카, 호텔룸 등 많은 정보와 예약서비스를 받을 수 있다.

GDS(Global Distribution System)는 모든 CRS를 통합하여 세계적인 규모의 항공사, 호텔, 리조트, 여행사, 렌터카 등의 관광관련시스템을 연결하여 유통망을 제공하는 통합정보시스템 형태로 운영되고 있다.

CRS(Computer Reservation System)와 GDS(Global Distribution System)의

출현으로 소비자는 보다 안락하고 신속한 방법으로 정보를 얻게 되고, 인터넷상에서의 정보입수 및 예약 등이 가능해져 시간과 공간의 벽을 허물게 되었다. 또한 관광상품 공급업자는 전산처리에 따른 인건비의 절감 및 경영개선과 함께 저렴한 관광상품을 공급할 수 있게 되었고, 상품경쟁력을 강화할 수 있어 국가경제발전과 국민복지실현에 기여하며, 삶의 질 향상에도 기여하고 있다.

항공사의 CRS는 자사의 좌석뿐만 아니라 다른 항공사의 좌석까지도 예약할 수 있게 되었는데 이는 항공사들이 GDS에 참여하면서 이뤄졌다. 또한 항공사들은 소비자에게 인터넷을 통해 예약비용을 지불하고 항공권을 직접 판매할 수 있는 기회를 제공하였으며 많은 항공사들은 자체의 사이트를 운영하면서 예약과 지불기능을 수행하고 있는데, 항공사가 인터넷을 통하여 판매하게 되면 GDS 예약비와 여행업자에 대한 커미션을 줄일 수 있다. 이러한 장점에도 불구하고, 항공사들은 GDS의 개발에 많은 비용을 투입했기 때문에 아직도 대부분의 항공사들이 GDS를 소유하고 있다.

GDS(Global Distribution System)와 HDS(Hotel Data System)들은 공급업자와 여행업자 사이의 중개자들이다. 항공사들에 의해 개발된 CRS(Computer Reservation System)는 서비스의 효율을 높이기 위해서 호텔이나 렌트카 등의 정보를 제공하기 시작하였고, 이러한 CRS들이 모여서 GDS형태로 변화되었으며, GDS에 연결된 호텔들은 HDS라고 불리는 특별한 형태로 발전하였다.

인터넷은 GDS나 여행업자를 통한 것보다 더욱 저렴한 판매기회를 제공하고 있다. 이러한 회사는 Travel Web이나 THISCO와 같은 유통로들로서, 많은 호텔들은 THISCO와 같은 HDS에 참여하였으며, 이를 통하여 GDS나 여행업자를 배제하였다.

GDS로는 Amadeus, System one, Galileo, Apollo, SABRE, Fantasia, Axess, Infini, Worldspan, SAHARA, Abacus(아시아나항공), TOPAS(대한항공) 등이 있다.

표 10-4 GDS별 제공상품 및 서비스

구분	ABACUS	Galileo	TOPAS	Worldspan
단말기	AbacusWhiz	FocalPoint	PBT-WIN	E/M
예약가능 항공사	약 500 ~ 600개 항공사			
발권가능 항공사	BSP-Korea 가입 모든 항공사			
Non-Air	호텔, 렌터카, 철도, 유람선 등			
판매가 시스템	FareX	–	Nego Fare	–
Local CC 승인	국내 승인	해외 승인	국내 승인	해외 승인
국제선 ET	旣 보유	旣 보유	개발 中	旣 보유
Web 여정표	Virtually There	ViewTrip	–	–
인터넷 예약엔진	Basic, XML	XML	Cyber Plus, API	–
Back Office 지원	IUR(제휴)	AUTO DSR	Value Office	TAIR

자료 : 아시아나 아바쿠스 내부자료

An Introduction To Tourism

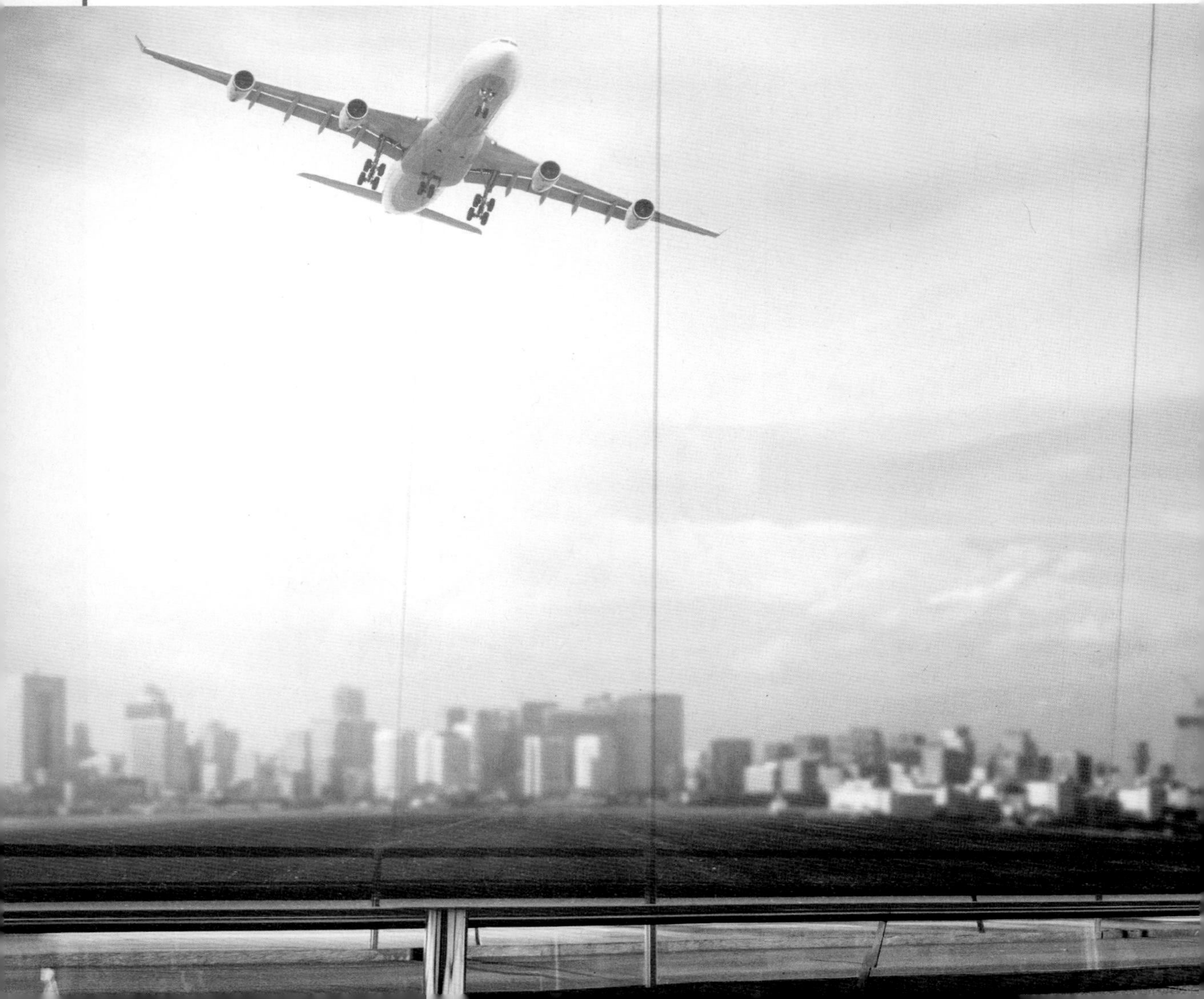

Chapter 11
관광법규와 조직

Chapter 11
—
관광법규와 조직

Ⅰ. 관광법규

1. 관광법규의 구조

사회질서를 유지하기 위해서는 법을 비롯한 여러가지 규범이 있어야 하며, 이는 사회구성원인 인간을 그 규제대상으로 하고 있다. 관광법은 관광객 상호간의 안전을 위하고 관광산업의 발전을 위하며 건전한 관광환경을 조성하기 위해 필요하다.

관광과 연관되는 분야의 질서를 유지하기 위해서는 관광활동과 관련되는 여러 현상을 규율하는 법이 필요하다. 관광법규란 인간의 기본권이며 자유권의 일종인 관광활동을 보호·촉진하는데 필요한 법으로 관광주체·객체·매체의 활동이 원활하게 이뤄질 수 있도록 하는 법이다. 여기서 우리는 관광주체가 인간이기 때문에 인간을 규제하는 법률은 모두 관광법규의 범주에 속한다고 할 수 있으며 인간의 관광활동을 직접 규제하느냐, 간접 규제하느냐에 따라 협의의 관광법규와 광의의 관광법규로 구분하여 설명할 수 있다.

1) 협의의 관광법규

협의의 관광법규는 인간의 기본권이며 자유권의 일종인 관광활동을 직접적으로 보호·촉진하는 데 필요한 법을 말하는데, 관광 진흥을 위해 국가와 지방자치단체의 책임 및 임무와 관광활동이 원활하게 이루어질 수 있도록 하는 여건조성, 관광자원 개발, 관광사업의 지도·육성, 관광자금의 지원 등 관광에 관한 제반현상을 내용으로 한 법을 말한다.

즉 협의의 관광법규란 이러한 관광현상들을 대상으로 한 관광법은 관광기본법, 관광진흥법, 관광진흥개발기금법, 한국관광공사법, 국제회의산업육성에 관한 법률 등이 있다.

(1) 관광기본법

관광기본법은 관광산업의 중요성을 인식하고 국민관광의 진흥에 대한 필요성이 대두되면서 1975년 12월 31일 제정되었다. 이는 관광사업진흥법이 폐지되고 법의 성격을 고려하여 관광기본법과 관광사업법으로 분리·제정하였다. 관광진흥의 방향과 시책의 기본을 정하고 국제친선의 증진과 국민경제의 향상 및 건전한 국민관광의 발전을 도모하기 위해 국가와 지방자치단체가 수행해야 할 책임과 임무를 선언적으로 규정하고 있다.

관광기본법은 전문 14개조로 구성되어 정부로 하여금 관광진흥에 관한 기본적이고 종합적인 시책을 강구하게 함은 물론, 외국인 관광객의 유치촉진, 관광객이 이용할 숙박, 교통, 휴식시설 등의 개선 및 확충, 관광자원의 보호 및 개발, 관광사업의 지도·육성, 관광종사원의 자질향상을 위한 교육·훈련, 건전한 국민관광의 발전, 관광진흥개발기금의 설치 등에 관한 정책을 강구하도록 규정하고 있다.

관광기본법은 실질적인 내용면에서 관광분야의 다른 법률보다 우월한 법적 지위를 갖고 있다. 관광기본법은 형식적으로는 하나의 법률에 지나지 않지만, 실질적으로는 관광분야에 대한 정책의 수립, 예산의 마련, 법령의 제정까지도 일정한 방향으로 이끌어 갈 것을 목적으로 제정된 만큼 관광진흥법이나 관광진흥개발기금법 및 한국관광공사법 등의 내용은 관광기본법의 내용에 저촉되어서는 안되며, 관광기본법의 기본적인 입법목적에 어긋나지 않게 적용되고 해석되어야 한다.

(2) 관광진흥법

관광진흥법은 1986년 12월 31일에 제정·공포되었으며 폐지된 관광사업법의 내용과 관광단지개발촉진법을 흡수통합하였다. 관광진흥법은 총 7장 86조와 부칙으로 구성되어 있으며 관광활동이 원활하게 이루어지도록 제반 관련사항을 주요 내용으로 한 법으로서, 이 법의 목적은 관광여건을 조성하고 관광자원을 개발하며 관광사업을 육성함으로써 관광진흥에 이바지함을 목적으로 하고 있다.

관광여건의 조성이라 함은 관광활동이 원활하게 이루어지도록 하는데 필요한 기본적인 여건을 마련하는 한편, 건전한 국민관광을 발전시키는데 필요한 복지관광(social tourism)을 실현한다는 2가지 의미를 내포하고 있다. 이는 관광의 기본요건의 확보에 그치는 소극적인 의미가 아니라 관광수요에 능동적으로 대처하기 위해 부단히 개선하고 확충해나가는 적극적인 의미로 해석해야 한다.

관광자원의 개발은 관광자원의 가치를 효과적으로 보존하고 새로운 가치를 증진시키는 것으로, 관광자원으로서 잠재적 가치가 있는 자연자원과 인문자원을 개발하여 관광자원화함으로써 국내외 관광객의 관광욕구를 충족시키고 나아가 관광진흥을 도모할 수 있도록 하는 것이다.

관광사업의 육성은 관광 진흥의 척도로, 관광사업은 경제적 효과뿐만 아니라 사회적·문화적 효과까지 촉진하는 조직적 활동이다. 관광사업은 직접적인 이윤추구만을 목적으로 하는 것이 아니라 관광사업의 번영을 통해 국가나 지역사회의 발전에 공헌하는 공익성을 지니고 있으므로 국가가 규제·지도·육성하는 것이다. 관광진흥법에서 관광사업의 등록·허가·지정·신고, 관광사업자의 결격사유·금지행위, 카지노업자의 준수사항, 카지노 영업의 폐쇄조치, 관광종사원의 자격취소, 벌칙 등을 규정하고 있는 것은 관광사업을 건전하게 육성하기 위한 규제내용들이다.

관광사업을 건전하게 육성하기 위해서는 규제만으로는 불충분하고 행정지도가 뒤따라야 하는데 행정지도란 행정주체가 의도하는 바를 실현하기 위해 임의적 협력을 기대하여 행하는 비권력적인 사실행위로서 권고 및 지도가 이에 해당한다. 관광업무를 관장하고 있는 행정기관이 관광사업의 건전한 육성을 위해 필요한 행정지도를 하는 것은 당연한 일이다.

따라서 이 목적을 달성하기 위해 관광사업의 종류와 경영에 관한 사항, 관광사업자의 책임과 의무에 관한 사항, 관광의 진흥과 홍보에 관한 사항, 관광지의 지정과 개발에 관한 사항, 관광종사원의 자격과 교육에 관한 사항, 관광사업자단체에 관한 사항 및 이 법의 집행을 위한 보칙 규정과 이 법을 위반한 자에 대한 벌칙 등을 규정하고 있다.

(3) 관광진흥개발기금법

관광진흥개발기금법은 1972년12월 29일에 관광진흥개발기금의 설치를 목적으로 제정한 법률로, 모두 13개조로 구성되어 있으며 관광사업을 효율적으로 발전시키고 관광외화수입 증대에 기여하기 위해 제정되었다.

관광산업은 외화획득산업으로서 국제수지 개선에 크게 기여하고, 국민복지차원에서 건전한 국민관광을 위한 휴식공간과 오락시설을 제공하고 있으나, 관광호텔업, 종합휴양업 등의 관광사업은 타 산업에 비해 고정자산의 비율이 높고, 투자자본의 회수기간이 길기 때문에 적극적인 민자유치가 어려운 실정이다. 따라서 정부는 관광산업의 육성을 위한 제도금융으로 관광진흥개발기금법을 제정하여 기금을 설치·운영토록 하였다.

관광진흥개발기금은 정부로부터의 조성금, 카지노 사업자의 납부금, 내국인·국외여행자의 납부금, 기금운영에 의하여 생기는 수익금, 기타 재원으로 조성하며, 문화체육관광부장관이 이를 관리·운영한다. 그 용도는 관광호텔을 비롯한 각종 관광시설의 건설 및 개보수, 관광교통수단의 확보 및 개보수, 관광사업의 발전을 위한 기반시설의 건설 및 개보수 등에 대여하고, 관광정책에 관한 조사·연구를 행하는 법인의 기본재산 형성 및 조사·연구사업, 기타 운영에 소요되는 경비를 보조할 수 있다. 또한 기금은 국외여행자의 건전관광교육 및 관광정보제공사업, 국내외 관광안내체계 개선 및 관광홍보사업, 관광사업종사자 및 관계자에 대한 교육훈련사업, 국민관광진흥사업, 기타 관광사업의 발전을 위하여 필요한 것으로서 대통령령이 정하는 사업에 대여 또는 보조할 수 있다.

또한 문화체육관광부장관은 관광특구를 방문하는 관광객의 편리한 관광활동을 위하여 관광특구 안의 문화·체육·숙박·상가시설로서 관광객 유치를 위하여 특히 필요하다고 인정하는 시설에 대하여 관광진흥개발기금을 보조 또는 융자할 수 있는데(관광진흥법 제68조의 2. 제2항), 기금을 대여 또는 보조받을 때에는 지정된 목적 외에 이를 사용하지 못하며 목적 외에 사용하였을 때는 대여 또는 보조를 취소하고 이를 회수하도록 하고 있다.

(4) 한국관광공사법

한국관광공사법은 1962년 4월 국제관광공사법으로 제정되었으며, 1982년 11월에 한국관광공사법으로 개칭되었다. 이에 따라 국제관광공사도 한국관광공사로 개칭되었다.

한국관광공사는 정부투자기관으로서 설립되어 관광진흥, 관광자원개발, 관광산업의 연구, 관광요원의 양성과 훈련, 기타 관광사업의 발전에 필요한 선도사업을 행하게 함으로써 관광객의 수용태세에 만전을 기하고, 외래

관광객의 유치를 증진하며, 국민관광을 발전시켜 국가경제발전과 국민복지증진에 기여함을 목적으로 하고 있다.

(5) 국제회의산업육성에 관한 법률

국제회의산업육성에 관한 법률은 1996년 12월30일 법률 제5210호로 제정되었으며, 이는 국제회의의 유치를 촉진하고 그 원활한 개최를 지원하여 국제회의산업을 육성·진흥함으로써 관광산업의 발전과 국민경제의 향상 등에 이바지함으로 목적으로 하고 있다.

국제회의는 국제사회의 발달로 인해 인적 교류가 활발해지면서 점차 그 규모가 확대되어 가고 있어, 이를 통해 대규모 관광수요를 유발하고 관광수입을 증대하며 관광수요시설을 최대한 이용할 수 있다는 이점을 고려하여 국제회의산업을 관광과 연계하여 발전시켜 나갈 필요가 대두되었다.

따라서 국제회의산업육성에 관한 법률을 제정하여 국제회의산업의 육성·진흥을 위한 국가의 책무, 국제회의산업육성 기본계획의 수립, 국제회의 유치 등의 지원, 국제회의도시의 지정 및 지원, 국제회의 전담조직의 설치 등에 관한 내용을 규정하고 국제회의산업이 발전할 수 있는 토대를 마련함과 아울러 1999년 1월21일 관광진흥법을 개정하여 종전의 국제회의용역업을 폐지하고, 이를 대신하여 국제회의업을 관광사업종으로 신설하였다.

(6) 외식산업진흥법

외식산업진흥법은 2011년 3월9일 법률 제10454호로 제정되었으며 이는 외식산업의 육성 및 지원에 필요한 사항을 정하여 외식산업 진흥의 기반을 조성하고 경쟁력을 강화함으로써 국민의 삶의 질 향상과 국민경제의 건전한 발전에 이바지하는 것을 목적으로 하고 있다.

외식산업은 서비스 사업으로서 타산업과는 다른 생산활동 및 운영체계를 지니고 있다. 외식산업은 음식과 음료를 만들거나 가공한다는 점에서는 제조업과는 같다고 볼 수 있지만, 일반 대중에게 직접 서비스한다는 점에서 일반 제조업과는 다른 생산활동 및 운영체계를 지니고 있다고 볼 수 있다.

외식산업은 부가가치가 높은 산업으로 고용창출효과가 클 뿐만 아니라 여타 문화 산업 등과 결합하여 국민경제의 질적인 수준을 향상시키는 산업이라고 할 수 있다.

2) 광의의 관광법규

광의의 관광법규는 관광과 관련되는 개별행정법으로서, 관광활동을 간접적으로 보호·촉진하는 데 필요한 법이다. 관광의 주체는 인간이기 때문에 사회질서유지 차원에서 인간을 규제하는 모든 법은 관광법규의 범주에 속한다고 할 수 있으며, 관광활동을 직접적으로 보호·촉진하는 법을 제외한 나머지 법 중 관광활동을 간접적으로 보호·촉진하는 법을 광의의 관광법규라 할 수 있다.

관광관련 법규는 무수히 많으나 그 중에서 관광과 밀접한 관계를 갖고 있는 법률은 여권법, 출입국관리법, 공중위생관리법, 식품위생법, 문화재보호법, 자연공원법 등이다.

(1) 여권법

여권법은 외국에 여행하고자 하는 국민에게 여권의 발급, 여권의 효력과 발급절차, 그 밖의 여권에 관해 필요한 사항을 규정함을 목적으로 1961년 12월 31일에 제정되었으며, 총 7장 26조로 구성되어 있다.

여권(passport)이란 국제여행용의 신분증명서를 지칭하는 말로, 이의 기본적 역할은 국제여행용의 공식적인 신분증명서로, 외국을 여행하려는 국민은 이 법에 따라 외교통상부장관이 발급한 여권을 소지하여야 한다.

여권의 종류는 일반여권·관용여권과 외교관여권이 있으며 이를 각각 1회에 한하여 외국여행을 할 수 있는 여권(단수여권)과 유효기간 만료일까지 횟수에 제한 없이 외국여행을 할 수 있는 여권(복수여권)으로 구분할 수 있다. 관용여권과 외교관여권의 발급대상자는 대통령령으로 정하며, 유효기간은 일반여권은 10년 이내이며, 관용여권과 외교관여권은 5년 이내이다.

오늘날의 세계 각국은 일반적으로 타국의 국민이 임의로 자국의 영역에 입국하거나 체재하는 것을 일반적으로 인정하지 않고 있는데, 외국인의 자국에의 입국·체제를 허가하는 요건의 하나로 여권 또는 이에 대신하는 적당한 여행문서의 허가 및 제시를 의무화하고 있다. 이와 같이 여권이 해외를 여행하는 사람들에게는 필수적인 것이라 할 때 여권법이 내포하고 있는 관광과의 연관성은 매우 크다고 하겠다.

(2) 출입국관리법

출입국관리법은 대한민국에 입국하거나 대한민국에서 출국하는 모든 국민 및 외국인의 출입국관리와 대한민국에 체류하는 외국인의 체류관리 및 난민(難民)의 인정절차 등에 관한 사항을 규정함을 목적으로 1963년 3월 5일에 제정한 법으로, 총 11장 106조로 구성되었다.

출입국관리(frontier formalities)라 함은 사람 또는 재화의 출입국에 관한 정부의 규제 및 제반 수속절차를 말한다. 따라서 출입국관리법은 국민의 출입국, 외국인의 입국 및 상륙, 외국인의 체류와 출국, 대한민국에 거주하고자 하는 외국인의 등록, 외국인의 강제 퇴거, 선박·항공기 등과 그 승무원의 출입국에 관한 사항, 선장·기장 등의 장 및 운송업자의 책임 등에 관해 규정하고 있다.

이와 같이 출입국관리는 여행자를 직접 관리하는 것으로서, 각국은 여행

왕래를 촉진한다는 견지에서 각종 수속의 간소화 내지 신속화를 위한 노력을 계속하고 있다.

(3) 공중위생관리법

공중위생관리법은 공중이 이용하는 영업과 시설의 위생관리 등에 관한 사항을 규정함으로써 국민보건을 위한 위생수준을 향상시켜 국민의 건강증진에 기여함을 목적으로 1986년 5월 10일 제정된 법으로, 총 23조로 구성되어 있다.

공중이 이용하는 영업과 시설의 위생관리 등에 관한 사항은 위생접객업·기타 위생관련영업시설 및 운영 등에 관한 사항과 공중이용시설, 식수·음료수 및 위생용품의 위생관리 등에 관한 사항을 말하며 국민의 건강증진은 공공복리의 증진과 같은 의미이다.

공중위생영업은 다수인을 대상으로 위생관리서비스를 제공하는 영업으로서 숙박업·목욕장업·이용업·미용업·세탁업·위생관리용역업을 말하며, 공중위생관리법은 국민보건을 위해 ① 숙박업·목욕장업·이용업·미용업·유기장업 등과 같은 위생접객업소의 위생관리 ② 세탁·위생관련용역업·위생처리업소의 위생관리, ③ 하수처리제·세탁제·위생종이·1회용젓가락 등과 같은 위생용품 제조업소의 위생관리, ④ 공중위생관리대상의 공중이용시설 위생관리에 관한 사항을 규정하고 있다.

모든 관광객은 국민 또는 외국인을 불문하고 관광을 하는 도중에 반드시 위생접객업소(숙박업, 이용업, 목욕장업, 유기장업 등)를 이용하는 경우가 많으므로 이를 규제하고 있는 공중위생관리법은 관광과 밀접한 관련이 있는 법이라 하겠다.

(4) 식품위생관리법

식품위생관리법은 식품으로 인하여 생기는 위생상의 위해(危害)를 방지하고 식품영양의 질적 향상을 도모하며 식품에 관한 올바른 정보를 제공하여 국민보건의 증진에 이바지함을 목적으로 1999년 2월 8일 제정한 법으로, 총 13장 102조로 구성되어 있다.

이 법에서 식품이란 의약으로 섭취하는 것을 제외한 모든 음식물을 말하며 식품첨가물이란 식품을 제조·가공 또는 보존하는 과정에서 식품에 넣거나 섞는 물질 또는 식품을 적시는 등에 사용되는 물질을 말한다. 이 경우 기구(器具)·용기·포장을 살균·소독하는 데에 사용되어 간접적으로 식품으로 옮아갈 수 있는 물질을 포함한다. 식품위생"이란 식품, 식품첨가물, 기구 또는 용기·포장을 대상으로 하는 음식에 관한 위생을 말한다.

관광객은 관광을 하면서 필수적으로 음식을 섭취해야 하고 이들에게 안전식품을 제공하기 때문에 영양의 질적 향상을 기하는 식품위생법은 관광과 밀접한 관련이 있는 법이라 하겠다.

(5) 문화재보호법

문화재보호법은 문화재를 보존하여 민족문화를 계승하고, 이를 활용할 수 있도록 함으로써 국민의 문화적 향상을 도모함과 아울러 인류문화의 발전에 기여함을 목적으로 1962년 1월 10일에 제정하였으며, 총 8장 117조와 부칙으로 구성되어 있다. 문화재보호법은 문화재의 지정, 관리, 보호, 공개, 조사 등에 관해 규정하고 있다.

이 법에서 문화재란 인위적이거나 자연적으로 형성된 국가적·민족적·세계적 유산으로서 역사적·예술적·학술적·경관적 가치가 큰 유형문화재, 무형문화재, 기념물, 민속자료 등을 말한다.

유형문화재는 건조물, 전적(典籍), 서적(書跡), 고문서, 회화, 조각, 공예품 등 유형의 문화적 소산으로서 역사적·예술적 또는 학술적 가치가 큰 것과 이에 준하는 고고자료(考古資料)이고, 무형문화재는 연극, 음악, 무용, 공예기술 등 무형의 문화적 소산으로서 역사적·예술적 또는 학술적 가치가 큰 것을 말한다.

기념물은 절터, 옛무덤, 조개무덤, 성터, 궁터, 가마터, 유물포함층 등의 사적지(史蹟地)와 특별히 기념이 될 만한 시설물로서 역사적·학술적 가치가 큰 것, 경치 좋은 곳으로서 예술적 가치가 크고 경관이 뛰어난 것, 동물(그 서식지, 번식지, 도래지를 포함한다), 식물(그 자생지를 포함한다), 광물, 동굴, 지질, 생물학적 생성물 및 특별한 자연현상으로서 역사적·경관적 또는 학술적 가치가 큰 것을 말한다.

민속자료는 의식주, 생업, 신앙, 연중행사 등에 관한 풍속이나 관습과 이에 사용되는 의복, 기구, 가옥 등으로서 국민생활의 변화를 이해하는 데 반드시 필요한 것을 말한다.

문화재는 민족의 유구한 창조적 슬기가 담겨 있는 국민 모두의 정신적 재산이므로 외국관광객에게 전통문화를 소개할 수 있는 중요한 관광자원이 되고 있다.

(6) 자연공원법

자연공원법은 자연공원의 지정·보전 및 관리에 관한 사항을 규정함으로써 자연생태계와 자연 및 문화경관 등을 보전하고 지속 가능한 이용을 도모함을 목적으로 1980년 1월 4일에 제정하였으며, 총 8장 87조와 부칙으로 구성되어 있다.

자연공원은 자연자원과 유적, 휴양자원 등 공원자원을 포함하고 있는 수려한 자연풍경지로서 국립공원, 도립공원, 군립공원으로 구분하고 있으며 이들은 중요한 관광자원이 되고 있다.

국립공원이란 우리나라의 자연생태계나 자연 및 문화경관을 대표할 만

한 지역에 지정된 공원이고, 도립공원이란 특별시·광역시·도 및 특별자
치도의 자연생태계나 경관을 대표할 만한 지역에 지정된 공원이며, 군립공
원이란 시·군 및 자치구의 자연생태계나 경관을 대표할 만한 지역에 지
정된 공원을 말한다.

국가, 지방자치단체 및 국민은 공원자원을 보호·육성하여 자연의 질서
를 유지·회복하는데 정성을 다해야 하며 또한 자연공원을 보호·육성하여
국민의 적정한 이용을 도모할 수 있도록 조화 있게 개발·관리해야 한다.
이에 따라 정부는 자연공원 탐방객을 위한 편의시설의 정비·확충 및 산악
오지의 개발을 통한 지역주민의 소득증대사업을 계속 추진하고 있다.

그리고 자연공원의 금지행위나 출입금지조치 등은 공원자원을 보전하고
탐방객의 적정한 이용을 도모하기 위한 제도적 장치라 할 수 있다.

2. 관광법규의 특성

관광법규는 관광에 관한 사회질서를 유지하기 위해 관광활동에 관계되
는 제반현상을 규제하거나 조성하는 법을 말한다. 다시 말해서 관광법규는
관광활동이 원활하게 이뤄지도록 관광여건을 조성하고 관광자원을 개발하
며 관광사업을 육성함으로써 관광진흥에 이바지함을 목적으로 제정된 행
정법이라고 할 수 있다.

관광은 사회적·국가적 관심사이므로 정부는 관광현상에 적극적인 개입
을 통하여 관광객을 보호하고, 관광산업의 활성화에 기여하며, 관광이 건
전하게 유도될 수 있도록 선도자의 역할을 담당해야 한다. 따라서 관광법
규는 국가와 지방자치단체 등의 행정주체가 관광진흥이라는 목적달성을
위하여 우선적으로 이행해야 할 책임과 의무를 규정하고 있다.

관광법규가 지니고 있는 특성은 행정법으로서의 특성과 관광법규 고유
의 특성으로 나누어 설명할 수 있겠다.

1) 행정법규로서의 특성

행정법은 다수의 국민을 상대로 하여 그의 권리, 의무에 관해 일방적으로 명령·강제하는 것을 내용으로 하는 것이 보통이기 때문에 국민에게 예측가능성을 주는 것과 동시에 법적 생활의 안정성을 도모하기 위해서는 그 법규의 내용을 명확하게 할 수 있도록 성문화하는 것이 필요하므로 성문법주의를 원칙으로 하고 있다.

관광법규는 관광에 관한 사회질서를 유지하기 위해 제정된 관광행정법으로서 행정주체의 우위성, 행정법의 획일성 및 강제성, 행정법의 기술성과 같은 특성을 지니고 있다.

(1) 행정주체의 우위성

관광법규도 관광행정 목적을 달성하기 위해 행정주체가 개인에 대해 그 의사에 관계없이 일방적으로 명령 및 강제할 수 있는 우위성을 규정하고 있다.

(2) 행정법의 획일성 및 강제성

관광법규는 관광진흥이라는 행정목적을 달성하기 위해 행정기관의 의사대로 행하려는 획일성과 강제성을 갖는다.

(3) 행정법의 기술성

관광법규는 관광이라는 전문분야의 행정목적을 합리적으로 달성하기 위해 기술적이고 전문적인 분야의 규정이 많으며, 이러한 특성으로 인하여 관광현상이라는 사회적 변동에 더욱 민감하게 대처하기 위해 빈번한 개정이 있게 마련이다.

2) 관광법규 고유의 특성

(1) 임무법적 성격

관광법규는 법의 목적을 달성하기 위해 우선적으로 국가와 지방자치단체 등 관광행정의 주체가 관광진흥을 위해 이행해야 할 책임과 의무를 규정하고 있다. 중앙정부 및 지방자치단체는 국민 관광활동의 질적 만족을 위해서 최소한의 계획 및 통제를 행사할 필요가 있다.

(2) 질서법적 성격

관광사업도 영리추구를 위해 경영하는 기업의 일종이므로 시장경제의 원리와 자율성이 존중되어야 한다. 그러나 지나친 상업성으로 인해 관광의 본질을 왜곡시키는 결과를 초래하는 경우가 있을 수 있으므로 관광객의 편의도모와 권익보호를 위해 관광사업자를 지도하거나 규제하지 않으면 안 된다. 이에 따라 관광과 관련되는 질서의 유지를 위해 관광사업자의 사업활동을 제한하거나 규율을 규정하여 관광이 건전하게 유도되고 가치지향적 방향으로 전개되어야 한다.

(3) 영리보장법적 성격

관광은 국제수지균형, 지역경제발전과 고용창출의 잠재력이 크기 때문에 정부는 관광성장을 장려하기 위해서 불필요한 제약과 부담을 배제함으로써 관광산업의 활성화를 도모하고 있다. 관광사업은 영리추구를 목적으로 관광시설을 이용하게 하고 그 대가를 받아 영위하는 사업으로서, 관광진흥법은 관광사업자가 기업활동을 함에 있어 영리성을 보장하고 관광진흥에 역행하는 기업활동은 규제하는 양면성을 갖고 있다고 할 수 있다.

(4) 신뢰보장법적 성격

관광산업은 대외지향적이고 정치·경제·사회·문화적 환경과 국가간의 관계에 따라 불안정하기 쉽고, 관광객을 보호하고 관광사업에 있어 신뢰성을 보장하기 위해 관광진흥법은 관광사업자에 대해 여러가지 책임과 의무를 부여하고 있다. 즉, 관광진흥법은 등록 등을 하거나 지정을 받은 자에 한하여 관광사업을 할 수 있게 하고, 결격사유에 해당하는 자나 행위능력이 없는 자가 관광사업을 경영하지 못하도록 자격을 제한하고 있다.

그리고 관광진흥법에 의한 명령이나 처분을 위반하였을 때에는 등록, 허가, 지정 등의 취소나 사업의 정지를 명할 수 있게 하여 신뢰성을 보장하고 있다.

3. 관광법규의 변천과정

1) 관광의 여명기(1950년대)

한국의 관광사업은 철도의 발달과 더불어 발전하였는데, 1912년에 부산과 신의주에 철도호텔을 건설하여 운영한 것이 실질적인 관광사업의 효시라고 할 수 있다.

1938년에는 당시 최대 규모를 자랑하는 반도호텔이 등장하였지만, 한국인의 관광은 극히 제한받고 있었으므로 관광현상의 측면에서 보면 암흑기라고 할 수 있었다.

우리나라 사람이 관광사업을 경영한 것은 1945년 해방 후이지만, 관광행정체제가 확립되기도 전에 한국전쟁이 발생했다. 1950년 12월에 교통부 총무과 소속으로 관광계를 신설하여 철도·호텔 업무를 관장하게 하였고, 1954년 2월 대통령령 1005호로 교통부 육운국에 관광과로 승격하고 관광사업에 대한 행정적인 체제를 마련하기 시작하였다.

2) 관광의 기반 조성기(1960년대)

한국의 관광사업은 1960년대에 들어서서 조직과 체계를 갖추고 정부의 강력한 정책적 뒷받침을 마련하는 등 관광사업 진흥을 위한 기반을 구축하기 시작하였다.

정부는 관광사업의 중요성과 관광진흥의 필요성을 인식하고, 경제발전을 위한 외화획득 목적으로 관광사업에 대한 정책적 지원과 관광행정의 적극적 지원과 진흥을 위하여 정부수립 후 처음으로 관광법규를 제정하여 관광질서를 확립함과 동시에 관광행정조직의 정비, 관광지 개발을 위한 지정관광지의 지정, 관광사업의 국제화 추진 등 관광사업 발전에 필요한 기반을 조성하였다.

(1) 관광사업진흥법 제정

관광사업진흥법은 1961년 8월 22일 제정·공포된 최초의 법률로, 우리나라 관광법규의 효시가 되었다. 관광사업진흥법은 관광질서의 확립, 관광행정조직의 정비, 관광지의 지정, 관광사업의 국제화를 규정하였다. 이 법에서는 관광사업의 종류를 여행알선업, 통역안내업, 관광호텔업, 관광시설업 등 4업으로 구분하였고, 4차('63, '67, '71, '73)에 걸친 개정 끝에 관광사업을 여행알선업, 통역안내업, 관광호텔업, 관광시설업, 토산품판매업, 관광교통업, 관광삭도업 등 7가지로 구분하였다.

(2) 국제관광공사법 제정

국제관광공사법은 1962년 4월 제정·공포되었다. 국제관광공사는 한국관광공사의 전신으로, 여기서는 관광선전, 관광객에 대한 제반 편의 제공, 외국관광객의 유치와 관광사업 발전에 필요한 선도적 사업을 경영, 관광종사원의 양성과 훈련을 담당하도록 하였다. 이 법은 1982년 11월에 개정하여 한국관광공사법으로 명칭을 변경하였다.

(3) 관광행정조직 정비

1963년에는 교통부 직제를 개정하여 관광과를 관광국으로 승격시키고 관광국 내에 기획과와 업무과를 두었다.

표 11-1 관광법규의 변천과정

1960년대	1970년대	1980년대	1990년대
관광사업진흥법(1961.08.02~1975.12.31)	관광기본법(1975.12.31~현재)		
	관광사업법 (1975.12.31~1986.12.31)	관광진흥법 (1975.12.31~현재)	
	관광단지개발촉진법 (1975.12.31~1986.12.31)		
국제관광공사법(1962.04.24~1982.11.29)		한국관광공사법(1982.11.29~현재)	
			국제회의산업육성에 관한법률 (1996.12.30~현재)
		올림픽 등에 대비한 관광숙박업 등의 지원에 관한 법률 (1986.05.12~1988.12.31)	관광숙박시설지원 등에 관한 특별법 (1997.01.13~2002.12.31)

관광의 중앙행정기관으로 신설된 관광국은 관광에 대한 종합적인 정책의 수립과 조정업무를 담당하고, 시·도의 관광업무 및 감독기능을 수행하게 함으로써 처음으로 통일성 있고 일관된 관광행정을 집행할 수 있게 되었다.

1965년에는 대통령령으로 관광정책심의위원회 발족하고 관광정책에 관한 주요사항을 심의·의결하게 함으로써 이 기구의 법적 지위를 높이는 한편 기능을 강화하였다.

3) 관광의 성장기(1970년대)

1970년대에 들어와서 정부는 관광사업을 경제개발계획에 포함시켜 국가 전략사업으로 육성함과 동시에 관광수용시설의 확충, 관광단지 개발 및 관광시장의 다변화 등을 적극 추진하여 1978년에는 외래관광객 100만 명을 돌파하였다. 이 시기에는 관광의 발전에 따라 종래의 관광법규를 재정비하고 관광행정조직도 전면적으로 보완하였다.

(1) 관광진흥개발기금법의 제정

정부는 1972년에 12월 29일 관광사업을 효율적으로 발전시키고 관광외화수입의 증대에 기여하기 위하여 13개조로 구성된 관광진흥개발기금법을 제정하고 관광진흥개발기금을 조성하였다. 이 법은 기금의 설치, 재원, 관리, 회계연도, 용도, 운용, 기금운용위원회의 설치에 관한 규정을 두고 있다. 정부는 고정자산의 비율이 높고, 투자자본의 회수기간이 긴 관광산업의 특성상 재정투자가 힘든 것을 고려하여 관광시설의 건설 및 개보수, 관광지 및 관광단지의 개발, 관광객 편의시설의 건설과 관광사업의 운영자금을 지원하기 위해 관광진흥개발기금법을 제정하였는데, 이는 관광사업의 발전은 물론 관광외화수입 증대에 기여하도록 하기 위한 것이었다.

(2) 관광단지개발촉진법

관광단지개발촉진법은 1975년 4월에 제정·공포되었는데, 이 법은 1974년 경주보문관광단지와 제주중문관광단지 등과 같은 국제수준의 관광단지 개발을 촉진하게 함으로써 관광사업 발전의 기반을 조성했다. 그러나 관광단지개발촉진법은 1986년 관광진흥법의 제정으로 이에 흡수되어 폐지되었다.

(3) 관광기본법 제정·공포

1975년 12월 31일 법률 제 2877호로 제정·공포된 관광기본법은 관광진흥의 방향과 시책의 기본을 규정함으로써 국제친선의 증진과 국민경제의 향상을 기하고 건전한 국민관광의 발전을 도모함을 목적으로 하고 있다. 관광기본법은 우리나라 관광행정에 관한 국가시책의 기본방향을 정하고 중앙정부 및 지방자치단체가 관광행정의 목적을 달성하기 위하여 헌법적 역할을 수행하기 위하여 책임과 의무를 선언하고 있다. 따라서 관광진흥법, 한국관광공사법, 관광진흥개발기금법, 국제회의산업육성에 관한 법률 등의 관광법은 관광기본법의 목적과 이념에 합치되어야 하며 관광기본법의 내용에 저촉되어서는 안된다.

(4) 관광사업법의 제정

1975년 12월 31일 법률 제 3088호로 제정·공포된 관광사업법은 관광사업의 종류를 여행알선업, 관광숙박업, 관광객이용시설업의 3종류로 크게 분류하고 여행알선업과 관광종사원 및 관광지 지정 등에 관한 사항을 구체적으로 규정하는 한편, 규제적 성격을 강화하는 것을 주요 내용으로 하였다. 종래의 관광사업진흥법이 폐지되고 관광기본법과 관광사업법이 제정되었으며 이때부터 관광기본법을 근간으로 관광행정을 주도할 관광법규 체계가 정상화되었다고 할 수 있다.

(5) 관광행정조직의 강화

관광사업이 양적으로 확대됨에 따라 1972년 8월에 교통부직제를 개정하여 관광국의 업무과를 폐지하고 기획과, 지도과 및 시설과를 신설하여 관광행정기구를 보강함과 동시에 지방자치단체인 서울, 부산, 강원, 제주도에는 관광과를, 기타 7개도에 관광운수과내에 관광계를 두어 관광업무를 관장하게 하여 관광진흥을 위한 강력한 행정력이 뒷받침되었다.

더욱이 1979년 9월에는 교통부 관광국을 관광진흥국과 관광지도국으로 확대·개편하고 관광지도국 내에 국민관광과를 신설하여 관광지의 지도 및 개발은 물론, 정책수립의 입안이 시행되었다.

4) 관광의 도약기(1980년대)

1980년대에는 한국의 관광이 도약한 시기로서 국제관광정책에 집중한 시기라고 할 수 있다. 86 아시안게임, 88 올림픽의 서울개최 등으로 인해 1988년에는 외래관광객 200만 명을 돌파하였으며, 1989년 국민해외여행의 자유화 실시로, 국제관광과 국민관광을 동일차원에서 추진하는 관광정책으로 전환하게 되었는데, 메가이벤트와 국제회의 및 전시·박람회 등을 계기로 새로이 발생하는 관광수요에 적극적으로 대처하기 위해 관광법규의 전면적 개편이 필요하게 되었다.

(1) 관광진흥법의 제정

1986년 12월 31일 제정된 관광진흥법은 관광사업법을 폐지하고 이의 내용을 대부분 답습함과 동시에 폐지된 관광단지개발촉진법을 흡수·통합하였다.

이 법은 이제까지의 규제·감독중심이며 질서행정법의 성격을 지녔던 관광사업법을 관광진흥의 중심이며 급부행정법으로서의 성격으로 개정하였다.

관광진흥법은 우리나라 관광행정의 핵심적인 법이라고 할 수 있는데, 관광여건 조성, 관광자원 개발, 관광사업의 지도 및 육성을 도모함으로써 관광진흥에 기여함을 목적으로 하고 있으며, 관광사업의 종류를 확대하고 관광지와 관광단지의 개발업무를 통합하였다. 또한 과징금의 법적 근거를 마련하고 청문제도를 도입하는 우리나라 관광법규의 근간을 이루고 있다.

(2) 국제관광공사법의 개정

정부의 관광정책이 종래의 국제관광 우선정책에서 국제관광과 국민관광이 함께 발전할 수 있는 병행정책으로 전환됨에 따라, 국제관광공사법을 1982년 11월에 한국관광공사법으로 변경하고 국제관광공사를 한국관광공사로 개칭하였다.

5) 관광의 강화기(1990년~2000년대)

한국의 관광산업은 1990년대에 침체기를 맞이하게 되는데, 이유는 올림픽과 연계한 관광조성 붐이 실패하였고, 관광진흥정책의 후퇴로 국제경쟁력 약화되었으며, 해외여행 자유화(1989)에 따른 과다한 관광비용 지출로 관광수지 적자를 기록했다. 그러나 IMF 이후, 원화의 평가절하로 한국관광 요금이 종전의 절반 수준으로 저렴하게 되자, 외국관광객이 증가한 반면 내국인 여행자 수는 크게 감소하여 1998년부터 관광수지가 다시 흑자로 전환하게 되었다.

대규모 행사 개최는 관광발전의 좋은 기회를 맞이할 수 있게 하였는데, 이에 따라 관광진흥을 저해하는 여러 내부요인들을 극복하고 국가경쟁력을 강화하여 재도약의 발판을 구축하는 관광관련법규의 일대 보완이 필요하게 되었다.

관광진흥법을 몇 차례 개정하여 관광특구에 대한 지원을 강화하고 행정처분 효과를 승계하였으며 관광사업의 등록업무를 지방자치단체의 장에게 이양하였다. 또한 정부조직법을 개정하여 관광기능을 문화체육관광부로 이관하였으며, 관광숙박시설 지원 등에 관한 특별법과 국제회의산업 육성에 관한 법률을 제정하였다.

세계관광기구(UNWTO)는 2000년대를 세계 대여행시대로 선포했으며, 평화분위기 확산, 경제안정·성장의 지속, 여행정보산업의 획기적 발달, 무국경·무사증화 등의 상황변화, 항공기의 초음속화로 인한 여행시간·거리의 단축, 대형화로 인한 여행요금의 저렴화로 인해 관광의 수요가 증가하였다.

Ⅱ. 관광행정조직과 관련단체

1. 관광행정조직

1) 정부관광조직의 의의

과거에는 많은 정부관광기구들의 역할이 관광 및 관광산업 발전을 위한 진흥업무에 한정되어 있었으나 오늘날 대다수 국가의 정부관광기구가 국가차원의 관광선전기관으로서의 성격을 갖고 있다.

정부관광행정조직이라 함은 정부차원의 관광행정업무를 관장하는 국가기관을 말하는데, 종래에는 관광분야에 대한 중앙정부의 관할사항을 집행하는 주된 기관으로서의 정부관광기구를 말하였으며, NTO(National Tourists Organization or National Tourists Office)라는 용어로 사용되었다. 그러나 현재에는 관광진흥 위주의 NTO체제를 탈피하고, 관광진흥 외에 여러가지 기능도 수행하는 포괄적인 관광행정체제로 전환하고 있으며, NTA(National Tourism Administrations)라는 용어를 사용하고 있다.

세계관광기구(UNWTO)의 전신인 국제관설관광기구(IUOTO; International Union of Official Travel Organizations)는 NTO의 가장 공통적인 기능을 관광진흥이라고 하였으나, 오늘날 세계 각국의 정부관광기구의 형태는 국가

제도내에서의 위치, 법적 지위, 활동영역 및 소관업무 등 그 나라의 특수사정과 여건에 따라서 다르며, 이러한 여건은 정치제도, 경제 및 사회발전수준, 관광발전 및 특정관광개발목표 등과 관련된다.

2) 우리나라의 관광행정조직

(1) 관광행정조직의 변천과정

우리나라의 관광행정업무는 중앙에서 문화체육관광부장관이, 지방에는 각 시·도지사가 각각 수행해나가고 있다.

우리나라 관광행정조직의 역사를 살펴보면, 1950년 12월에 교통부 총무과 소속으로 관광계를 설치함으로써, 교통부장관이 관광에 관한 행정업무를 관장하기 시작하였다. 그 후 1954년 2월 10일 대통령령 제1005호로 교통부 육운국 관광과로 승격하였고, 1963년 3월 31일에 다시 관광과를 관광국으로 승격하여 관광행정조직을 강화함으로써 우리나라 관광이 발전할 수 있는 기틀을 마련하였다.

그러나 1994년 12월 23일 법률 제4831호로 개정·공포된 정부조직법에 의해 교통부장관이 관장하고 있던 관광업무가 문화체육부장관으로 이관됨으로써 우리나라 관광행정의 중앙관청은 문화체육부장관이 되었다. 그 후 1998년 2월 28일 정부조직법을 개정하여 문화체육부를 문화관광부로 명칭을 변경하여 관광이란 용어가 처음으로 정부중앙부처의 명칭에 들어가게 되었다. 현재는 문화체육관광부 장관이 관광사무에 관해 지방행정의 장을 지휘·감독한다.

그런데 관광사업은 여러 가지 업무를 복합하여 경영하는 특성을 가지고 있기 때문에 많은 정부부처가 직접·간접적으로 관광과 관련된 사무를 관장하고 있어, 어느 한 행정부서가 단독으로 이를 처리할 수 없는 문제가 발생하고 있다. 예를 들면, 관광과 관련이 많은 여권·사증발급은 외교통상부, 금융·관세업무는 재정경제부, 출입국관리업무는 법무부, 농림 및 축산 업무는 농림부, 관광용 식자재 수입은 산업자원부, 도로건설 및 공원에 관한 업무는 건설교통부, 보건위생은 보건복지부, 우편·통신은 정보통신부 등이 각각 관장하고 있다.

이상과 같이 관광과 관련된 업무를 정부 각 부처가 관장하고 있기 때문에 정부조직법상 관광에 관한 업무를 관장하는 문화체육관광부 장관도 관계부처의 협력과 조정 없이는 단독으로 관광진흥을 도모하는 종합적인 정책을 수립하기 어려운 실정이다. 따라서 정부는 이와 같이 다원화되어 있는 관광업무의 효율적인 추진을 위해 국무총리 소속하에 관광정책 심의위원회를 두고 운영하여 왔다. 그러나 2002년 관광기본법을 개정하여 이를 폐지하였다.

(2) 문화체육관광부 관광국과 시·도의 관광과

국가행정기관이란 국가의 행정사무를 담당하기 위해 국가에 의해 설치된 행정기관을 말한다. 이에는 중앙행정기관과 지방행정기관이 있는데, 전자는 행정관청 권한의 지역적 한계가 전국에 미치는 행정관청을 말하며, 후자는 특정한 지역을 구획하여 그 범위 안에서만 미치는 행정관청을 말한다. 행정관청의 권한은 일반적으로 헌법 또는 법률에 의해 정해지는 것이며, 행정관청이 스스로 결정 또는 변경할 수 없다.

헌법 제96조의 규정에 의하여 제정된 정부조직법은 문화체육관광부 장관에게 관광에 관한 사무를 정리하도록 하고(제35조 제1항), 관광사무에 관하여 지방행정의 장을 지휘·감독하게 하고 있다(제29조 3항). 그러므로 우리나라 관광행정의 주무관청은 중앙에는 문화체육관광부 장관, 지방에는 각 시·도지사가 관광업무를 수행해 나가고 있다. 이에 따라 관광행정의 국가기관으로는 문화체육관광부에 관광국을 설치하여 관광에 관한 종합적인 시책의 수립·조정업무를 담당하게 하고, 각 시·도에는 관광국 또는 관광과를 설치하여 관광행정의 집행업무를 담당하게 하고 있다.

관광행정기구를 좀 더 구체적으로 기술하면, 중앙관광행정기구인 문화체육관광부 관광국 내에는 관광정책과, 관광자원과, 관광산업과 및 국제관광과 등 4개과를 두고 있으며, 지방관광행정기구인 서울, 부산, 광주, 경기도, 경상남도, 전라북도, 충청남도, 충청북도에는 문화관광국 내에 관광과 또는 관광진흥과를, 인천에는 문화관광체육국내에 관광진흥과를, 전라남도 및 제주도에는 관광문화국 내에 관광진흥과 또는 관광개발과를, 경상북도에는 문화체육관광국 내에 관광진흥과를, 강원도에는 환경관광문화국 내에 관광정책과와 관광개발과를, 대구, 대전, 울산광역시에는 문화체육관광국 내에 관광과를 각각 설치하고 있다.

2. 정부투자 공기업

1) 한국관광공사

(1) 세계 각국의 관광공사의 기능과 역할

관광공사(National Tourist Organization: NTO)는 관광정책을 집행하고 사업을 수행하는 기관으로서, 그 역할과 기능은 정부와의 수직적 업무분담의 형태를 띠고 있는 것이 일반적이다. 공사는 정부투자기관 및 공기업으로서 고유의 조직과 특성을 살리면서 주어진 영역에서 관광산업발전을 위한 진흥사업, 개발사업, 관광인력개발과 양성 등의 업무를 수행하는 것을 주된 기능으로 하고 있다.

관광사업 초기단계의 관광공사 역할은 주로 선도사업(일종의 모험사업의 착수와 민간기업의 참여 유도)을 수행하면서 부차적으로 포괄적 사업(진흥, 개발, 교육, 훈련, 계도 등)을 수행하는 다기능체제를 유지한다.

그러나 관광사업이 정착단계에 이르면 관광공사의 역할과 기능은 보다 높은 수준의 업무(전문부문의 강화, 노하우부문 개척, 조사연구기능, 정책

개발 기능 등)로의 전환이 불가피하다. 다시 말하면 선진국의 경우, 공사의 기능은 고도의 정책적 사업, 필요하고도 선별적인 사업, 전문성 제고가 요청되는 사업을 중점적으로 수행하고 있다.

그리고 관광정책방향도 종래의 개별적·경제적 측면(외화획득)을 벗어나 사회정책적·문화적 측면(인간다운 생활보장, 균등한 여가선용의 기회보장, 소비자보호, 질적인 서비스관리)으로 전환되는 경향을 보이고 있다.

(2) 한국관광공사의 조직과 기능

한국관광공사는 1962년 6월 26일 제정된 국제관광공사법에 의해 국제관광공사라는 명칭으로 설립되었으나, 1982년 11월 29일 국제관광공사법을 한국관광공사법으로 개정함으로써 그 명칭도 한국관광공사(Korea National Tourism Organization: KNTO)로 변경하여 현재에 이르고 있다.

한국관광공사(이하 '공사'라 한다)는 관광진흥, 관광자원개발, 관광산업의 연구개발 및 관광요원의 양성·훈련에 관한 사업을 수행함으로써 국가경제발전과 국민복지증진에 이바지할 목적으로 설립하였다. 그리고 정부가 납입자본금의 5할 이상을 출자하여 설립한 정부투자기관인 공사는 책임경영체제의 확립을 위하여 자율적 운영이 보장되어 있다.

공사는 설립목적을 달성하기 위하여 다음의 사업을 시행한다.

가. 국제관광진흥사업
- 외국인 관광객의 유치 선전
- 국제관광시장의 조사 및 개척
- 관광에 관한 국제협력의 증진
- 국제관광에 관한 지도 및 계몽

나. 국민관광진흥사업
- 국민관광의 홍보

- 국민관광의 동태조사
- 국민관광에 관한 지도 및 계몽

다. 관광자원개발사업
- 관광단지의 조성과 관리·운영 및 처분
- 관광자원 및 관광시설의 개발을 위한 선도사업
- 관광지의 개발
- 관광자원의 조사

라. 관광산업의 연구·개발사업
- 관광산업에 관한 정보의 수집·분석 및 연구
- 관광산업의 연구에 관한 용역사업

마. 관광요원의 양성과 훈련

바. 관광사업의 발전을 위한 부대사업

2) 기타 공기업

기타 공기업으로는 경북관광개발공사, 경기관광공사, 한국문화관광정책연구원 등이 있다.

3. 관광관련단체

1) 한국관광협회 중앙회

협회중앙회의 전신인 한국관광협회(Korea Tourism Association: KTA)는 1963년에 관광사업자가 설립한 유일한 사업자 단체였으나, 일반여행업자와 관광호텔업자가 협회로부터 독립하여 한국일반여행업협회(1991년) 및 한국 관광호텔업협회(1996년)를 각각 독자적으로 설립·운영하게 되자 1999년 1월 21일 관광진흥법을 개정하여 한국관광협회중앙회로 그 명칭을 변경하고, 관광사업자가 아닌 지역별 및 업종별 관광협회를 설립하여 관광업계를 대표하도록 하였다.

협회중앙회는 우리나라 관광업계를 대표하여 업계전반의 의견을 종합·조정하고 그 의견을 대표하여 국내·외 관련기관과 상호협조함으로써 관광발전을 도모하고, 관광사업의 진흥에 기여함으로써 국민경제의 균형있는 발전과 복리증진에 이바지함으로 목적으로 한다.

2) 한국일반여행업협회

한국일반여행협회(Korea Association of General Travel Agents; KATA)는 관광진흥법 제43조의 규정에 의해 1991년 12월 21일 설립된 일반여행업단체이다. 이 협회는 내·외국인 여행자에 대한 여행업무의 개선 및 서비스의 향상을 도모하고, 회원 상호간의 연대협조를 공고히 한다. 또한 여행업 발전을 위한 조사·연구·홍보활동을 통하여 여행업의 건전한 발전에 기여함으로써 관광진흥 발전에 공헌하며 회원의 권익을 증진·보호함을 목적으로 하고 있다.

3) 한국관광호텔업협회

한국관광호텔협회(Korea Hotel Association: KHA)는 관광진흥법 제43조 및 문화체육관광부 소관 비영리법인의 설립 및 감독에 관한 규칙 제5조의 규정에 의하여 1996년 9월 12일에 설립된 관광호텔업자단체이다. 이 협회는 관광호텔업을 위한 조사·연구·홍보와 서비스개선 및 기타 관광호텔업의 육성발전을 위한 업무의 추진과 회원의 권익증진 및 상호친목을 목적으로 하고 있다.

4) 한국카지노업관광협회

한국카지노업관광협회는 1995년 3월에 설립된 카지노사업자 단체로서 한국관광산업의 진흥과 회원사의 권익증진을 목적으로 하고 있다.

주요업무는 카지노사업의 진흥을 위한 조사 연구 및 출판물 간행, 관광사업과 관련된 국·내외 단체와의 교류 및 협력, 카지노업무의 개선 및 지도감독, 카지노 종사원의 교육 및 훈련, 공공기관의 위탁업무 수행 등이다.

5) 한국휴양콘도미니엄협회

한국휴양콘도미니엄업협회는 1998년 2월에 설립되었으며, 콘도미니엄사업의 건전한 발전과 콘도미니엄의 합리적이고 효율적인 운영을 도모함과 동시에 건전한 국민관광문화 발전에 기여함을 목적으로 설립되었다.

6) 한국종합유원시설업협회

한국종합유원시설업협회는 1985년 2월에 설립된 유원시설업 단체로서, 유원시설업의 건전한 발전을 기하고 회원 상호간의 친목과 복리증진을 도모하며 정부의 유원시설업 진흥시책에 협조하는데 목적을 두고 있다.

7) 한국외국인관광시설협회

한국외국인관광시설협회는 관광진흥법 제43조에 의거하여 1964년 6월 30일 설립된 업종별 관광협회로, 종전의 한국특수관광협회의 명칭을 바꾼 것이다. 주로 미군기지 주변도시 및 항만에 소재한 외국인전용유흥음식점을 회원사로 관리하며, 정부의 관광진흥시책에 적극 부흥하고 업계의 건전한 발전과 회원의 복지증진 및 상호친목에 기여함을 목적으로 하고 있다.

8) 한국관광펜션업협회

한국관광펜션협회는 관광진흥법 제43조에 의거 2004년 5월에 설립된 업종별 관광협회이며 주5일 근무제의 본격 시행과 더불어 가족단위 관광체험 숙박시설의 확충과 활성화를 위해 관광펜션지정제도가 필요하게 되었다.

4. 국제관광기구

오늘날과 같이 개방화·국제화된 시대에서 국제협력의 중요성은 더욱 커지고 있다. 특히 관광분야에서의 국제협력은 국제친선을 도모함으로써 관광교류를 촉진하는 계기가 되고 국제간에 상호이해를 증진하므로 세계 각국은 이를 추진하는데 많은 경비와 인력을 투자하고 있다.

우리나라는 세계관광의 흐름을 파악하고, 환경에 능동적으로 대처하기 위해 각종 국제관광기구에 가입하여 활발한 활동을 전개하고 있는데, 그 중 대표적인 것이 세계관광기구(UNWTO), 태평양·아시아관광협회(PATA), 미주여행업협회(ASTA), 동아시아관광협회(EATA), 세계여행업협회연맹(UFTAA), 경제협력개발기구(OECD), 아시아·태평양경제협력기구(APEC) 등이다.

이들 국제기구의 성격과 협력활동 내용은 다음과 같다.

1) 세계관광기구(UNWTO)

세계관광기구(World Tourism Organization: UNWTO)는 1947년 조직된 국제관설관광기구(IUOTO; International Union of Official Travel Organization)가 1975년에 정부간 관광협력기구로 개편되어 설립된 것으로, 세계 각국의 정부기관이 회원으로 가입되어 있는 유일한 정부간 관광기구이다.

UNWTO는 1975년 5월, 스페인에서 제1차 총회를 개최하고, 동 총회의

결의에 따라 본부를 스페인의 수도 마드리드에 두고 있다. UNWTO는 각 국가간의 관광사업의 발전을 도모하기 위해 다각적으로 그 활동을 전개하고 있는데, 국제간의 관광여행을 촉진 및 각 회원국 간의 관광경제를 발전 그리고 국제 상호간의 사회적·경제적·문화적 우호관계의 증진을 목적으로 하고 있다.

2) 태평양·아시아 관광협회(PATA)

태평양·아시아관광협회(Pacific Asia Travel Association; PATA)는 1951년 설립된 세계 유일의 관민합동기구로서, 아시아·태평양지역 관광진흥개발 및 구·미관광객유치를 위한 공동선전활동을 목적으로 하며 아·태지역 관광시장의 부상과 더불어 그 영향력을 강화해가고 있다.

PATA는 미국 샌프란시스코에 본부를 두고 있으며 38개국, 79개 지부, 2,200여 기관 및 업체의 회원으로 구성되어 있다.

PATA는 지역내 관광진흥을 도모하는 사업활동을 전개하기 위해 연차총회, 관광교역전, 세계지부회의 및 마케팅회의를 개최하고 있으며, 그 밖에도 관광통계, 조사연구, 관광전문지 PTN(PATA Travel News) 등을 발간하고 있다.

우리나라는 1963년에 한국관광공사, 대한항공, 여행사, 호텔업체 등 이 가입하여 적극적인 활동으로 그 위치를 확고히 다져오고 있으며, 1965년과 1979년에 연차총회 및 교역전을 유치하여 서울에서 성공적으로 개최하고 각종 PATA 관련회의를 지속적으로 유치·개최해 오고 있다.

3) 미주 여행업협회(ASTA)

미주여행협회(American Society of Travel Agents; ASTA)는 1931년에 설

립된 미국 여행업자들의 조직단체이며 미주지역 여행업자의 권익보호를 목적으로 하고 있다.

ASTA는 미주여행업자들간에 협회 회원을 비롯한 각 운수기관, 호텔업자, 대중 및 여행업자 간에 여행윤리강령을 준수하고 상호 공동이익을 도모하한편, 여행서비스의 향상을 기하기 위해 상호 불공정한 경쟁을 배제하는 것을 목적으로 하고 있다.

ASTA는 세계 136개국, 92개 지부에 25,000여 회원을 거느린 세계 최대의 여행업계 중심기구로, 미주지역이라는 거대한 시장을 배경으로 활동하고 있다. 연차총회 및 트레이드쇼는 연례행사 기간 중에는 각국의 관광관련기관과 각종 관광업계의 판촉활동이 활발하게 전개되는 관광업계의 연중 최대규모행사이며, ASTA측에서는 각종 유익한 교육프로그램을 제공한다.

4) 동아시아관광협회(EATA)

동아시아관광협회(East Asia Travel Association; EATA)는 1966년 3월 일본 동경에서 한국, 일본, 대만, 홍콩, 마카오, 태국 등 아시아 동부지역에 위치하고 있는 6개국의 대표가 동부아시아 지역의 관광발전을 도모하기 위해 회합하여 정식으로 결성된 동아시아 관광기구이다.

EATA는 관광수용시설 및 서비스의 개선, 기타 기술훈련의 협력은 물론 회원국 간에 관광왕래의 촉진을 도모하는 등 긴밀한 협조를 통해 각 회원국의 관광사업을 진흥시키고 유럽이나 미주 등 선진국의 관광시장을 개척하기 위해 공동마케팅을 목적으로 설립된 기구이다.

5) 세계여행업협회연맹(UFTAA)

세계여행업협회연맹(Universal Federation of Travel Agents Association;

UFTAA)은 1966년에 세계적인 여행업계의 발전과 권익보호를 목적으로 설립된 기구이다. UFTAA는 벨기에의 브뤼셀에 본부를 두고 있으며 현재 76개국의 1,086명의 회원이 가입하고 있다. 연차총회 및 관광교역전 외에도 연중으로 국제항공운송협회(IATA; International Air Transport Association)와 국제호텔협회(IHA; International Hotel Association) 등과 함께 합동세미나 및 워크샵을 개최하여 여행업계의 발전을 도모하고 있다. 또한 회원간 분쟁조정 및 회원권익보호를 위해서도 활발히 활동하고 있으며 연합회보 *Courier*의 발간을 통해서 세계 각국의 업계 동향을 상세하게 제공하고 있다.

6) 경제협력개발기구(OECD)

경제협력개발기구(Organization for Economic Cooperation and Development: OECD)는 프랑스 파리에 본부를 두고, 1961년 선진 20개국을 회원국으로 하고 유럽경제협력기구를 모체로 하여 설립되었다.

OECD의 주요 임무는 자유무역 확대, 개발도상국 원조, 회원국의 경제성장 도모 등이다.

7) 아시아·태평양 경제협력체(APEC)

아시아·태평양경제협력체(Asia Pacific Economic Cooperation: APEC)는 호주의 캔버라에서 제1차 각료회의를 개최함으로써 1989년에 발족하였다.

APEC은 APEC 정상회의를 통해 역내 경제협력관계를 강화하고 있으며, 10개 실무그룹(Working Group)을 두고 있는데, 그 중 관광실무 그룹회의 에서는 역내 관광발전을 저해하는 각종 제한조치의 완화, 환경적으로 지속가능한 관광발전 등의 주제를 발전시키고 있다.

■ 국외문헌

21C호텔관광연구회, 2009, 관광사업론, 현학사.

강익준, 2006, 관광학개론, 삼영서관.

고석면·서광열, 2008, 호텔관광마케팅, 도서출판 서연.

김경호·고승익, 2005, 관광학원론, 형설출판사.

김도영·김상민, 2001, 국제회의 유치를 위한 국제 마케팅전략 모형에 관한 연구, 관광
　　　　지리학 제15호.

김도희, 2003, 관광학개론, 백산출판사.

김만술, 2000, 호텔기업 웹 사이트의 운영현황과 개선방안에 관한 연구, 호텔경영학 연
　　　　구. 9권 2호 229-254, 한국호텔경영학회.

김봉규, 2003, 새로운 관광학의 이해, 새로미.

김상희·이상건, 2000, 주제공원이용객의 기대, 지각된 성과, 기대불일치가 만족에 미치
　　　　는 영향, 호텔관광연구 3호.

김석출 외, 2005, 관광과 문화, 백산출판사.

김성혁·조인환, 2001, 항공실무론, 백산출판사.

김성혁, 2003, 관광학원론, 형설출판사.

김수영·조소윤, 2001, 호텔경영계약체결이 경영성과에 미치는 영향, 관광학연구 24권 3호.

김영규, 2008, 관광사업론, 기문사.

김영문·오익근·양천석, 2000, 관광사업 전자상거래 시스템 구축에 관한 연구, 호텔경영
　　　　학연구, 9권 2호, 한국호텔경영학회.

김영호, 2007, 인터넷관광정보론, 갈채.

김용관. 컨벤션 경영론, 일신사, 1999.

김용상 외, 2002, 관광학, 백산출판사.

김재곤, 2001, 환경변화에 따른 여행업 인터넷 마케팅 전략의 적용에 관한 연구.

김정만, 2005, 관광학개론, 형설출판사.

김정옥, 2007, 관광자원관리론, 대왕사.

김진섭, 2004, 관광학원론, 대왕사.

김진탁, 2004, 관광과 서비스, 현학사.

김천중, 2003, 여행과 관광정보, 대왕사.

김천중, 2004, 신관광정보론-관광정보와 인터넷, 대왕사.

김형섭, 2006, (실무중심)관광마케팅, 갈채.

김홍범 역, 2006, 호텔·관광마케팅, 한올출판사.

김홍철, 2002, 현대관광원론, 기문사.

남택영, 2001, 호텔 식음료 서비스 실무경영.

대한항공, TOPAS 매뉴얼.

문상희·신재기, 2004, 컨벤션기획실무, 백산출판사.

문화관광부, 관광동향에 관한 연차 보고서.

민혜성, 2007, 관광마케팅, 대왕사.

박기홍, 2001, 컨벤션 산업육성을 위한 법·제도적 개선방안, 한국컨벤션학회 심포지움.

박상수, 2004, 관광학원론, 형설출판사.

박선희, 2000, 관광자원론, 형설출판사.

박호표, 2004, (신)관광학의 이해, 2004, 학현사.

서태양 외, 2006, 여가와 관광, 현학사.

성기룡, 2005, 관광법규론, 일신사.

신도길·노윤구, 2008, 글로벌관광마케팅, 대구대 출판부.

신도길·박성규·노윤구, 2009, 관광상품론, 남두도서.

신우성 외, 2005, 신관광학개론, 백산출판사.

신재기·유명희, 2009, 의료관광마케팅, 한올출판사.

신재기, 2004, 전시산업론, 한올출판사.

신혜숙, 2001, 컨벤션산업의 경쟁력 제고방안에 관한 연구, 관광개발논총 제14호.

심상화 외, 2002, 관광서비스의 이해, 케이앤씨.

아시아나 아바쿠스 내부자료.

아시아나항공, ABACUS 매뉴얼.

안대희 외, 2005, 관광학개론, 에이원플러스.

양영근, 2007, 신관광학의 이해, 백산출판사.

양위주 외, 2002, 관광학, 형설출판사.

양희동·문윤진, 2005, 정보기술 수용에 있어서 사용자 특성과 정보기술 수용에 따른 사
　　　회적 영향의 차이, 경영정보학연구, pp. 531-538.

엄서호·서천범, 2005, 레저산업론, 학현사.

원갑연·한진수 외 2인, 2001, 카지노산업론, 기문사.

원유석, 2008, 호텔서비스마케팅, 대왕사.

유도재, 2006, 리조트경영론, 백산출판사.

유명희, 2009, 의료관광정보론, 한올출판사.

유영준, 2000, 관광지리정보시스템, 대왕사.

윤대순 외, 2006, 관광경영학원론, 백산출판사.

윤덕영·윤문길, 2004, 항공 관광 E-비즈니스, 홍릉과학출판사.

윤병국·이승곤, 2007, 관광학개론, 새로미.

윤병국·이장우, 2002, 기초 관광정보론, 백산출판사.

윤세목, 2004, 국제회의산업론, 현학사.

윤여송 외, 2003, 관광학개론, 한올출판사.

이경모, 2003, 이벤트학원론, 백산출판사.

이광원, 2004, 관광학의 이해, 기문사.

이동희, 2001, 국적학공사 경쟁력 강화를 위한 포지셔닝 전략에 관한 연구, 관광정보연
　　　구, 제9호.

이명식 외, 2002, 마케팅리서치, 형설출판사.

이미혜, 2006, 관광상품론, 대왕사.

이상우, 2000, 카지노실무개론, 학문사.

이수원, 2001, 관광정보와 인터넷 활용, 한올출판사.

이애주·하인수, 2000, 우리나라에서의 크루즈 개발방향과 시장확대전략에 관한 연구,
　　　호텔관광연구 제3호.

이유재, 2004, 서비스마케팅, 학현사.

이정학, 2003, 관광마케팅, 기문사.

이주형 외, 2006, 문화와 관광, 기문사.

이지호·임붕영, 1996, 외식산업경영론, 형설출판사.

이진희, 2006, 장소 마케팅, 대왕사.

이태희, 2005, 관광상품기획론, 백산출판사.

이태희, 2005, 관광상품기획론, 백산출판사.

임주환, 2000, 신관광법규론, 백산출판사.

임혁빈 외, 2005, 신관광학원론, 신정.

전기환 외 2인, 2004, 여행사경영론, 기문사.

정봉원, 2000, 외식사업과 창업론, 형설출판사.

정석중·이미혜, 2002, 관광개발론, 대왕사.

정익준, 2000, 관광학의 이해, 형설출판사.

정주영 외, 2006, 최신관광학의 이해, 백산출판사.

정찬종·강인호, 2006, 관광학원론, 형설출판사.

조재문, 2006, 환경관광의 이해-이론과 실제, 백산출판사.

조현준·이훈, 2001, 인터넷 마케팅과 관광축제 정보 분석, 문화관광연구, 3(1).

조현호 외, 2005, 관광학원론, 대왕사.

채서묵, 2003, 관광학개론, 백산출판사.

채서일, 2004, 마케팅, 학현사.

채용식, 2004, 리조트경영학, 현학사.

최규환, 2003, 관광학입문-포스트·매스·투어리즘의 관광학, 백산출판사.

최복수 외, 2005, 관광학개론의 이해, 갈채.

최정자, 2001, 한국의 CVC의 성공전략 : 미국 CVC분석을 중심으로, 한국컨벤션학회.

최학수 외, 2007, 외식사업경영론, 한올출판사.

하동현 외, 2005, 관광학원론, 한올출판사.

하인수, 2006, 관광일반론, 대왕사.

한경희, 2001, 강원랜드카지노의 현황과 활성화 방안에 관한 연구, 관광정보연구 제8호.

한국문화관광연구원, 2007, 관광지 개발사업 평가.

한국여행발전연구회, 2008, 호텔관광마케팅, 대왕사.

한국항공진흥협회, 2000, 항공연감.

한진수·부숙진, 2000, 서울지역의 컨벤션 마케팅 전략에 관한 연구, 관광정보연구 제6호.

황진회, 2006, 크루즈 관광사업 발전기반 조성방안, 한국해양수산개발원.

김은정, 테마파크 홍보에 관한 연구:외국의 선진 사례를 중심으로, 숙명여자대학교 석사
학위논문, 2001, p.5.

김성혁, 〈관광학 원론〉, 형설출판사, 1994, p.309.

정광현, "국내 도심형 테마파크에 관한 연구", 경희대 경영대학원 석사학위논문, 2001, p.7.

박종찬, "주제공원 활성화방안에 관한 연구", 세종대학교 석사학위논문, 1989, p.9.

최지남, 테마파크의 이용 만족도에 관한 연구: 서울랜드와 롯데월드를 중심으로, 단국대
학교 석사학위논문, 2003, p.15.

■ 국외문헌

Allen, O'Toole, McDonnell and Harris, 2002, Festival and Special Event Management,
2nd ed., John Wiley & Sons.

AMA(American Marketing Association), 1960, Committee on Definition, Marketing
Definition : A Glossary of Marketing Terms Chicago, American Marketing
Association.

Berkowitz Eric, 1996, Essentials of Health Care Marketing, MN: Aspen Publication. p.4,
212.

Berry, L. Leonard, 1995, On Great Service-A Framework for Action, NY: The Free Press,
pp236-237.

Boehme, A., 1999, Planning Successful Meetings and Events, American Management
Association.

Bonoma, Thomas V., 1983, Get More Out of Your Trade Shows, Harvard Business
Review, Vol 61(Jan.-Feb.).

Bowen, E. David & Lawler, E. Edward, 1992, The Empowerment of Service Worker:
What, Why, How and When, Sloan Management Review, 1992, pp.32-39.

Braun, B. M & Soskin, M. D. 1997, Research Notes and Report, University of Florida.

Bruhn Manfred & Georgi Dominik, 2006, Service Marketing, NJ: Prentice Hall, p.147,
284.

Butler, R. W., 1980, The Concept of a Tourist Area Cycle of Evolution : Implication for Management of Resources, Canadian Geographer 24.

Carmon, J., 1981, Wonderand Through the Looking Class: Politics, Culture, Planning, International Recreation (Ontario, Canada: Belsten Publishing).

Chalmers, L., Olson M. R., Zurkoski J. K., 1999, Music as a Classroom Tool, Intervention in School and Clinic, 35(1), pp.43-45.

Chu, R., 2001, "What Online Hongkong Travellers Look for on Airline/Travel Websites?, Hospitality Management, 20(March), pp. 95-100.

Cohen, E., 1980, The Concept of Tourism on the Physical Environment, Annals of Tourism Research, Vol.5.

Collins Jim, 1999, Turning Coals into Results: The Power of Catalytic Mechanism, Harvard Business Review, p.77.

Cshwarz, E.C., Thor & G.H. Elsner, 1976, Wildland Planning Glossary, USDA. First Service General Technical Report PSW-13, U.S.G.O., Washingtonon D.C.

Czepiel, J. A., Solomon, M. R. & Suprenaut, C. F., 1986, The Service Encounter, Lexington, MA; Lexington Books/D. C. Health, pp.113-123.

Bowen, David E. & Edward E. Lawler, 1992, The Empowerment of Service Worker: What, Why, How and When, Sloan Management Review, 1992, pp.32-39.

David, H. Maister, 1986, The Psychology of Waiting Lines, Lexington, MA; Lexington Books.

Davidoff, P. G., & D. S. Davidoff, 1983, Sales and marketing for travel and tourism, S.Dakota : National Publishers.

Dimitrios Bugalis, 2001, Tourism & Cyberspace, Annals of Tourism Research, 28(1), pp. 232-235.

Dumazedier Joffre, 1968, Leisure, International Encyclopedia of the Social Science, Vol.9.

Duncan Tyler, 1998, Managing Tourism in Cities, JOHN WILEY & SONS, New York.

Fearce, D.G., 1981, Tourist Development, Longman.

Feartherman, M. & Fuller, M., 2003, Applying TAM to E-service Adoption : The Moderating Role of Perceive Risk, Proceeding of the 36th Hawaii International Conference on System Sciences.

Foster, S., 1993, Marketing Sence of New Technologies, Theme Park & Attractions Conference, IAAPA.

Gee, C. Y., Dexter, J. L. C. & Maken, J. C., 1984 「The Travel Industry」, AVI, Westport, Conneticut.

Gerry, Kearns, 1993, Selling Places, University of Madison-Wisconsin, USA.

Getz, Donald, 1997, Festival Management & Event Tourism, Cognizant Communication Corporation, New York.

Getz, Donald, 1998, Editorial, Festival Management & Event Tourism, Vol. 5, Cognizant Communication Corporation.

Goddard, G., 1994, Creating the Theme Park of 21st Century from Concept to Realization, Landmark Group. USA.

Goldblatt, J., 1990 Special event: The art and science of celebration. New York: Van Nostrand Reinhold.

Goldblatt, J., 1997, Special Events; Best Practices in Modern Event Management, John Wiley & Sons.

Goldblatt, J., 2001 The International Dictionary of Event Management, 2nd ed., John Wiley & Sons Inc.

Gronroos, C. 1996, Relationship Marketing Logic, Asia-Australia Marketing Journal, 4(1), p.10.

Gronroos, Christian, 2007, Service Management and Marketing 3rd ed, West Sussex: John Wiley & Sons, p62.

Gronroos, C., 1978, A service-Orientated Apprach to the Marketing of Services, Eropean Journal of Marketing, 12(8), pp.588-601.

Hall, Collin Michael, 1992 Hallmark Tourist Events: Impacts, Management and Planning, Belhaven Press, London.

Hirsch, R. Alan & Gay, S. E., 1991, Effects of Ambient Olfactory Stimuli on the Evaluation of a Common Consumer Product, Chemical Sense 12, p. 535.

IAAPA, 1998, Amusement Industry Abstract, Amusement Business.

Inskeep, E., 1987, Environmental Planning for Tourism, Annals of Tourism Research.

Jafari, J., 1974, The Social-Economic Costs of Tourism to Developing Countries, Annals of Tourism Research, Vol.1.

Jafari, J. & Brent Ritchie, J. P., 1981, Toward a Frame Work For Tourism Education, Problems and Prospects, Annals of Tourism Research, Volume 8.

Jeong, M. & Lambert, C. U., 2001, Adoption of an Information Quality Framework to Measure Customer's Behavior Intentions to Use Lodging Wtosites, Intranet of Journal of Hospitality Management, pp. 129-146.

John, R. Walker, 2010, Introduction to Hospitality Management. Third Edition, Pearson Education Inc., Upper Saddle River, New Jersey.

Jubenville, A., Outdoor Recreation Management, 1978, p.190

Kasper, H., Helsdingen, P, Gabbott, M., 2006, Service Marketing Management, West Sussex: John Wiley & Sons, pp. 363-364.

Kermath, B. M. and Thomas R. N., 1992, Spatial Dynamics of Resort : Sosua, Dominican Republic, Annals of Tourism Research, Vol. 19, No.2, p.186.

Kotler, P. 1984, Marketing Management : Analysis, Planning and Constrol, Prentice Hall.

Kraus, R. G., Carpenter G. & Battes B. J., 1988, Recreation Leadership and Supervision.

Kraus, R., 1971, Recreation and Leisure in Modern Society, N. Y. : Appietion Century-Crofts.

Krippendorf J., 1982, Towards New Tourism Policies, Tourism Management Vol.9.

Leonard L. Berry, 1995, On Great Service-A Framework for Action, NY: The Free Press, pp236-237.

Lovelock Christopher & Wirtz Jochen, 2007, Services Marketing. 6th ed, NJ: Prentice Hall, pp.27-29, 165, 191.

Maister, H. David, 1986, The Psychology of Waiting Lines, Lexington, MA; Lexington Books.

Marris, T., 1987, The role and impact of mega-events and attractions on regional and national tourism development: Resolutions of the 37th Congress of the AIEST, Calgary, Revenue de Tourism, 4.

Mathieson, A. and Wall, G., 1993, Tourism : Economic, Physical and Social Impact, London and N.Y. : Longman.

Maurice I. Mandell & Rosenberg L. J., 1981, Marketing, Prentice Hall.

Mayo E, J and Javis L.P., 1981, The Psychology of Leisure Travel, Boston : CBI Publishing Company.

McCarthy. J., 1981, Basic Marketing, Richard D. E, Irwin.

McClung, G. W., 1991, Theme Park Selection, Tourism Management June.

Mcintosh R. W. and Goeldner C. R., 1990, Tourism : Principle, Practices, Philosophies, John Wiley & Sons Inc.: N.Y.

Mervyn, Jones T. S., 1994, Theme Park in Japan, Progress in Tourism , Recreation and Hospitality Management.

Montgomery, R. & Strick, S., 1995, Meetings, Conventions and Expositions, Van Nostrand Reinhold.

Morrison, A. M., 1998, Hospitality and Travel Marketing, NY: Delmer Publishers, p.246.

Palmer Adrian, 2005, Principles of Services Marketing. 4th ed. London: Magraw Hill, p.397.

Pearce D., 1989, Tourist Development, N.Y., Longman.

Pearce, D., 1987, Tourism Today : A Geographical Analysis, N.Y., Longman.

Perreault William D. & MaCarthy E. Jerome, 2006, Essentials of Marketing. 10th ed, NY: McGraw Hill, p.113.

Philip, B., Gove, 1986, Webster's International Dictionary, Merriam-Webster Inc.

Price, M. F., 1996, People and Tourism in Fragile Environments, JOHN WILEY & SONS.

Ricci, P. & Holland, S., 1992, Incentive travel; Recreation as a motivational medium, Tourism Management, Butterworth-Heinemann.

Ritchie, J. R. Brent, 1984, Assessing the impact of hallmark events: conceptual and research issues, Journal of Travel Research, vol. 23, no. 1.

Ron Kaufman, 2001, Service Power: Who Were They Designing It For?, Newsletter.

Rubin, K., 1986, Flying High in Travel: A Complete Guide to Careers in the Travel Industry, John wiley & Sons, New York.

Ryan C., 1991, Recreational Tourism, London and N.Y., Routledge.

Sara, O. Marberry & Laurie Zagon, 1995, The Power of Color-Creating Healthy Interior Space, NY; John Wiley, p.38.

Sasser, W. E. & Stephen, D. 1979, Selling Jobs in the Service Sector, Business Horizons, 19(3), pp.61-65.

Schneider Benjamin & Bowen, E. David 1995, Winning the Service Game, Boston MA: Harvard Business School Press, p.131, 240.

Shinew, K. & Backman, S., 1995, 'Incentive travel: an attractive option', Tourism Management, vol. 16., Elsevier Science.

Society of Incentive Travel Executives, 1990, Basic Seminar Manual, SITE, New York.

Stein, A., Hawking, P. & Sharma, P., 2005, A Classification of U-commerce Location Based Tourism Application, Centre for Hospitality & Tourism Research, Victoria University.

Stephen J. Grove, Gregory M. Pickett. & David N. Laband, 1995, An Empirical Examination of Factual Information Content Among Service Advertisement, The Service Industries Journal, pp.216-233.

Taylor R. E., 1969, A Compact Introduction to Cultural Anthropology. Boston: Allyn & Bacon.

Trade Show Bureau, 1992, The Power of Trade Shows : Fact Sheet #2, Denver, USA.

Turley L. W. & Ronald E. Milliman, 2000, Atmospheric Effects on Shopping Behavior: A Review of the Experimental Literature, Journal of Business Research, 49, pp.193-211.

Vaughn, Don. S., 1980, Put Trade Shows to Works for You. Sales & Marketing, A Special Report.

Victor T. C. Middleton, 1988, Marketing in Travel and Tourism, Heinmann Professional Publishing.

Ward, M. E., 1996, Visions of Fun, Funworld, March.

Witt, S., Gammon, S. & White, J., 1992, 'Incentive travel: overview and case study of Canada as a destination for the UK market' Tourism Management.

Wotruba, T. & Schoel, D., 1983, 'Evaluation of salesforce contest performance', Personal

Selling and Sales Management.

Zeithaml A. Valarie, Bitner J. Mary & Gremler D. Dwayne, 2006, Service Marketing, 4th ed, NY: McGraw Hill, pp.267-269, 338-440.

■ 인터넷사이트

www.bie-paris.org

www.naver.com

저자 약력

한 혜 숙

- 경희대학교 대학원 관광학 박사
- 중앙대학교 대학원 일어교육학 석사
- 日本千馱ケ谷 日本語學校敎師養成課程 修了
- 현재 : (학)숭실대학교 숭실호스피탈리티 학장
- 숭실대학교 경영대학원 외식경영학과 교수
- Japan SAKE Service Institute International(SSI) 키키자케시 이사
- American Hotel & Lodging Association Certified Hotel Administrator
  −국제공인 호텔최고경영전문가(AHLA CHA)
- 사)글로벌 F&B산업 연구원 원장

주요 논문
- A Structural Model for Examining How Destination Image, Perceived value, and Service quality affect Destination Loyalty: a Case Study of Orlando INTERNATIONAL JOURNAL OF TOURISM RESEARCH(SSCI) Int. J. Tourism Res.
- A Studyon the Way of Establishing Training Strateg y for Sustainable Tourism Development
- 커피전문점 이용객의 개인특성이 서비스가치, 고객만족, 그리고 재구매 의도에 미치는 영향: 프랜차이즈 가맹점과 독립점포의 비교를 중심으로

유 명 희

- 경기대학교 대학원 관광학 박사(이벤트 · 국제회의 전공)
- 경기대학교 관광전문대학원 석사(관광개발 전공)
- 경기대학교 관광개발학과 졸업
- 현재 : 숭실대 숭실호스피탈리티, 경기대 강의대

주요 논문 및 저서
- 관광지의 랜드마크, 관광지의 이미지, 관광자 행동의 영향관계
- 문화관광축제의 참가동기가 관광객에게 미치는 영향
- 기업의 인센티브 여행 제시가 조직몰입 및 직무성과에 미치는 영향연구
- 기업구성원의 컨벤션 참가와 직무성과간의 영향연구
- 컨벤션형태 기업회의의 참가가치와 직무성과간의 영향관계연구
- 테마파크의 서비스품질과 이용성이 재방문의도에 미치는 영향연구
- 의료관광의 위험지각, 의료관광정보, 향후참가의도의 영향관계연구
- 국제전시회의 참관동기와 물리적 환경지각이 행동의도에 미치는 영향연구
- 산업전시회참가와 직무성과간의 영향연구 외 다수
- 관광상품론, 의료관광마케팅, 의료관광정보론

윤 병 국

- 경희대학교 문리과대학 지리학과 학부 졸업(이학사)
- 경희대학교 대학원 지리학과 석사, 박사 (관광지리 및 관광개발 전공)
- 현재 경희사이버대학교 관광레저경영학과 교수
- 한국 관광연구학회 부회장 겸 학회지 편집위원
- 한국 컨벤션학회 심포지엄 위원장
- ㈜ 칼라 여행사 이사 · 고문

주요 논문 및 저서
- 해안관광지역의 자연적지속가능성에 관한 연구
- Study on Development Direction of Integrated Tourism Leisure City in the U−Tourism environment
- 테마가 있는 리조트 개발 및 경영
- 세계 관광지역 연구 1, 2
- 관광과 세계유산 등 다수

관광학개론

2011년 4월 25일 초판1쇄 발행
2020년 4월 25일 3판2쇄 발행

저 자   한혜숙·유명희·윤병국
펴낸이   임 순 재
펴낸곳   **(주)한올출판사**
　　　　등록 제11-403호
　　　　주　　소 (121-849) 서울시 마포구 모래내로 83(성산동 한올빌딩 3층)
　　　　전　　화 (02)376-4298(대표)
　　　　팩　　스 (02)302-8073
　　　　홈페이지 www.hanol.co.kr
　　　　e-메 일 hanol@hanol.co.kr